2014年度教育部人文社会科学研究规划基金项目："非主流社会思潮对大学生思想行为的影响及其引领路径研究"（项目批准号：14YJA710004）的最终成果

温州医科大学引进人才科研启动项目："当代西方社会思潮对我国大学生的影响及应对"的阶段性成果

浙江工商大学马克思主义学院资助出版

多样化社会思潮对大学生思想行为的影响及其引领路径研究

崔华前　著

WUHAN UNIVERSITY PRESS
武汉大学出版社

图书在版编目(CIP)数据

多样化社会思潮对大学生思想行为的影响及其引领路径研究/崔华前著.—武汉：武汉大学出版社,2020.1
ISBN 978-7-307-21147-6

Ⅰ.多… Ⅱ.崔… Ⅲ.社会思潮—影响—大学生—思想政治教育—研究—中国 Ⅳ.G641

中国版本图书馆 CIP 数据核字(2019)第 203911 号

责任编辑:聂勇军　　　责任校对:汪欣怡　　　整体设计:马　佳

出版发行:**武汉大学出版社**　(430072　武昌　珞珈山)
(电子邮箱: cbs22@whu.edu.cn　网址: www.wdp.com.cn)
印刷:武汉图物印刷有限公司
开本:720×1000　1/16　印张:18　字数:248 千字　插页:1
版次:2020 年 1 月第 1 版　2020 年 1 月第 1 次印刷
ISBN 978-7-307-21147-6　定价:46.00 元

目　　录

第一章　绪论…………………………………………………… 1

一、研究意义………………………………………………… 2

二、研究现状………………………………………………… 9

三、研究方法………………………………………………… 12

四、研究内容………………………………………………… 16

第二章　社会思潮的内涵、特征、演变、引领 ……………… 19

一、社会思潮的内涵与分类 ……………………………… 19

（一）社会思潮的内涵 …………………………………… 19

（二）社会思潮的分类 …………………………………… 25

二、社会思潮的基本特征 ………………………………… 27

（一）从属性 ……………………………………………… 27

（二）潜隐性 ……………………………………………… 29

（三）批判性 ……………………………………………… 31

（四）可引领性 …………………………………………… 33

三、社会思潮的生成演变 ………………………………… 34

（一）社会思潮的生成条件 ……………………………… 34

（二）社会思潮的演变轨迹 ……………………………… 41

四、社会思潮的控制与引领 ……………………………… 43

（一）社会思潮控制、引领的正义性 …………………… 43

（二）社会思潮控制、引领的方法 …………………… 44

（三）社会思潮控制、引领的结果 …………………… 46

（四）社会思潮控制、引领的对象 …………………… 47

第三章 多样化社会思潮在当前我国高校校园的传播特点 ……… 51

一、社会思潮传播的构成、方式和过程 ………………… 51

（一）社会思潮传播的构成 …………………………… 52

（二）社会思潮传播的方式 …………………………… 54

（三）社会思潮传播的过程 …………………………… 58

二、多样化社会思潮在当前我国高校校园的传播特点 ……… 60

（一）传播方式的多样性 ……………………………… 61

（二）传播内容的多元性 ……………………………… 69

（三）传播手法的巧妙性 ……………………………… 78

（四）话语权争夺的激烈性 …………………………… 85

（五）流变方向的不确定性 …………………………… 88

第四章 多样化社会思潮对大学生思想行为的影响 …………… 90

一、当前我国高校校园社会思潮的主要种类 …………… 91

（一）新自由主义 ……………………………………… 93

（二）民族主义 ………………………………………… 95

（三）消费主义 ………………………………………… 97

（四）道德相对主义 …………………………………… 98

（五）生态主义 ………………………………………… 99

（六）民主社会主义 …………………………………… 102

（七）宪政主义 ………………………………………… 104

（八）公共知识分子思潮 ……………………………… 106

（九）历史虚无主义 …………………………………… 108

（十）普世价值论 ……………………………………… 109

二、多样化社会思潮对大学生思想行为影响的量化分析·········· 110

（一）大部分大学生了解社会思潮与各种具体的社会思潮，

　　　但缺乏对社会思潮的深刻认知 ················· 111

（二）广度大 ·································· 112

（三）深度浅 ································· 114

三、多样化社会思潮对大学生思想行为影响的质性分析 ··· 116

（一）积极影响与消极影响并存 ·················· 117

（二）影响具有差异性 ······················· 131

（三）现实影响较为有限，但潜在影响不容忽视 ········· 136

第五章　多样化社会思潮对大学生产生影响的原因·········· 138

一、西方发达国家的"和平演变"战略 ············· 138

（一）"和平演变"战略的由来 ·················· 139

（二）"和平演变"战略的主要手段 ··············· 140

（三）西方发达国家对我国实施"和平演变"战略的主要手段 ··· 146

二、多样复杂的国内形势 ····················· 155

（一）多样的国内形势 ······················· 156

（二）复杂的国内形势 ······················· 162

三、高校主流意识形态建设存在的不足 ············· 169

（一）领导思想上不够重视 ···················· 170

（二）队伍建设相对薄弱 ····················· 172

（三）阵地建设不够牢固 ····················· 174

（四）内容形式陈旧单一 ····················· 175

（五）管理机制不够健全完善 ·················· 176

（六）方法的针对性、创新性不强 ··············· 177

四、当代大学生的身心发展特点 ················· 179

（一）多样性 ····························· 179

（二）自主性 ····························· 182

（三）求新性 ………………………………………………… 184

（四）矛盾性 ………………………………………………… 186

第六章　引领高校校园多样化社会思潮的有效路径 ………… 189

一、坚持马克思主义在高校意识形态领域的指导地位 ……… 189

（一）为什么要坚持马克思主义在高校意识形态领域的

指导地位 ……………………………………………… 190

（二）怎样坚持马克思主义在高校意识形态领域的指导地位……… 201

二、尊重差异、包容多样 …………………………………… 224

（一）为什么要"尊重差异、包容多样" …………………… 225

（二）怎样"尊重差异、包容多样" ………………………… 227

三、解决好"用什么引领"问题 …………………………… 238

四、把握住"引领"的着力点 ……………………………… 241

（一）管控好新兴大众传媒 ………………………………… 241

（二）创新教育理念和方法 ………………………………… 249

（三）加强自我教育 ………………………………………… 254

（四）切实解决实际问题 …………………………………… 257

五、建构科学完善的长效"引领"机制 …………………… 259

（一）思想信息管控机制 …………………………………… 260

（二）组织协调机制 ………………………………………… 265

（三）要素整合机制 ………………………………………… 266

（四）评估机制 ……………………………………………… 269

（五）反馈调控机制 ………………………………………… 270

参考文献 ……………………………………………………… 273

后记 …………………………………………………………… 279

第一章 绪 论

为了应对多样化社会思潮的挑战，党中央提出了"用社会主义核心价值体系引领社会思潮"这一重大战略任务。2006年10月，党的十六届六中全会在通过的《关于构建社会主义和谐社会若干重大问题的决定》中提出："坚持以社会主义核心价值体系引领社会思潮，尊重差异，包容多样，最大限度地形成社会思想共识。"2007年10月，党的十七大报告强调："积极探索用社会主义核心价值体系引领社会思潮的有效途径，主动做好意识形态工作，既尊重差异、包容多样，又有力抵制各种错误和腐朽思想的影响。"2012年11月，党的十八大报告进一步强调："要深入开展社会主义核心价值体系学习教育，用社会主义核心价值体系引领社会思潮、凝聚社会共识。"这说明，党中央充分认识到了多样化社会思潮对我国社会主义主流意识形态建设的复杂性影响，高度重视对多样化社会思潮的引领。自2006年以来，"社会思潮"问题分别被列为教育部哲学社会科学研究重大课题攻关项目、国家社科基金重大招标项目面向全国招标。在中宣部、教育部的高度重视及积极引导与有效组织下，学界对"社会思潮"问题日益关注与重视，武汉大学、中国人民大学、清华大学等高校也将"社会思潮"问题作为马克思主义理论学科最重要的研究领域与方向之一、最重要的学位课程之一，并动员、组织、整合了相关学科的精干力量对"社会思潮"特别是"社会思潮与大学生思想政治教育"问题展开了深入系统的研究，力求给予科学的分析论证，探讨应对的有效策略。

　　经济全球化、政治多极化、文化多样化、信息网络化的时代背景下，多样化社会思潮在高校校园的集散，正对大学生思想行为发生着不容忽视的复杂性影响，对我国高校意识形态安全提出了严峻挑战。加强对多样化社会思潮的引领，是我国高校意识形态建设的主要任务和重点工作。

一、研 究 意 义

　　就"多样化社会思潮对大学生思想行为的影响及其引领路径"展开专门性研究，高度关切多样化社会思潮对大学生思想行为的复杂性影响，勇于应对多样化社会思潮对高校意识形态安全的挑战，积极探索引领多样化社会思潮的有效路径，切实促进研究成果向大学生思想政治工作的有效转化，是做好高校宣传思想工作的必然要求，也是高校哲学社会科学工作者义不容辞的神圣职责与光荣使命，具有重大的理论意义与实践价值。

　　第一，有助于加深对社会思潮的规律性认识，确立对待多样化社会思潮的科学态度。唯物辩证法认为，事物的主次矛盾与矛盾的主次方面是相互依存、相互斗争，并在一定条件下相互转化的，并要求我们在观察和处理问题时必须坚持"两点论"与"重点论"的统一。当今世界，中西方主流意识形态彼此间正发生着悄然的渗透与激烈的碰撞，并都试图影响与改变对方。因此，当代中国意识形态建设，必须既要高度重视对社会主义主流意识形态建设的规律性认识，又要高度重视对多样化社会思潮的规律性认识，正如江泽民所指出的："这些问题虽然不是主流，但必须引起我们高度重视，绝不能让它们泛滥起来。"①

　　就"多样化社会思潮对大学生思想行为的影响及其引领路径"展开专门性研究，就必须深入思考如下问题：什么是社会思潮？当代中国主

---

　　① 《江泽民文选》第 3 卷，人民出版社 2006 年版，第 231 页。

要有哪些社会思潮？多样化社会思潮是如何在我国高校校园生成、演变与传播的？有哪些社会思潮已在当代大学生中产生了较大影响？多样化社会思潮对大学生的思想行为究竟有什么样的影响？多样化社会思潮为什么能，又是怎样发生影响的？我们究竟如何正确认识与对待多样化社会思潮？对这些问题的深入思考，必然有助于我们加深对社会思潮的传播特点、影响态势、影响机理、应对策略的规律性认识。

加深对社会思潮的规律性认识，必然有助于在实践中确立对待多样化社会思潮的科学态度。如何对待多样化社会思潮？对于这一问题，在我国现实生活中，仍然存在着种种错误认识，其中最为典型的是"听之任之论"和"残酷斗争论"。"听之任之论"低估了多样化社会思潮的消极影响，看不到它们的传播可能会产生的危害，认为社会思潮在我国意识形态领域居于从属和被支配地位，兴不起什么风浪，产生不了多大危害，目前我们的主要精力应放在尊重差异、包容多样、减少思想冲突、凝聚社会共识与增进社会认同上，主张对多样化社会思潮不应大惊小怪，而应充分尊重，让其自由而充分地发展；"残酷斗争论"看不到多样化社会思潮中积极的、有价值的因素和其影响的复杂性，将所有社会思潮都看成反马克思主义的、反社会主义的、错误有害的，主张对它们进行无情打击、严密封锁。1983 年 10 月，邓小平发表了题为《党在组织战线和思想战线上的迫切任务》的重要讲话。在这一讲话中，针对"听之任之论"，邓小平指出："不要以为有一点精神污染不算什么，值不得大惊小怪。有的现象可能短期内看不出多大坏处。但是如果我们不及时注意和采取坚定的措施加以制止，而任其自由泛滥，就会影响更多的人走上邪路，后果就可能非常严重。从长远来看，这个问题关系到我们的事业将由什么样的一代人来接班，关系到党和国家的命运和前途。"①针对"残酷斗争论"，邓小平指出："过去那种简单片面、粗暴过火的所谓批判，以及残酷斗争、无情打击的处理方法，决不能重复。无

① 《邓小平文选》第 3 卷，人民出版社 1993 年版，第 45 页。

论是开会发言、写文章，都要进行充分的说理和实事求是的科学分析。参加讨论和批评的人，首先要对讨论和批评的问题研究清楚，绝不能以偏概全，草木皆兵，不能以势压人，强词夺理。对有错误的同志，要采取与人为善的态度，给他们时间认真考虑，让他们进行合情合理、澄清论点和事实的答辩，尤其要欢迎和鼓励他们进行诚恳的自我批评。有了这种自我批评就好，不要揪住不放。批评或自我批评都要站在马克思主义立场上，不能站在'左'的立场上。"①党的十九大报告既明确要求"旗帜鲜明反对和抵制各种错误观点"，又明确要求"注意区分政治原则问题、思想认识问题、学术观点问题"。可见，对待多样化社会思潮必须采取辩证科学的态度。

第二，有利于推动马克思主义的发展。马克思曾指出："辩证法不崇拜任何东西，按其本质来说，它是批判的和革命的。"②列宁也曾指出："马克思认为他的理论的全部价值在于这个理论'按其本质来说，它是批判的和革命的'。"③马克思主义"在其生命的途程中每走一步都得经过战斗"。④ 毛泽东强调："马克思主义必须在斗争中才能发展，不但过去是这样，现在是这样，将来也必然还是这样。正确的东西总是在同错误的东西作斗争的过程中发展起来的。真的、善的、美的东西总是在同假的、恶的、丑的东西相比较而存在，相斗争而发展的。"⑤一部马克思主义的发展史实质上就是一部马克思主义同错误思潮的斗争史。

当代中国社会思潮形式多种多样，性质各不相同，既有主流、非主流之分，也有马克思主义、非马克思主义之分。批判性借鉴吸收多样化社会思潮中有价值的因素，可以更好地丰富发展马克思主义，增强马克思主义的影响力、吸引力和感召力；系统总结马克思主义主流意识形态

---

① 《邓小平文选》第 3 卷，人民出版社 1993 年版，第 47 页。
② 《马克思恩格斯选集》第 2 卷，人民出版社 1995 年版，第 112 页。
③ 《列宁选集》第 1 卷，人民出版社 1995 年版，第 82 页。
④ 《列宁选集》第 2 卷，人民出版社 1995 年版，第 1 页。
⑤ 《毛泽东文集》第 7 卷，人民出版社 1999 年版，第 230 页。

引领多样化社会思潮的规律性认识，既可以增强"引领"的科学性和有效性，又可以丰富马克思主义的内容，推动马克思主义的发展；批判与抵制多样化社会思潮中消极的、落后的、腐朽的因素，可以锻炼真正的马克思主义者，增强马克思主义者的免疫力与战斗力，正如毛泽东所指出的："马克思主义者就是要在人们的批评中间，就是要在斗争的风雨中间，锻炼自己，发展自己，扩大自己的阵地。同错误思想作斗争，好比种牛痘，经过了牛痘疫苗的作用，人身上就增强免疫力。在温室里培养出来的东西，不会有强大的生命力。"①

第三，有利于进一步加强高校马克思主义理论学科与思想政治理论课建设。改革开放以来，国内文化氛围相对宽松，思想文化领域出现了多样化社会思潮。随着社会思潮影响范围的扩大与影响力的增强，教育主管部门与高校马克思主义理论工作者对社会思潮的关注度也日益增强，逐步将社会思潮研究有计划地纳入高校马克思主义理论学科建设中。2006 年与 2007 年，教育部分别将"当代中国社会思潮与马克思主义理论建设""20 世纪中国社会思潮研究"列为年度哲学社会科学研究重大课题攻关项目并向全国高校招标。设有马克思主义理论学科的各高校如武汉大学、中国人民大学、清华大学、北京大学等，也纷纷对社会思潮问题展开了广泛而深入的研究。以马克思主义理论学科综合实力一直在全国名列前茅的武汉大学为例，从 20 世纪 90 年代初起就开始注意研究民主社会主义思潮，并在此后一直把社会思潮作为博士学科点"马克思主义基本理论及在当代中国的运用和发展"方向的重要研究内容，2006 年更是进一步在"马克思主义基本原理"二级学科中设置了"马克思主义与当代社会思潮"的研究方向。

就"多样化社会思潮对大学生思想行为的影响及其引领路径"展开专门性研究，必然有利于进一步拓宽高校马克思主义理论研究的领域，增强高校马克思主义理论研究的现实针对性，丰富高校马克思主义研究

---

① 《毛泽东文集》第 7 卷，人民出版社 1999 年版，第 232 页。

的理论分支和理论视域，培养和锻炼一支高校马克思主义理论研究的骨干队伍，从而进一步加强高校马克思主义理论学科建设。

整体性是马克思主义的根本属性、重要特征和精神实质，贯穿于马克思主义理论研究、马克思主义理论学科与高校思想政治理论课建设中。中央设立马克思主义理论一级学科，就是为了从整体上推进马克思主义的理论研究、学科与课程建设。马克思主义理论学科建设与高校思想政治理论建设密不可分，马克思主义理论一级学科下设的几个二级学科同高校思想政治理论几门新课程的设置是直接相关或对应的。其中，"马克思主义基本原理"学科和"马克思主义基本原理概论"课相对应，"马克思主义发展史"、"中国近现代史基本问题研究"学科和"中国近现代史纲要"课相对应，"马克思主义中国化研究"学科和"毛泽东思想和中国特色社会主义理论体系概论"课相对应，"思想政治教育"学科和"思想道德修养与法律基础"课相对应。当然，这种直接相关或对应，不是等同，不能把学科建设等同于课程建设，但是其反映了学科建设与课程建设之间的不可分割的亲密关系。服务于高校思想政治理论课的内容、功能、建设要求，是马克思主义理论学科建设的重要内容、基本功能、鲜明特点。高校马克思主义理论学科建设的加强必然有利于高校思想政治理论课建设的加强。同时，"多样化社会思潮对大学生思想行为的影响及其引领路径"的研究成果，与高校思想政治理论课四门主干课程皆有着直接的内在的紧密联系。因此，就"多样化社会思潮对大学生思想行为的影响及其引领路径"展开专门性研究，必然有利于进一步加强高校思想政治理论课建设。

第四，有利于凝聚大学生的思想共识，增强大学生对社会主义核心价值观的认同感。在国际反华势力加紧对我国实施"西化""分化"战略与意识形态的强势渗透，国内利益关系、利益需求、利益格局多样化与价值观念、社会思潮纷繁复杂的现实境遇下，民主社会主义、新自由主义、普世价值观、宪政主义、民族主义、虚无主义、拜金主义、享乐主义、功利主义等多样化社会思潮不断冲击着我国的思想文化领域。

面对多样化的价值观念与社会思潮，党中央高度重视用社会主义主流意识形态来凝聚人们的思想共识。2013 年 8 月 19 日，习近平总书记在全国宣传工作会议上指出："要巩固马克思主义在意识形态领域的指导地位，巩固全党全国人民团结奋斗的共同思想基础。"①党的十九大报告也指出："必须推进马克思主义中国化时代化大众化，建设具有强大凝聚力和引领力的社会主义意识形态，使全体人民在理想信念、价值理念、道德观念上紧紧团结在一起。"如何凝聚人们的思想共识呢？弘扬和培育社会主义核心价值观是重要手段。2014 年 2 月 17 日，习近平总书记在省部级主要领导干部学习贯彻十八届三中全会精神，全面深化改革专题研讨班开班式上的讲话中进一步明确指出："核心价值观是文化软实力的灵魂、文化软实力建设的重点。这是决定文化性质和方向的最深层次要素。一个国家的文化软实力，从根本上说，取决于其核心价值观的生命力、凝聚力、感召力。培育和弘扬核心价值观，有效整合社会意识，是社会系统得以正常运转、社会秩序得以有效维护的重要途径，也是国家治理体系和治理能力的重要方面。历史和现实都表明，构建具有强大感召力的核心价值观，关系社会和谐稳定，关系国家长治久安"，强调要"把培育和弘扬社会主义核心价值观作为凝魂聚气、强基固本的基础工程……广泛开展社会主义核心价值观宣传教育"。② 党的十九大报告也强调："社会主义核心价值观是当代中国精神的集中体现，凝结着全体人民共同的价值追求。要……发挥社会主义核心价值观对国民教育、精神文明创建、精神文化产品创作生产传播的引领作用，把社会主义核心价值观融入社会发展各方面，转化为人们的情感认同和行为习惯。"

置身于多样化社会思潮集散地的高校校园，当代大学生的思想行为受到了各种社会思潮的不同向度、不同程度的复杂性影响，一些大学生

---

① 人民日报评论员：《把宣传思想工作做得更好——论学习贯彻习近平总书记 8 · 19 重要讲话精神》，《人民日报》2013 年 8 月 21 日。

② 参见《人民日报》2014 年 2 月 18 日。

出现了疏离社会主义核心价值观的现象。因此，凝聚当代大学生的思想共识，增强他们对社会主义核心价值观的认同感，已成为当代大学生思想政治教育一项刻不容缓的重要任务。对此，习近平总书记在 2014 年 5 月 4 日发表的《青年要自觉践行社会主义核心价值观——在北京大学师生座谈会上的讲话》中指出："人类社会发展的历史表明，对一个民族、一个国家来说，最持久、最深层的力量是全社会共同认可的核心价值观。核心价值观，承载着一个民族、一个国家的精神追求，体现着一个社会评判是非曲直的价值标准"，"如果一个民族、一个国家没有共同的核心价值观，莫衷一是，行无依归，那这个民族、这个国家就无法前进"，"我为什么要对青年讲讲社会主义核心价值观这个问题？是因为青年的价值取向决定了未来整个社会的价值取向，而青年又处在价值观形成和确立的时期，抓好这一时期的价值观养成十分重要。这就像穿衣服扣扣子一样，如果第一粒扣子扣错了，剩余的扣子都会扣错。人生的扣子从一开始就要扣好。'凿井者，起于三寸之坎，以就万仞之深。'青年要从现在做起、从自己做起，使社会主义核心价值观成为自己的基本遵循，并身体力行大力将其推广到全社会去"。① 习近平总书记的重要讲话，内涵丰富、思想深刻、语重心长、情真意切，深刻阐明了当代大学生培育和践行社会主义核心价值观的时代责任和努力方向，对加强和改进大学生思想政治教育，培养德智体美全面发展的社会主义建设者和接班人，具有重大而深远的指导意义。

　　"多样化社会思潮对大学生思想行为的影响及其引领路径"的专门性研究，将积极寻找多样化社会思潮与社会主义核心价值观的共鸣点，注重从多样化社会思潮的争鸣与比较中汲取养分以丰富社会主义核心价值观，并对大学生与时代的呼唤做出积极的话语回应、方法回应、内容回应；将对多样化社会思潮进行具体的价值澄清，对已在大学生中产生较大影响、成为热点问题的社会思潮进行重点关注；将积极探索以人为

---

　　①　参见《人民日报》2014 年 5 月 5 日。

本、疏通引导、隐形渗透、榜样示范等教育方式，注重大学生的认知导向、情感认同、情境体验、心理疏导、习惯养成，把引领多样化社会思潮与解决大学生的实际问题相结合。因此，此项研究的开展，必然有利于凝聚大学生的思想共识，增强大学生对社会主义核心价值观的认同感。

二、研究现状

党的十六届六中全会以来，我国学界对"当代中国多样化社会思潮"问题日益关注，并对该问题展开了广泛而深入的研究，取得了较为丰富的研究成果，其中刘书林的《社会思潮与青年教育研究》、林伯海的《当代西方社会思潮与青年教育》、陈立思的《社会思潮与青年教育》、林泰的《问道——改革开放以来的社会思潮与青年思想政治教育研究》等专著，不仅系统分析了社会思潮对青年学生思想行为的影响，而且积极探讨了相关对策。此外，还有许多研究成果专门就某一社会思潮如民主社会主义、新自由主义、普世价值观、宪政主义、民族主义、虚无主义、利己主义、消费主义、拜金主义、享乐主义、功利主义等及其对大学生思想行为的影响及其引领，进行了典型性、深入性、针对性研究。

其一，关于当代中国多样化社会思潮。研究路径主要有：透过多样化社会思潮的传播现状，探讨其类型特征、作用机理、分析原则与方法；通过梳理多样化社会思潮的生成流变过程，分析其社会心理基础、发展趋势；从增强思想政治教育的效果入手，探究如何引导人们科学对待多样化社会思潮。学界既达成了诸多共识，如普遍认为当代中国社会思潮呈现出多样化、差异性、复杂性特征，对我国社会主义主流意识形态发生着重要的复杂性影响等，也存在诸多争议，如关于其种类，学者们按其表现、影响、性质、起源等，将其分成"两种"如本土思潮和外来思潮，"三种"如新自由主义、民主社会主义和历史虚无主义，"四种"如民主社会主义、新自由主义、历史虚无主义和普世价值观，"五种"如新自由主义、民主社会主义、历史虚无主义、大陆新儒学思潮、文化保守主义,"六种"如新自由主义、激进主义、历史虚无主义、民主社会主义、民粹主义、公共知识分子思潮,"七种"、"八种"乃至更多种。关于其特征,有"三特征说"即广泛实践性、群众基础和社会影响力,[1] 有"四特征说"即异常活跃并呈现复杂性和多样性、国外思潮不断向国内思潮转化、更加关注现实利益、更具实践性,[2] "六特征说"即隶属性、批评性、趋利性、复杂性、传播性、多变性,[3] "七特征说"即复杂性、政治倾向性、趋利性、交互性、隐蔽性、开放性、传播性。[4] 关于对待其态度,有"尊重说"即尊重多样化社会思潮的客观存在,"整合说"即有效整合多样化社会思潮,"引领说"即坚持用马克思主义主流意识形态引领多样化社会思潮,"积极支持说"即应该积极支持多样化社会思潮的发展,"具体问题具体分析说"即对于多样化社会思潮应该具体问题具体分析、区别对待,等等。

其二,关于多样化社会思潮对大学生思想行为的影响。学者们重点剖析了新自由主义、民主社会主义、普世价值观、宪政主义、民族主义、虚无主义、拜金主义等思潮,对大学生的理想信念、价值取向、道德品质、社会心态、行为方式等方面所产生的消极影响,如导致大学生理想信念淡漠、价值观念扭曲、背离传统美德、疏离主流意识形态、思想混乱,容易引发大学生的不良社会心态、导致出现群体性事件等。也有少数学者分析了多样化社会思潮对大学生思想行为的积极影响,如促使大学生开阔视野、活跃思维、理性思考、关注现实,增强了大学生的

---

① 刘京生:《当代社会思潮的主要特征》,《理论前沿》1999 年第 19 期,第 21 页。

② 张红霞:《当前非主流社会思潮对大学生的影响及对策》,《中国石油大学学报》(社会科学版)2013 年第 5 期,第 167~168 页。

③ 李春耕:《科学把握非主流意识形态》,《思想理论教育》2010 年第 21 期,第 27~28 页。

④ 范秋迎:《科学认识、区别对待:对非主流意识形态的理性考量——以社会主义主流意识形态为视角》,《湖北社会科学》2010 年第 3 期,第 5~6 页。

民族意识、个体意识、现代意识、法治意识、创新意识等。学者们还从国内外社会环境、高校校园环境与意识形态建设、大学生对社会思潮的认知水平较低等方面，剖析了多样化社会思潮对大学生思想行为发生影响的原因。

其三，关于应对高校校园多样化社会思潮的策略。学界或就多样化社会思潮的影响现状及其成因，或如何对大学生实施价值引导，主要提出如下对策：加强马克思主义主流意识形态建设，回应、尊重、疏导、整合多样化社会思潮，引导大学生科学鉴别多样化社会思潮，管控校园大众传媒，优化校园舆论环境，探索适合大学生特点的多样化社会思潮引领模式，完善引领多样化社会思潮的体制与机制，创新引领多样化社会思潮的方法与途径等。此外，《马克思的意识形态批判与当代中国》《社会主义意识形态发展研究》《构建和谐社会与意识形态建设》《经济全球化与社会主义意识形态建设研究》等专著中，所提出的应对多样化社会思潮的策略，如加强党对意识形态建设的领导、坚持一元主导与多样并存的辩证统一、增强马克思主义主流意识形态的包容度与引领力等，也具有重要的借鉴价值。

国内学界的多维探讨，对本项研究具有重要启示。但从目前研究现状看，人们对多样化社会思潮对大学生思想行为的消极影响探讨较多，对其积极影响、影响的复杂性、传播特点探讨不够；在剖析多样化社会思潮形成原因时，对国内外社会环境等因素较为重视，对大学生的身心发展特点与社会思潮的接受机制、多样化社会思潮的发生机制与影响机理等因素重视不够；理论探讨较多，实证分析较少，为数不多的实证分析往往是以某个地市甚至某个高校为样本，结论的信度和效度有待进一步增强，且缺乏连续性、动态性、比较性的跟踪分析；宏观性、共性层面的对策探究较多，微观性、具体性层面的对策探究较少，对策研究的系统性、针对性、可操作性有待进一步加强。

国外也有一些进步思想家如德里达、詹姆逊、哈贝马斯、吉登斯、乔姆斯基等人，对资本主义社会现实与主流意识形态进行了抨击与批判，并力图拓展马克思主义的研究，形成了流派众多的社会主义思潮、共产主义思潮、马克思主义思潮。为了削减这些社会思潮对青年学生的影响，西方资本主义国家采取了一些如加强执政党对意识形态建设的领导，加强政府对舆论传媒的掌控，以法律手段规约社会思潮的传播，采取隐形、渗透等教育方式增强主流意识形态的影响力等做法。这些做法，均值得我们结合我国国情加以借鉴。

三、研 究 方 法

毛泽东曾指出："我们不但要提出任务，而且要解决完成任务的方法问题。我们的任务是过河，但是没有桥或没有船就不能过。不解决桥或船的问题，过河就是一句空话。不解决方法问题，任务也只是瞎说一顿。"[1]就"多样化社会思潮对大学生思想行为的影响及其引领路径"展开专门性研究，也必须坚持科学的研究方法。

一是多学科研究法。探明多样化社会思潮的生成演变规律与影响机理，判明其性质特征与功能作用，必须坚持以马克思主义辩证唯物主义与历史唯物主义为指导；开放多样条件下，引领大学生科学鉴别、对待多样化社会思潮，必须坚持以马克思主义思想政治教育理论为指导；探寻多样化社会思潮的传控机制，要运用到传播学理论；多样化社会思潮是一定阶级或阶层的政治利益、政治主张、政治诉求、政治心理的反映；多样化社会思潮能够对当代大学生思想行为发生影响，既与当今的国内外社会环境、社会心理有关，也与当代大学生的心理倾向、教育背景有关；掌握多样化社会思潮对当代大学生思想行为的影响现状，既要进行广泛深入的调查，也要对相关数据进行科学的统计分析。因此，"多样化社会思潮对大学生思想行为的影响及其引领路径"研究，既需要运用马克思主义理论学科知识，也需要充分借鉴与吸收政治学、教育

---

[1]　《毛泽东选集》第 1 卷，人民出版社 1991 年版，第 139 页。

学、心理学、社会学、传播学、统计学等相关学科知识。

二是阶级分析法。马克思主义关于阶级和阶级斗争的观点包括："（从原始土地公有制解体以来）全部历史都是阶级斗争的历史"①的观点；"阶级的存在仅仅同生产发展的一定历史阶段相联系"②的观点；"阶级斗争必然导致无产阶级专政"③的观点；无产阶级专政"不过是达到消灭一切阶级和进入无阶级社会的过渡"④的观点；"要使无产阶级在决定关头强大到足以取得胜利，无产阶级必须……组成一个不同于其他所有政党并与它们对立的特殊政党，一个自觉的阶级政党"⑤的观点，等等。上述诸观点构成了马克思主义科学的"阶级斗争学说"。阶级分析法就是运用马克思主义的阶级斗争学说及其基本观点观察、分析、解决带有阶级和阶级斗争性质的社会现象和社会问题，它以历史唯物主义为理论基础，科学揭示了阶级的本质和人类社会发展的客观规律，蕴涵着丰富的真理性和生动的实践性，适用于整个阶级社会对带有阶级和阶级斗争性质的社会现象和社会问题的认识。

关于阶级分析法，列宁多次强调："阶级关系——这是一种根本的和主要的东西，没有它，也就没有马克思主义"，⑥"阶级斗争的原则是社会民主党全部学说和全部政策的基础"，⑦"马克思主义要求我们对每一个历史关头的阶级对比关系和具体特点作出经得起客观检验的最确切的分析"，⑧"马克思主义者不应该离开分析阶级关系的正确立场"，⑨"马克思主义提供了一条指导性的线索，使我们能在这种看来扑朔迷

---

① 《马克思恩格斯选集》第 1 卷，人民出版社 1995 年版，第 252 页。
② 《马克思恩格斯选集》第 4 卷，人民出版社 1995 年版，第 547 页。
③ 《马克思恩格斯选集》第 4 卷，人民出版社 1995 年版，第 547 页。
④ 《马克思恩格斯选集》第 4 卷，人民出版社 1995 年版，第 547 页。
⑤ 《马克思恩格斯选集》第 4 卷，人民出版社 1995 年版，第 685 页。
⑥ 《列宁全集》第 41 卷，人民出版社 1986 年版，第 92 页。
⑦ 《列宁全集》第 15 卷，人民出版社 1988 年版，第 38 页。
⑧ 《列宁选集》第 3 卷，人民出版社 1995 年版，第 24 页。
⑨ 《列宁选集》第 3 卷，人民出版社 1995 年版，第 27 页。

离、一团混乱的状态中发现规律性。这条线索就是阶级斗争的理论"。①毛泽东曾经指出："阶级斗争，一些阶级胜利了，一些阶级消灭了。这就是历史，这就是几千年的文明史。拿这个观点解释历史的就叫做历史的唯物主义，站在这个观点的反面的是历史的唯心主义。"②邓小平也曾指出："社会主义社会中的阶级斗争是一个客观存在"，③"既要反对把阶级斗争扩大化的观点，又要反对认为阶级斗争已经熄灭的观点。"④江泽民指出："我们纠正过去一度发生的'以阶级斗争为纲'的错误是完全正确的，但这不等于阶级斗争已不存在了。只要阶级斗争还在一定范围内存在，我们就不能丢弃马克思主义的阶级和阶级分析的观点和方法。这种观点和方法始终是我们观察社会主义同各种敌对势力斗争的复杂政治现象的一把钥匙。"⑤

马克思主义的阶级分析法，以历史唯物主义为理论基础，科学揭示了阶级的本质和人类社会发展的客观规律，蕴涵着丰富的真理性和生动的实践性，适用于整个阶级社会对带有阶级和阶级斗争性质的社会现象和社会问题的认识。社会思潮作为一定阶级、阶层或利益集团的利益、愿望和诉求的反映，具有鲜明的阶级性和强烈的意识形态性，只有采取阶级分析法，才能分清其性质、特征，认清其立场、实质，判明其意欲何为，会对大学生的思想行为产生什么向度、多大力度的影响，从而据此采取有效对策。

三是实证分析法。所谓实证分析法，就是以经验或观察为依据，以调查为主要手段，对相关事实、事例和经验进行理论上的统计分析和推理说明的方法。辨别一种思想主张是否已经生成为具有一定社会影响的

---

① 《列宁全集》第 26 卷，人民出版社 1988 年版，第 60 页。
② 《毛泽东选集》第 4 卷，人民出版社 1991 年版，第 1487 页。
③ 《邓小平文选》第 2 卷，人民出版社 1994 年版，第 182 页。
④ 中共中央文献研究室：《三中全会以来重要文献选编》(下)，人民出版社 1982 年版，第 841 页。
⑤ 《江泽民文选》第 3 卷，人民出版社 2006 年版，第 83 页。

社会思潮，要看其传播与影响是否达到一定量的广度与深度；把握多样化社会思潮对大学生思想行为的影响现状，必须以客观事实为依据。因此，本研究将坚持实证分析法，并根据研究的实际需要与客观条件，主要采取重点访谈、问卷调查、案例研究等具体方法，遵循先期访谈——问卷设计——问卷调查——信息统计——实证分析的探索性研究路径，精心选取文理工农医综等不同类型、东中西部不同区域、本科高职等不同层次的在校大学生作为代表性样本，就多样化社会思潮对大学生思想行为的影响展开现状调研，运用 SPSS 软件，采取描述型、诊断型、预测型、指令型等数据分析方法，统计分析调研材料，将量与质的实证分析相结合，保证调研的信度和效度。

四是社会归因法。所谓社会归因法，就是通过对某一社会现象、社会事实、行为结果的分析，来探明其性质或推论其原因的方法。本研究将以事物发展的因果关系原理、马克思主义关于社会存在与社会意识的关系原理为指导，从经济、政治、思想文化等社会历史条件的发展中，来探寻多样化社会思潮生成、演变、发生影响的原因。如可以从改革开放以来，我国的利益关系、利益格局、民主政治、思想文化、大众传媒等社会环境的发展变化中，分析多样化社会思潮生成演变的原因、规律；可以从当代大学生成长的学校、家庭、社会环境的发展变化中，分析多样化社会思潮发生影响的原因；可以从不同大学生群体的利益需求和社会心理的发展变化中，预测我国高校校园多样化社会思潮的发展趋势等。

五是系统分析法。系统分析法就是根据事物所具有的系统特征，从事物的整体出发，着眼于各构成要素、整体与部分、系统与环境等的相互联系和相互作用，求得优化的整体目标的分析方法。社会思潮的生成、演变是一个具有自我调节能力的过程，是一个开放的、动态的、系统的发展过程；社会思潮在其生成、演变过程中，通过与其他社会思潮、系统环境之间的能量、信息和影响的交换，既改变着自身的形态，也影响着其他社会思潮与系统环境；多样化社会思潮对大学生思想行为的影响是复杂的，它们能够发生影响的原因也是多方面的；对多样化社会思潮的引领是一项由引领主体、引领对象、引领工具、引领环境、引领载体、引领方法、引领渠道、引领阵地等多要素构成的系统工程。因此，本研究将坚持整体性、联系性、综合化、最优化等系统原则，采取结构层次分析法、要素分析法、结构优化分析法等系统分析方法，在对我国高校校园多样化社会思潮进行解剖式分析的基础上，研究它们之间以及它们与主流意识形态、系统环境（学校环境、社会环境）之间的相互关系，并系统性思考各要素良性互动、科学完善的长效引领机制。

四、研究内容

本研究将从实证研究入手，系统考察当前我国高校校园多样化社会思潮的内容形式、生成规律、传播特点、现实影响及其成因；导入问题意识，对那些已在大学生中产生较大影响的社会思潮进行深入的马克思主义理论评析；积极回应挑战，勇于探索用社会主义主流意识形态引领当前我国高校校园多样化社会思潮的有效路径。主要内容包括：

第一章，绪论。先全面论证本研究的价值意义，明确研究的理论意义与现实价值；然后系统梳理研究现状；最后简要说明研究方法和研究内容。

第二章，社会思潮研究的基本问题梳理。系统梳理社会思潮的基本概念、范畴，深刻探析社会思潮的生成演变规律，仔细辨析社会思潮的功能特征，深入探究社会思潮的传控机制，全面分析社会思潮与主流意识形态之间的关系。

第三章，多样化社会思潮对大学生思想行为的影响现状调研。根据研究假设，设计访谈提纲和调查问卷，选取代表性样本，就多样化社会思潮对大学生思想行为的影响展开现状调研；采用科学的统计方法，分析调查数据和信息资料，就多样化社会思潮对大学生思想行为影响的量（包括影响的广度与深度）与质（包括积极性、消极性、中性、一时难以界定的影响），进行描述性、实证性分析和探索性研究，重点关注影响较大的几种社会思潮。

第四章，多样化社会思潮对大学生思想行为发生影响的原因剖析。多样化社会思潮对大学生思想行为产生复杂性影响，其原因是多方面的。从国际环境看，西方敌对势力正加紧对我国实施意识形态的强势渗透，大肆向我国青年学生兜售各种西方社会思潮。从国内环境看，随着我国经济成分与利益格局的多样化，社会思潮也随之日益多样化。多样化社会思潮正加紧同主流意识形态争夺高校意识形态话语权。从高校校园环境与主流意识形态建设看，网络、影视等大众传媒的推波助澜，"学术精英"的诱导，主流意识形态建设的实效性有待进一步增强。从大学生的身心发展特点看，批判性的思维方式、从众性的心理特征、强烈的好奇心、较低的社会思潮认知水平等，使得他们较易受到社会思潮的影响。

第五章，当前我国高校校园多样化社会思潮的引领路径思考。一要以尊重差异、包容多样作为"引领"的基本方针。坚持以一元主导为前提，坚持与巩固马克思主义主流意识形态在高校意识形态领域的指导地位；运用马克思主义立场观点方法对高校校园多样化社会思潮进行具体分析，加以区别对待，鼓励支持先进性社会思潮，批判抵制落后性社会思潮，包容引导先进因素与落后因素并存的中间性社会思潮；搭建有管控的社会思潮沟通交流平台；尊重大学生的身心发展特点、利益需求与思想行为的差异性；在大学生中努力营造"尊重"与"包容"的社会心理、思维方式、处事态度、文化环境。二要以最大限度地凝聚大学生的思想共识作为"引领"的目标取向。积极寻找当前我国高校校园多样化社会思潮与社会主义核心价值观的共鸣点，充分挖掘与鼓励内蕴于多样化社会思潮中的积极因素、反映不同层次的大学生中的"正能量"，增强大学生对社会主义核心价值观的认同感。马克思主义主流意识形态要善于从高校校园多样化社会思潮的争鸣与比较中汲取养分，不断丰富自身，增强自身的包容度和亲和力；高校意识形态建设要对大学生与时代的呼唤做出积极的话语回应、方法回应、内容回应。三要以把握和解决好相关着力点、突破点作为"引领"的方法论。加强高校马克思主义理论研究和建设工程，增强马克思主义主流意识形态的说服力与感召力，着力解决好"用什么引领"的问题；重点引领已在大学生中产生较大影响、成为热点问题的社会思潮，兼顾其他思潮，着力解决好"引领什么"的问题；重点引领大学生中的中间群体，同时提升大学生中的先进分子、转化大学生中的落后分子，着力解决好"引领谁"的问题；管控好互联网等高校校园大众传媒，采取以人为本、疏导示范、隐形渗透等教育方式，注重大学生的认知导向、情感认同、情境体验、心理疏导、习惯养成，把引领多样化社会思潮与解决大学生的实际问题相结合，着力解决好"怎样引领"的问题。四要以建构科学完善的长效机制作为"引领"的根本保障。建构社会思潮的分析预测机制、疏导整合机制、法律规约机制、网络审查机制，以及"引领"的组织协调机制、反馈调控机制，健全各主体包括高校党委、政工队伍、思政课教师，各渠道尤其是高校思政课主渠道，各阵地尤其是网络新阵地等要素协同一致的长效机制。

第二章　社会思潮的内涵、特征、演变、引领

什么是社会思潮？作为一种思想理论，社会思潮与主流意识形态、社会心理有何不同，有哪些基本特征？社会思潮是如何生成演变的？要不要对社会思潮加以控制与引领？这些问题，是"多样化社会思潮对大学生思想行为的影响及其引领路径"研究必须要首先加以解答的。

一、社会思潮的内涵与分类

社会思潮作为一种理论观点和思想潮流，既不是主流意识形态，也不同于一般的社会心理，具有自身的特定内涵。

(一)社会思潮的内涵

中国古代没有"社会思潮"这一概念，此概念是在近代以来西学东渐过程中，由英文"Social Ideological Trend"翻译过来的，意为在人的交往过程中形成的、具有一定社会影响的思想倾向。

马克思曾指出："新思潮的优点就恰恰在于我们不想教条式地预料未来，而只是希望在批判旧世界中发现新世界。"[①]这里的"新思潮"，专指马克思、恩格斯的"新思想"、"新理论"。

[①]　《马克思恩格斯全集》第1卷，人民出版社1956年版，第416页。

　　学界普遍认为，近代中国对"社会思潮"一词做出经典解释的是梁启超，他在《清代学术概论》中指出："今之恒言，曰'时代思潮'，此其语最妙于形容。凡文化发展之国，其国民于一时期中，因环境之变迁，与夫心理之感召，不期而思想之进路，同趋于一方向，于是相与呼应汹涌，如潮然。……凡'思'非皆能成'潮'；能成'潮'者，则其思必有相当之价值，而又适合于其时代之要求者也。凡'时代'非皆有思潮；有思潮之时代，必文化昂进之时代也。"①梁启超的"时代思潮"与今天所说的"社会思潮"在内涵上基本一致。梁启超对社会思潮的解释，强调了社会环境与时代要求对社会思潮形成的重要作用，阐明了社会思潮与社会心理之间不可分割的联系，揭示了社会思潮的运动状态，含有唯物主义认识论的合理因素，但由于历史条件的局限，他又把社会思潮等同于进步思潮，未能对社会思潮的地位与性质做出进一步的科学区分与分析。

　　《现代汉语词典》与《辞海》对"思潮"的解释分别为："思潮，是指某一时期内在某一阶级或阶层中反映当时社会政治情况，而有较大影响的思想潮流。"②"（1）某一历史时期内反映一定阶级或阶层利益和要求的思想倾向。（2）涌现出来的思想感情。"③这里的"思潮"与"社会思潮"的涵义大致相同。《中国大百科全书》哲学卷中明确将"社会思潮"定义为："反映特定环境中，人们的某种利益或要求并对社会生活有广泛影响的思想趋势或倾向。社会思潮有时表现为由一定理论形态的思想作主导，有时又表现为特定环境中人们的社会心理，是社会意识的综合的表现形式。"④相对而言，《中国大百科全书》中关于"社会思潮"的解释科

　　①　梁启超：《清代学术概论》，载《梁启超论清学史二种》，中华书局1954年版，第55页。

　　②　《现代汉语词典》，商务印书馆1973年版，第970页。

　　③　《辞海》，上海辞书出版社1979年版，第3324页。

　　④　《中国大百科全书》（哲学卷Ⅱ），中国大百科全书出版社1987年版，第765页。

学而全面，不仅涵盖了《现代汉语词典》与《辞海》中的"反映说"与"影响说"，而且揭示了社会思潮与思想理论、社会心理之间的关系。

当代中国有很多学者从不同的视角，给社会思潮下了诸多定义，对社会思潮的内涵进行了见仁见智的阐释。尤其值得关注的是，有些学者在系统梳理已有相关研究成果的基础上，还对如何界定社会思潮进行了可贵的、有益的方法论探讨。

梅荣政、佘双好等把学界对社会思潮概念的界定分为"综合说"与"中介说"两种代表性观念。"综合说"采用综合社会心理和社会意识的办法，把社会思潮看成某一阶段影响较大的思想潮流；"中介说"把社会思潮放到整个社会意识系统加以考察，认为社会思潮在既相互区别又相互联系的社会意识的三个基本层次即社会心理、社会思潮和社会意识形态中，处于承上启下的地位，起着中介作用。梅荣政、佘双好认为，"综合说"把握住了有关社会思潮主要的和基本的东西，但对社会思潮的两大构成元素即社会心理与思想理论的辩证关系以及它们在社会思潮中的地位与作用缺乏清楚的说明，没有揭示社会思潮的特殊性与层次性；"中介说"虽然确定了社会思潮在整个社会思想和意识形态中的位置及其发展趋向，但未能揭示社会思潮的内容与实质、复杂多样的特点。梅荣政认为，界定社会思潮应突出三个方面：一要揭明它产生、存在并发生影响的特定历史条件，特别是一定时期的社会经济关系、阶级关系和政治状况。二要凸显特定的社会意识形态；三要凸显某种社会心理。在此基础上，梅荣政将社会思潮定义为："某一时期内在某一阶级或阶层中反映当时社会政治情况而有较大影响的思想潮流，它以一定的社会存在为基础，以特定的思想理论为核心，并与某种社会心理发生相互影响、相互制约、相互渗透的作用。"①

王炳权强调，科学理解社会思潮内涵的理论前提是必须坚持唯物史

① 参阅梅荣政：《用马克思主义引领社会思潮》，武汉大学出版社 2008 年版，第 52~53 页，以及佘双好：《当代社会思潮的内涵、特征及其研究意义》，《学校党建与思想教育》2011 年第 7 期，第 7~8 页。

观的指导。基于此种理念，他对马克思主义经典作家关于社会思潮的论述、近代中国梁启超与鲁迅等人对社会思潮的解释、中国早期马克思主义者对社会思潮的分析、当代学者对社会思潮内涵的揭示，进行了系统的梳理，并将社会思潮定义为："以一定的社会心理为意识基础，以相关社会意识形式为理论核心，在一定历史阶段具有一定影响的社会意识的活动形态。"①

步德胜、邓卓明把我国学者关于社会思潮概念的界定分为三类：一是"社会意识说"，把社会思潮说成是一种社会意识形式或社会意识形态或群体意识；二是"思想倾向说"，把社会思潮看成反映一定的民族、阶级、阶层或社会群体利益的思想倾向；三是"思想潮流说"，认为社会思潮是在特定历史环境中，以某种思想理论为支撑，具有动态性的思想潮流。他们认为，这三类说法都有其不足："社会意识说"没有看到社会思潮的运动性，把社会思潮简单地定位成一种静态的意识范畴；"思想倾向说"忽视了社会思潮兼有社会心理和意识形态的成分并在这两个层次上进行活动；"思想潮流说"忽视了社会思潮的心理基础。他们强调对社会思潮的阐释必须：一要看到社会心理与社会思潮、社会意识三者之间的关系，并恰当地区分它们；二要辨明政治思潮及学术思潮与社会思潮的差异；三要准确定位社会思潮的基本特征，并在概念中予以体现。由此，他们将社会思潮定义为："在一定社会历史环境中，以人们的社会心理为基础，以某种或多种思想理论为支撑，通过具体载体以动态形式反映一定阶级、阶层或整个人类的理想、愿望、利益、要求并在社会产生持久深刻影响的思想潮流。"②

此外，王锐生认为，社会思潮属于社会意识的范畴，是一定的社会物质生活条件的产物，强调历史唯物论关于社会存在决定社会意识的基

---

① 王炳权：《深入理解社会思潮的基本内涵》，《高校理论战线》2011年第11期，第36~37页。

② 步德胜、邓卓明：《社会思潮内涵的再认识》，《重庆邮电学院学报》（社会科学版），第712~714页。

本原理是研究社会思潮的根本立足点。①

相关学者关于社会思潮概念的界定特别是关于界定社会思潮的方法论探讨，为我们准确把握社会思潮的内涵，提供了重要借鉴。综合已有观点，可将"社会思潮"定义为：在一定历史时期内，反映一定阶级、阶层或社会集团的利益需求和思想主张，以一定的社会心理为基础，以特定的思想理论为核心和支撑，传播范围较广、社会影响较大的思想潮流。这一在综合已有研究成果基础上所下的"社会思潮"定义具有如下特征：

一是坚持了唯物史观，阐明了社会思潮生成演变并发生影响的社会历史条件。马克思、恩格斯曾指出："唯物史观是以一定历史时期的物质经济生活条件来说明一切历史事件和观念、一切政治、哲学和宗教的。"②社会思潮作为一种思想潮流，本质上属于社会意识和观念形态的范畴，是一定的社会存在、社会现实、阶级利益的反映，是社会历史条件的产物。因此，界定社会思潮，必须坚持唯物史观。将"社会思潮"定义为"在一定历史时期内，反映一定阶级、阶层或社会集团的利益需求和思想主张的思想潮流"，就很好地阐明了社会思潮生成演变的时代背景、社会缘由、理论本质与历史必然性。

二是揭示了社会思潮、社会心理与思想理论三者之间的相互关系。社会心理与思想理论既是社会思潮的意识构成，又是社会思潮形成的必要条件。社会心理"包括两个方面涵义：（1）群体中共同的心理现象。如从众、模仿、暗示、舆论、气氛、感染、对比、风气、偏见、牢骚、时髦、谣言、风俗、传统、竞赛等。具有群体性、自发性、不稳定性及感染性与暗示性等特点"；"（2）个体受群体影响而形成的心理现象"。③特定的思想理论只有反映与概括一定群体的社会心理需求，与一定群体

---

① 王锐生：《社会思潮初探》，《东岳论丛》1981 年第 3 期，第 31~32 页。

② 《马克思恩格斯选集》第 3 卷，人民出版社 1995 年版，第 209 页。

③ 朱智贤：《心理学大词典》，北京师范大学出版社 1989 年版，第 574 页。

的社会心理相契合，才能获得一定群体广泛的情感认同，从而摆脱自身的潜隐状态，得以流行、传播、扩大影响，形成为思潮；但社会心理具有自发性、感染性、不确定性等特征，如果离开了自觉、系统地反映特定的社会现实、社会矛盾、社会需求的思想理论的支撑与引导，社会心理就无法有意识、有计划地上升为一定的精神诉求，就无法成为有效凝聚一定群体思想共识的精神力量，也就无法形成为一种思潮。社会思潮的形成过程是一个社会心理与思想理论相互影响、相互渗透、相互结合的动态过程。社会心理的认同与思想理论的支撑对于社会思潮的形成来说，二者缺一不可。但二者在社会思潮意识结构中的地位有所不同。社会心理在社会思潮意识结构中居于基础地位，是社会思潮形成的前提条件；思想理论"是一种社会思潮的内核，它决定着一种社会思潮的性质和社会作用的方向，它是社会思潮的标志"。① 将"社会思潮"定义为"以一定的社会心理为基础，以特定的思想理论为核心和支撑的思想潮流"，既凸显了社会心理与思想理论对社会思潮形成的重要作用，又科学说明了二者的辩证关系及其在社会思潮意识结构中的地位和作用。

三是抓住了社会思潮的意识形态性本质。在阶级社会中，任何一种思想理论都是站在一定阶级或阶层的立场上，为一定阶级或阶层讲话，为一定阶级或阶层服务，都不可避免地具有阶级性。以特定思想理论为内核的社会思潮也不可避免地具有阶级性。任何一种社会思潮都代表和反映特定阶级、阶层或社会集团的利益需求、价值诉求，超阶级的、普适的、抽象的社会思潮在阶级社会中根本不可能存在。阶级性、意识形态性是社会思潮的本质属性。将"社会思潮"定义为"反映一定阶级、阶层或社会集团的利益需求和思想主张的思想潮流"，一下子就抓住了社会思潮的意识形态性本质。

四是凸显了社会思潮的基本特征。社会思潮具有动态性、广泛传播

① 梅荣政：《用马克思主义引领社会思潮》，武汉大学出版社 2008 年版，第57 页。

性、现实影响性等基本特征。恩格斯曾指出："当我们深思熟虑地考察自然界或人类历史或我们自己的精神活动的时候，首先呈现在我们眼前的，是一幅由种种联系和相互作用无穷无尽地交织起来的画面，其中没有任何东西是不动的和不变的，而是一切都在运动、变化、生成和消逝。"①社会思潮意识构成的两大基本要素即社会心理与思想理论总是随着社会现实的变化而变化，且社会思潮不是社会心理与思想理论的静态的简单相加，而是二者动态的有机结合，社会思潮往往要经历一个潜隐、生成、完善、高潮的流变过程，动态性是社会思潮的基本特征。任何一种思想理论，都必须关注和迎合一定的社会心理，通过一定的传播方式，采取一定的传播手段，借助一定的传播渠道与传播媒介，在尽可能久的时间和尽可能广的空间中传播，才能拥有广泛的接受者，形成强大的社会影响力，从而形成为社会思潮。广泛传播性是社会思潮的另一基本特征。任何一种社会思潮，都是社会现实的反映，都必须服务于、作用于社会现实。任何一种思想理论，如果只是停留在书斋里、局限于学术界的"阳春白雪"，不能面向社会现实，则必然会陷入"高处不胜寒"的窘迫境地，产生不了广泛的社会影响，成不了社会性的思潮。现实影响性是社会思潮的又一基本特征。将"社会思潮"定义为"传播范围较广、社会影响较大的思想潮流"，凸显了动态性、广泛传播性、现实影响性等社会思潮的基本特征。

（二）社会思潮的分类

目前较为流行的是"三分法"和"两分法"。

"三分法"依据不同的标准，总体上把当代中国社会思潮分为三类：按流向，把社会思潮分为主流社会思潮、非主流社会思潮、反主流社会思潮；参照对主流意识形态的挑战程度，把社会思潮分为维护性社会思潮、弱挑战性社会思潮、强挑战性社会思潮；依据性质与作用，把社会

---

① 《马克思恩格斯选集》第 3 卷，人民出版社 1995 年版，第 359 页。

思潮分为先进性社会思潮、中间性社会思潮、落后性社会思潮。

"三分法"充分认识到了各种社会思潮在社会意识形态系统中的地位、性质、作用上的不同，这是其合理之处，但这种划分方法也有值得商榷之处。如逻辑学认为，具有矛盾关系的两个概念，它们在外延上相互排斥，并且它们的外延之和等于邻近的属概念的外延。像"无产阶级"与"非无产阶级"、"共产党员"与"非共产党员"、"公有制"与"非公有制"、"主流社会思潮"与"非主流社会思潮"等概念间的关系，皆属矛盾关系。"公有制"与"非公有制"这两个具有矛盾关系的概念的外延之和等于邻近的属概念"所有制"的外延之和。因此，我国的所有制总体上可分为公有制与非公有制两大类，至于私有制则是非公有制这一属概念的种概念，按照种属概念不能并列的逻辑原则，不能将公有制、非公有制、私有制并列。同理，主流社会思潮与非主流社会思潮这两个概念间的关系也是矛盾关系，它们的外延之和等于邻近的属概念社会思潮的外延之和。因此，社会思潮总体上可分为主流社会思潮与非主流社会思潮两大类。反主流社会思潮是非主流社会思潮的种概念，按照种属概念不能并列的原则，不能将主流社会思潮、非主流社会思潮、反主流社会思潮并列。因此，"三分法"把社会思潮分为主流社会思潮、非主流社会思潮、反主流社会思潮三种类型，没有认识到主流社会思潮与非主流社会思潮这两个概念之间的矛盾关系，违背了种属概念不能并列的逻辑原则。又如，社会思潮与主流意识形态的关系具有复杂性，有些社会思潮可能既存在着维护主流意识形态的因素，也同时存在着挑战主流意识形态的因素，且社会思潮对主流意识形态的挑战强度往往难以量化。因此，"三分法"把社会思潮分为维护性社会思潮、弱挑战性社会思潮、强挑战性社会思潮，既不能廓清所有社会思潮的内在属性，具有逻辑上的不严密性，同时在实践中又往往难以操作。因此，有人采取了简便而科学的方法是"两分法"。

"两分法"认为，按地位，社会思潮可分为主流社会思潮、非主流社会思潮；按作用，社会思潮可分为维护性社会思潮、非维护性社会思潮；按性质，社会思潮可分为先进性社会思潮、非先进性社会思潮。当然在此基础上，还可以作进一步的划分，如主流社会思潮可分为爱国主义、集体主义、社会主义等社会思潮，非主流社会思潮可分为反主流社会思潮与其他非主流社会思潮。相对而言，"两分法"更为合理。

二、社会思潮的基本特征

社会思潮作为一种特殊的思想理论与社会意识，具有从属性、潜隐性、批判性、可引领性等基本特征。

(一) 从属性

每个阶级社会都由相互对立的两大阶级所构成，同时存在着若干中间阶级、阶层，而两大相互对立的阶级内部往往又分成若干阶层或利益集团。因此，每个阶级社会的意识形态构成是复杂多样的，既有统治阶级的意识形态，也有被统治阶级的意识形态，"在阶级存在的条件之下，有多少阶级就有多少主义，甚至一个阶级的各集团中还各有各的主义"。① 与之相适应，每个社会往往既有反映统治阶级利益的主流意识形态、反映支持统治阶级的阶级阶层利益的社会思潮，也有反映被统治阶级利益与中间阶层利益的社会思潮，还有过去社会思潮的残余。虽然所有的阶级、阶层或集团都希望本阶级、本阶层或本集团的社会思潮能够上升为主流意识形态，但是能够上升为主流意识形态的总是由反映统治阶级利益的社会思潮转化而来的，反映其他阶级、阶层或集团利益的社会思潮总是处于被支配地位。这是为什么呢？对此，马克思、恩格斯曾给予了深刻阐释："统治阶级的思想在每一时代都是占统治地位的思想"，② "一个阶级是社会上占统治地位的物质力量，同时也是社会上占

---

① 《毛泽东选集》第 2 卷，人民出版社 1991 年版，第 687 页。
② 《马克思恩格斯选集》第 1 卷，人民出版社 1995 年版，第 98 页。

统治地位的精神力量。支配着物质生产资料的阶级，同时也支配着精神生产资料，因此，那些没有精神生产资料的人的思想，一般地是隶属于这个阶级的。占统治地位的思想不过是占统治地位的物质关系在观念上的表现，不过是以思想的形式表现出来的占统治地位的物质关系；因而，这就是那些使某一个阶级成为统治阶级的关系在观念上的表现，因而这也就是这个阶级的统治的思想"。① 马克思、恩格斯的论述，一针见血地点明了每一时代反映统治阶级利益的主流意识形态总是处于主导地位，反映被统治阶级利益的社会思潮总是处于从属地位的根本原因。

任何一个阶级在夺取政权、成为统治阶级后，为了维护自己的经济利益、政治地位、凝聚广大社会成员的思想共识，总是凭借自身在经济上、政治上的优势地位，通过各种方式来竭力论证反映他们利益的社会思潮的合法性、正当性、科学性、先进性，并通过肯定、赞赏、奖励、弘扬等各种手段，扩大反映他们利益的社会思潮在全社会的传播范围，增强它们在全社会的影响力和在社会成员中的认同感，确立它们在社会意识形态系统中的主导、支配地位，使它们上升为主流意识形态；通过引领手段，整合反映中间阶层利益的社会思潮，促进它们向主流意识形态靠拢；通过否定、批判、抑制、阻遏等手段，削减反映敌对阶级利益的社会思潮的社会影响力。这是阶级社会中社会思潮生成演变的基本规律，只不过在不同的时代，表现的方式不同而已。在传统的专制时代，统治阶级往往采取"焚书坑儒""罢黜百家、独尊儒术"等独断方式，来对待反映其他阶级、阶层或集团利益的社会思潮，因此，往往导致"万马齐喑"的局面；而在政治多极化、文化多元化的新时代，统治阶级虽不像传统社会那般独断，但也总是通过整合与引领多样化社会思潮来竭力维护主流意识形态的主导地位。任何社会的统治阶级为了维护自身利益，都必然会强化主流意识形态，整合引领多样化社会思潮。因此，多样化社会思潮在一定社会的意识形态系统中只能处于从属地位。

---

① 《马克思恩格斯选集》第 1 卷，人民出版社 1995 年版，第 98 页。

(二) 潜隐性

潜隐性并不是说社会思潮一直潜隐着，不积极传播、不扩大影响，而是说社会思潮往往将自己的真实意图与理论实质隐藏于统治阶级能够接受的、大众化的形式中，其生成演变往往要经历一定的潜伏期。

在奴隶社会、封建社会与资本主义社会的中后期、衰落期，反映被统治阶级利益的社会思潮，虽然具有先进性，但却只能处于从属与被支配地位，为了团结大多数人推翻旧政权，被统治阶级往往把代表和反映自己利益的社会思潮说成是社会大众普遍利益的代表，并竭力扩大其传播范围，竭力增强其社会影响力与认同感。对此，马克思、恩格斯曾给予了深刻的阐释："占统治地位的将是越来越抽象的思想，即越来越具有普遍性形式的思想。因为每一个企图取代旧统治阶级的新阶级，为了达到自己的目的不得不把自己的利益说成是社会全体成员的共同利益，就是说，这在观念上的表达就是：赋予自己的思想以普遍性的形式，把它们描绘成唯一合乎理性的有普遍意义的思想。"[1]"每一个力图取得统治的阶级，即使它的统治要求消灭整个旧的社会形式和一切统治，就像无产阶级那样，都必须首先夺取政权，以便把自己的利益又说成是普遍的利益，而这是它在初期不得不如此做的。"[2]"特别是在存在至今的这些关系中，一个阶级总是占着统治地位……每个阶级都只有把一切阶级的个人从那些至今依然套在他们头上的枷锁下解放出来，才能真正地推翻自己面前的统治阶级，——正是在上述这种情况下，把争取统治地位的阶级中的个人的任务说成是全人类的任务，是非常必要的。"[3]此时，社会思潮的真实意图与理论实质往往潜隐于大众化的形式中。

在社会主义社会，反映历史上各剥削阶级利益的多样化社会思潮为了渗透传播、扩大影响、欺骗广大人民群众，往往会巧妙地给自身贴上

[1] 《马克思恩格斯选集》第 1 卷，人民出版社 1995 年版，第 100 页。
[2] 《马克思恩格斯选集》第 1 卷，人民出版社 1995 年版，第 84~85 页。
[3] 《马克思恩格斯全集》第 3 卷，人民出版社 1960 年版，第 327 页。

"普世性"标签、穿上"普遍性"外衣、戴上一副价值中立公正公平的面具。这是当代中国多样化社会思潮传播的基本套路，也是西方发达资本主义国家对外意识形态渗透扩张的惯用手法。美国前总统尼克松就曾公开宣称："在与苏联进行意识形态竞争时，我们有一手好牌。我们的自由和民主价值观在世界各地极有魅力。它们的力量在于它们并不规定人应该如何生活，而只是认为个人与民族应能自由地选择他们的生活方式。虽然不是所有的人都有民主管理自己的能力，但几乎所有人都希望民主。"[1]但无论如何，这些"普世性"标签、"普遍性"外衣终究抹杀不了它们的阶级性实质。我们可以按照列宁对"自由和平等"的思想方法来认识一下这种手法：只要阶级还没有消灭，任何关于"社会思潮"的笼统议论都是欺骗自己，或者是欺骗工人，欺骗全体受资本剥削的劳动者，无论怎么说，都是在维护资产阶级的利益。只要阶级还没有消灭，对于"社会思潮"的任何议论都应当提出这样的问题：是哪一个阶级的"社会思潮"？到底怎样使用这种"社会思潮"？直接或间接、有意或无意地回避这些问题，必然是维护资产阶级的利益、资本的利益、剥削者的利益。只要闭口不谈这些问题，"社会思潮"的口号就是资产阶级社会的谎话和伪善。

需要特别加以说明的是：在阶级社会里，各种社会思潮都必然代表和反映着一定的阶级利益，必然具有阶级性与意识形态性，但是由于各种反映剥削阶级利益的社会思潮只代表着少数人的利益，因此，他们不愿或不敢公开承认这一点，总是将自己的真实意图与阶级实质加以巧妙伪装和刻意隐藏。而马克思主义具有"毫无顾忌和大公无私"[2]的阶级品质，公开宣称自己代表和服务于最广大人民群众的根本利益，本身就具有形式与实质上的相对普遍性，无论它是一种社会思潮，还是上升为主流意识形态，从来没有也无须隐藏自身的真实意图与阶级实质。

---

① 辛灿主编：《西方政界人物谈和平演变》，新华出版社 1989 年版，第 48 页。

② 《马克思恩格斯选集》第 4 卷，人民出版社 1995 年版，第 258 页。

社会思潮的生成演变总要经历一定的潜伏期。一种思想理论，从它的提出到在社会上流行、传播，产生广泛的社会影响，形成为一种社会思潮，往往要经历一段潜伏期。当它形成为一种社会思潮后，有时为了逃避统治阶级的阻遏而主动潜伏，有时由于传播的社会基础与社会心理的丧失而被动潜伏。但潜伏只是手段，伺机而动、重振旗鼓才是目的。如自由主义思潮在中国的传播，就经历了很长一段潜伏期，但一旦它觉得时机成熟时，便立即改头换面、死灰复燃，浮出社会生活表层，重新活跃起来。

(三) 批判性

在任何一个阶级社会中，主流意识形态总是以肯定性思维方式，为现存社会制度和社会秩序进行辩护；而大多数社会思潮则往往以否定性思维方式，对现存社会制度与社会秩序进行批判。当统治阶级处于上升期与进步期或当社会制度处于公正期、社会秩序处于稳固期时，主流意识形态的肯定性思维方式和维护性辩解具有比较优势，容易获取大多数社会成员的认可与接受；当统治阶级处于下降期、落后期或当社会秩序处于变革期、动荡期时，社会思潮的否定性思维方式和批判性态度就具有比较优势。需要加以区别的是：在剥削阶级占统治地位的社会的中后期，社会思潮的批判态度具有先进性与比较优势；在社会主义社会，由于社会主义制度的优越性、主流意识形态的科学性与先进性，主流意识形态的肯定性思维方式和维护性辩解具有整体性、根本性比较优势，但在改革关键期与矛盾多发期时，社会思潮的否定性思维方式和批判性态度往往也会契合于某些群体的社会心理，而具有局部性与短暂性的比较优势。

批判性是社会思潮的基本特征，对此，胡适曾指出："新思潮的根本意义只是一种新态度。这种新态度可叫做'评判的态度'。"①胡适所谓的"新思潮"是指刚刚形成的社会思潮，所谓的"评判的态度"是指一

---

① 《胡适哲学思想资料选》上，华东师范大学出版社1981年版，第126页。

种批判性态度。不管是奴隶社会、封建社会、资本主义社会的社会思潮，还是社会主义社会的社会思潮，不管是先进的社会思潮，还是落后的社会思潮，都选择把"批判"作为自身传播、扩大影响的重要手段，都具有批判性特征。只不过先进的社会思潮的"批判性"，对人类社会的发展起积极的推动作用；落后的社会思潮的"批判性"，对人类社会的发展起消极的干扰、阻碍作用。

马克思曾经指出："新思潮的优点就恰恰在于我们不想教条式地预测未来，而只是希望在批判旧世界中发现新世界。"①马克思这里所说的"新思潮"，就是资本主义社会具有先进性的社会思潮，"在批判旧世界中发现新世界"是"新思潮"的基本特征。马克思主义就是在科学、彻底地批判不公正、不公平、不合理的人剥削人及人压迫人的资本主义社会现实与主流意识形态的基础上生成和发展的。列宁曾对马克思作过如下评价："凡是人类社会所创造的一切，他都有批判地重新加以探讨，任何一点也没有忽略过去。凡是人类思想所建树的一切，他都放在工人运动中检验过，重新加以探讨，加以批判，从而得出了那些被资产阶级狭隘性所限制或被资产阶级偏见束缚住的人所不能得出的结论。"②可见，批判性是马克思主义的基本特征。作为一种先进性社会思潮，马克思主义的"批判性"促使资产阶级重新审视、反思、改进与完善资本主义制度；帮助无产阶级认清自身受剥削、受压迫的内在根源，启发无产阶级认识自身的历史使命，引导无产阶级运动由自发上升为自觉，从而对人类社会的发展做出了不可磨灭的重大贡献。

中国特色社会主义是一项伟大而崭新的事业，既没有前人的经验可以借鉴，又不能照搬照抄马克思主义经典和别国模式，只能"摸着石头过河"，难免会有失误和挫折。特别是随着改革开放的日益深入发展，我国正处于改革的关键期和矛盾的多发期，既取得了举世瞩目的巨大成

①　《马克思恩格斯全集》第1卷，人民出版社1956年版，第416页。
②　《列宁全集》第39卷，人民出版社2017年版，第334页。

就，也面临着环境污染、食品安全、社会公正、贪污腐败、贫富差距拉大等严峻挑战。有些社会思潮恶意夸大、渲染这些"失误和挫折"、"严峻挑战"，而对中国特色社会主义事业的伟大成就视而不见、闭口不谈，竭力动摇主流意识形态的主导地位。这种"批判性"，"不但不可能帮助人们正确地认识和解决当前社会主义社会中出现的种种问题，也不可能帮助人们正确地认识和进行在社会主义社会中为技术进步、社会进步而需要不断进行的改革。这实际上只会引导人们去批评、怀疑和否定社会主义，使人们对社会主义、共产主义的前途失去信心，认为社会主义和资本主义一样地没有希望"。① 对于这种"批判性"，我们务必要保持高度警惕，并对之展开有效有力的反批判。

(四)可引领性

社会思潮的可引领性，或指社会思潮本身的可引领性，或指其受传者的可引领性。社会思潮具有动态性，它不仅动态地进行辐射状传播，而且动态地进行自身流变。这种动态性流变，或是由于自身生存发展的需要，或是由于外力的作用和影响。社会思潮的动态性，决定其本身具有可引领性。所谓社会思潮本身的可引领性，是指在一个社会中，社会思潮"在占统治地位的意识形态或者说核心价值体系的主导、引领及其制度管理的规范下，其传播方式、发展方向、社会功能等受到制约，朝着核心价值体系确立的方向转化和流变"。② 人的思想的形成、发展和转化也是一个动态性过程，这决定了社会思潮的受传者具有可引领性。所谓社会思潮受传者的可引领性，是指社会思潮的受传者在主流意识形态的影响下，逐渐减弱乃至最后主动放弃对社会思潮的认同感，转而亲近与接受主流意识形态。社会思潮的可引领性是由其在社会意识形态系统中的从属与被支配地位决定的。

---

① 《邓小平文选》第3卷，人民出版社1993年版，第41~42页。

② 梅荣政：《用马克思主义引领社会思潮》，武汉大学出版社2008年版，第64页。

就当代中国多样化社会思潮来说，其中的反主流社会思潮反映着社会现实生活中的消极、落后的一面，违背了社会发展规律，阻碍着人类社会的发展进步，与主流意识形态处于根本对立的位置并对之造成不同程度的侵蚀、威胁与破坏，妄图否定、推翻、颠覆中国共产党的领导与社会主义制度。虽然这些思潮的性质不会在主流意识形态的引领下发生改变，但是可以通过对这些思潮的抵制与进行透彻性的批判，帮助、引领其受传者从这些思潮的桎梏中解放出来，逐渐亲近、靠拢、认可、接受主流意识形态；而除反主流社会思潮以外的其他社会思潮，往往进步因素与落后因素、积极作用与消极作用并存，与主流意识形态之间既非根本对立，也非完全一致。这些思潮，在主流意识形态的主导、规约、整合与引领下，是可以逐渐抛弃其落后因素、抑制其消极作用，强化其进步因素、发挥其积极作用，向主流意识形态靠拢的。当然，若不对之加以及时有效的引领，它们也可能向反主流社会思潮靠拢。引领当代中国多样化社会思潮，主要是引领反主流社会思潮的受传者与其他社会思潮。

三、社会思潮的生成演变

社会思潮的生成演变不是偶然的，而是人类社会发展到一定历史阶段的必然产物，是各种社会历史条件综合作用的结果。探究社会思潮的生成条件，梳理其演变轨迹，有助于把握社会思潮的流变规律，预测其发展趋势。

（一）社会思潮的生成条件

社会思潮作为一种思想理论观念，其生成发展必然受到一定社会历史条件的制约，打上相应时代的历史印记。探究社会思潮如何生成，必须把它们放在特定的历史阶段和历史范围内加以考察，以当时的生产方式、阶级关系、文化背景为依据，系统分析其生成的经济、政治、思想文化等社会历史条件。

1. 经济条件

社会思潮生成的经济条件是指一定社会发展阶段的生产方式，包括生产力、生产关系以及二者的结合所形成的物质资料生产水平与人们的物质生活状况，对社会思潮的生成起着决定性作用。

一定社会的生产力与生产关系的矛盾运动推动着人类社会的发展、社会思潮的生成演变。普列汉洛夫曾说："如果生产力的发展在社会经济结构中引起了某种本质上的变化，那么，这些阶级的心理也会发生变化。同时'时代精神'和'民族性'也就跟着变化。这个变化，表现于新的宗教信仰或新的哲学概念以及新的艺术风尚或新的审美要求之中。"①普列汉洛夫的论述，旨在说明"新的宗教信仰或新的哲学概念以及新的艺术风尚或新的审美要求"的生成，受到生产力与生产关系的矛盾运动的根本性制约。这一思想，也可以用来解释社会思潮为什么能够生成，又是如何生成的。当生产力的发展推动人类社会进入一个生产关系根本变革期或局部调整期时，反映被统治阶级利益需求的社会思潮往往就会获得一个非常有利的生成条件。而在其他历史时期，社会思潮则往往难以生成，即使是已经生成的社会思潮也会处于一种沉寂、潜隐的状态甚至消亡。如，春秋战国时期，生产力的发展迫切要求奴隶制生产关系做出相应的变革，多个阶级阶层利益需求同时并存，反映多种利益需求的社会思潮竞相生成、争芳斗艳，从而形成了历史上著名的"百家争鸣"局面。又如，14—17世纪，生产力的发展推动了西欧资本主义生产关系的"发芽"，日益频繁的商品贸易、逐渐兴起的城市经济使得一些商人阶层逐渐崛起，掌握了大量财富，他们为了满足自身的利益需求，迫切需要打破神学的权威地位，冲破神学的思想禁锢和束缚，但由于神学的庞大势力与绝对优势的地位，他们又无力与之进行正面的、直接的对抗，于是就打着"文艺复兴"的旗号，反对神性、神学、专制主义、神

---

① 《普列汉诺夫哲学著作选集》第2卷，三联书店1961年版，第273页。

权主义，倡导人性、理性等资产阶级思想，各种资产阶级社会思潮随之应运而生。

生产力在社会思潮的生成演变过程中起着根本性、决定性作用。生产力的发展水平与发展要求不仅决定着一种社会思潮能否生成，而且决定着一种社会思潮的性质及其发展前途。生产力的这种决定性作用，是以生产关系为中介间接实现的。当一种社会思潮所服务的生产关系、阶级阶层与生产力的发展要求相适应，能够促进生产力的发展时，这种社会思潮就具有先进性，就会有强大的生命力与远大的发展前途，不管统治阶级如何压制、不管经历多少艰难曲折，但"野火烧不尽，春风吹又生"，它终将随着它所服务的生产关系与阶级阶层取得社会主导与支配地位而逐步扩大影响，并上升成为主流意识形态；当一种社会思潮所服务的生产关系、阶级阶层与生产力的发展要求不相适应，阻碍生产力的发展要求时，这种社会思潮就是落后的、没有发展前途的。历史上反映新兴的地主阶级、资产阶级、无产阶级根本利益的各种先进的社会思潮，都先后发展成为主流意识形态，而社会主义社会的各种落后的社会思潮是注定要衰退的。

2. 政治条件

社会思潮作为一种观念形态的文化，它的生成既受到一定社会经济条件的制约，又受到一定社会政治条件的制约。社会思潮生成的政治条件包括一定阶级阶层的政治需求、适宜的政治生态、代表一定阶级阶层利益的政治团体及其政治活动、代表一定阶级阶层利益的思想家及其创造性活动等，是社会思潮生成的重要条件。

第一，一定阶级阶层的政治需求。当一个社会处于"'下层'不愿照旧生活而'上层'也不能照旧维持下去"[①]的阶段，进步的、新兴的阶级往往把自己的思想观点理论化、体系化、系统化，并通过各种手段和途

———————

① 《列宁选集》第 4 卷，人民出版社 1995 年版，第 193 页。

径进行传播，扩大影响，于是新的进步的社会思潮逐渐生成。新的进步的社会思潮是否已经生成是衡量革命的主观条件是否成熟的重要标志，正如列宁所说，没有革命的理论"就不会有革命的运动"。① 如19世纪三四十年代，英、法、德等国工人阶级运动日益高涨，工人阶级开始作为一支独立的政治力量登上了历史舞台，但由于缺乏科学的革命理论的指导，工人阶级的自发运动均以失败而告终。共产主义者同盟的前身正义者同盟中虽也不乏很多优秀的同志，如卡尔·沙佩尔"身材魁梧，果断刚毅，时刻准备牺牲生活幸福以至生命，是30年代起过一定作用的职业革命家的典型"，约瑟夫·莫尔有着非凡的毅力、决心和智力，"不仅是个天生的外交家……而且，对于理论问题也比较容易领会"，但由于"同盟的社会学说很不确定"，整个同盟里没有一个人"读过一本经济学书籍"，只能暂时借助"平等""博爱"和"正义"来"克服一切理论上困难"，"每当问题涉及具体批判现存社会，即分析经济事实的时候，他们的手工业者旧有的成见对于他们就成为一种障碍"，② 此时的正义者同盟由于缺乏科学理论的指导，还不能成为工人阶级先锋队。因此当时的工人阶级迫切需要科学的革命理论来指导自己的斗争实践，于是马克思主义适应无产阶级革命的需求，影响迅速扩大，成为资本主义社会中最有影响力的先进性社会思潮。而当一个本质上先进的社会制度需要改革生产关系不适应生产力发展、上层建筑不适应经济基础巩固的环节和方面时，即一个先进的社会制度进行自我完善时，特别是当这种改革与自我完善处于关键期和攻坚期时，往往也是一个社会矛盾的多发期，一些利益受损群体、认为社会不公的群体、处于弱势地位的群体等，往往会对主流意识形态产生一定的抵触情绪，容易受到各种思想的影响，于是多样化社会思潮因时而生。

第二，适宜的政治生态。社会思潮的生成与一定社会的政治生态密

① 《列宁选集》第1卷，人民出版社1995年版，第311页。

② 《马克思恩格斯选集》第4卷，人民出版社1995年版，第196页。

切相关，既需要合适的政治生态、政治"土壤"，同时也是政治生态的"晴雨表"，预示着政治生态的变化。特别是当一个社会处于变革期，统治阶级或是想方设法地缓和阶级矛盾，或是将主要精力集中于经济改革，被统治阶级阶层往往利用和抓住一切有利时机，向广大民众甚至是统治阶级推介自己的思想主张，扩大自己的政治影响，社会心理与意识形态领域的发展呈现出一种新旧杂陈的活跃状态，从而形成了一种有利于社会思潮生成的政治生态；反之，当一个社会统治阶级与执政党对"异己"的思想意识保持高压态势、严厉打压时，当一个社会非常和谐稳定，人们对主流意识形态高度认同时，新的社会思潮往往难以生成。

第三，代表一定阶级阶层利益的政治团体及其政治活动。政治团体有广义与狭义两种理解。从广义上说，政治团体是指代表特定阶级、阶层或集团利益，通过有组织地参与政治活动，有意识地影响政治过程，以实现一定的政治目的的群体或组织，既包括利益集团、群众性组织等非政府组织，也包括国家机关、政党等政府组织；从狭义上说，政治团体是指区别于国家机关和政党等政府组织的非政府组织。在政治学领域，人们通常取其狭义上的理解。

一定社会的政治团体总是将一定阶级阶层的政治思想、政治主张转化为一定的思想理论，并通过基层动员、影响公众舆论等政治活动来增强其在社会成员中的影响力，通过社交性活动与游说、搜集与提供政治信息与情报、发表政治主张与提出政治建议、司法诉讼等政治活动来增强其影响力。简言之，政治团体总是想方设法扩大自己的思想理论的影响范围，增强其影响力，但是当一个社会和谐稳定时，当统治阶级限制与压制异己时，当主流意识形态的影响力与引领力非常强大时，当"人心思定"时，一种异于主流意识形态的思想理论往往难以传播、难以形成气候、难以生成为一种社会思潮。但是，当一个社会处于变革期，随着统治阶级内部的分化、主流意识形态影响力的减弱、民众社会心理的变化、适宜各种思想理论传播的政治生态的逐渐形成，代表一定阶级阶层利益的政治团体往往通过有组织、有计划地发动示威、游行、罢工、学潮等非暴力政治活动和暴力革命，迅速有效地扩大自己的思想理论的社会影响，此时多样化社会思潮纷纷得以生成。政治团体的政治活动为社会思潮的生成创造了必要的政治生态、政治"土壤"、政治"气候"，而社会思潮的生成又为政治团体的政治活动的顺利开展提供必要的理论支撑与理论指导。

第四，代表一定阶级阶层利益的思想家及其创造性活动。一定的思想观点，在起始阶段往往是偶发的、零碎的、分散的、不系统的，继而演变为一定群体的社会心理，但这种社会心理还不能导致社会思潮的生成。只有思想家们将这些思想观点与社会心理总结、提炼、上升为一定的思想理论，并通过有组织、有意识的教育实践，引领群众增强对这一思想理论的认同感，增强这一思想理论的社会影响力，才能最终促成社会思潮的生成。思想家的创造性活动，对于社会思潮的生成起着重要作用。正因如此，历史上各种社会思潮的生成往往是以某个或某几个思想家为标志的，正如恩格斯所言："封建的中世纪的终结和现代资本主义纪元的开端，是以一位大人物为标志的。这位人物就是意大利人但丁。"①显然，恩格斯是把但丁视为封建社会末期资产阶级社会思潮生成的标志。

但是，对社会思潮的生成起决定性作用的并不是少数思想家，而是群众。这是因为：群众的社会实践是思想家的思想理论的养料与来源；群众的社会心理与意识活动对思想家的创造性活动有着直接影响与制约作用；群众的普遍性认同是一种思想理论成为社会思潮的前提基础。

3. 思想文化条件

社会思潮的生成必须依托一定的思想文化环境，需要合适的思想文化氛围，主要受到当下思想文化的影响，也会受到传统的和外来的思想文化的影响。

---

① 《马克思恩格斯选集》第1卷，人民出版社1995年版，第269页。

社会思潮的生成既是现实思想文化发展状况的直接体现，又需要适宜的思想文化氛围。一般来说，当统治阶级以海纳百川的宽广胸襟，采取宽松的文化政策，能够尊重差异、包容多样时，思想文化的发展往往就会"百花齐放"、"百家争鸣"，社会思潮就会纷纷涌现，形成思潮万千的景象；反之，当统治阶级为了钳制人们的思想而对异己主张坚决排斥、严厉打压时，思想文化领域就往往形成"一家独大"、"一枝独秀"的局面，"他家"、"他枝"往往难以生发成长。如春秋战国时期，新兴地主阶级的政治代表陆续登上政治舞台，各诸侯国的执政者为了巩固自身统治，争先"招贤纳士"，大兴养士用士之风，于是士阶层开始崛起、私学蓬勃发展、学术文化逐渐下移，各家各派围绕着各种问题展开了激烈争论与广泛交流，各种思想理论竞相争艳。

马克思、恩格斯曾经指出："世界体系的每一个思想映象，总是在客观上受到历史状况的限制"[1]、"人们的观念、观点和概念，一句话，人们的意识，随着人们的生活条件、人们的社会关系、人们的社会存在的改变而改变"[2]、"历史从哪里开始，思想进程也应当从哪里开始，而思想进程的进一步发展不过是历史过程在抽象的、理论上前后一贯的形式上的反映；这种反映是经过修正的，然而是按照现实的历史过程本身的规律修正的"[3]、"人们自己创造自己的历史，但是他们并不是随心所欲地创造，并不是在他们自己选定的条件下创造，而是在直接碰到的、既定的、从过去承继下来的条件下创造"[4]、"每一个时代的哲学作为分工的一个特定的领域，都具有由它的先驱传给它而它便由此出发的特定的思想材料作为前提"。[5]列宁也曾指出："在分析任何一个社会问题

---

[1] 《马克思恩格斯选集》第3卷，人民出版社1995年版，第376页。

[2] 《马克思恩格斯选集》第1卷，人民出版社1995年版，第291页。

[3] 《马克思恩格斯选集》第2卷，人民出版社1995年版，第43页。

[4] 《马克思恩格斯选集》第1卷，人民出版社1995年版，第585页。

[5] 《马克思恩格斯选集》第4卷，人民出版社1995年版，第703~704页。

时，马克思主义理论的绝对要求，就是要把问题提到一定的历史范围之内。"①社会思潮作为一种社会意识，具有历史继承性，往往在内容上保留着某些传统思想概况，在形式上传承着某些传统思维方式、表达方式。外来思想文化往往也对社会思潮的生成发生着重要影响。当代中国多样化社会思潮的形成，与各种西方思想文化随着改革开放而传入我国并对我国民众产生影响有很大关系。

(二)社会思潮的演变轨迹

关于社会思潮的演变轨迹，梁启超曾进行了详细的阐证："佛说一切流转相，例分四期。曰生、住、异、灭。思潮之流转也正然，例分四期：一、启蒙期(生)，二、全盛期(住)，三、蜕分期(异)，四、衰落期(灭)。无论何国何时代之思潮，其发展变迁，多循斯轨。启蒙期者，对于旧思潮初起反动之期也。旧思潮经全盛之后，如果之极熟而致烂，如血之凝固而成瘀，则反动不得不起。反动者，凡以求建设新思潮也。然建设必先之以破坏，故此期之重要人物，其精力皆用于破坏，而建设盖有所未遑。所谓未遑者，非阁置之谓。其建设之主要精神，在此期间，必已孕育，如史家所谓'开国规模'者然。虽然，其条理未确立，其研究方法正在间错试验中，弃取未定，故此期之著作，恒驳而不纯，但在淆乱粗糙之中，自有一种元气淋漓之象。此启蒙期之特色也，当佛说所谓'生'相。于是进为全盛期。破坏事业已告终，旧思潮屏息伏慑，不复能抗颜行，更无须攻击防卫以糜精力。而经前期酝酿培灌之结果，思想内容日以充实，研究方法亦日以精密。门户堂奥，次第建树，继长增高，'宗庙之美，百官之富'，灿然矣。一世才智之士，以此为好尚，相与淬厉精进；阘冗者犹希声附和，以不获厕于其林为耻。此全盛期之特色也，当佛说所谓'住'相。更进则入于蜕分期。境界国土，为前期人士开辟殆尽，然学者之聪明才力，终不能无所用也。只得取局部问

---

① 《列宁选集》第2卷，人民出版社1995年版，第375页。

题，为'窄而深'的研究，或取其研究方法，应用之于别方面，于是派中小派出焉。而其时之环境，必有以异乎前。晚出之派，进取气较盛，易与环境顺应，故往往以附庸蔚为大国，则新衍之别派与旧传之正统派成对峙之形势，或且驳驳乎夺其席。此蜕分期之特色也，当佛说所谓'异'相。过此以往，则衰落期至焉。凡一学派当全盛之后，社会中希附末光者日众，陈陈相因，固已可厌。其时此派中精要之义，则先辈已浚发无余，承其流者，不过掇撼末节以弄诡辩。且支派分裂，排轧随之，益自暴露其缺点。环境既已变易，社会需要，别转一方向，而犹欲以全盛期之权威临之，则稍有志者必不乐受，而豪杰之士，欲创新必先推旧，遂以彼为破坏之目标。于是入于第二思潮之启蒙期，而此思潮遂告终焉。此衰落期无可逃避之运命，当佛说所谓'灭'相。"①这里，梁启超借用佛的"生"、"住"、"异"、"灭"流转四相，将社会思潮的演变过程相应地分为"启蒙期"、"全盛期"、"蜕分期"、"衰落期"四个阶段，并强调"无论何国何时代之思潮，其发展变迁，多循斯轨"。社会思潮的演变是一个潮起潮落、曲折反复的复杂过程，梁启超的"四阶段说"，没有充分认识到社会思潮演变的曲折性与复杂性，将社会思潮的演变过程简单化，其逻辑的严密性与理论的科学性皆有待进一步加强。但这一学说，以发展、联系的观点，勾勒了社会思潮演变的四个阶段的动态景象及其内在关联，对于把握社会思潮的演变轨迹具有重要的启发价值。

虽然各种社会思潮的演变轨迹都是一条"曲线"，但具体的演变轨迹具有差异性。

就进步性社会思潮而言，在它上升为主流意识形态之前，其演变轨迹总体上呈现一种螺旋式上升趋势。由于它符合时代需求，因而易于为民众所认同与接受，能够相对顺利地辐射与扩散，虽然由于统治阶级及

————————

① 梁启超：《中国近三百年学术史》，天津古籍出版社2003年版，第12~14页。

主流意识形态的压制，它的发展会经历挫折，但它终究会由小到大、由弱到强，转变为主流意识形态或主流意识形态的合理成分。先进性社会思潮上升为主流意识形态后，已不同于一般的社会思潮，它们的前途与命运取决于其根本性质。代表剥削阶级利益的进步性社会思潮在上升为主流意识形态后，随着生产力与时代的发展，其先进性会逐渐丧失，其影响力会逐渐减弱，其主流地位会逐渐动摇，终将随着社会制度的更替而重新成为一种社会思潮乃至消亡；而代表广大人民群众利益的进步性社会思潮在上升为主流意识形态后，能够随着时代与实践的发展变化而不断创新、丰富和完善，能够始终保持先进性，只有到了共产主义社会，它才会消亡。

就落后性社会思潮而言，其演变轨迹总体上呈现一种螺旋式下降趋势。虽然它们会通过各种欺骗手段和貌似公允的手法，能在一定时期一定范围内迷惑一定的受众，但随着社会实践的发展，人们终将认清其落后性、错误性乃至荒谬性，终将从其欺骗与迷惑中走出来，并最终抛弃它。因此，落后性社会思潮总体上沿着生成→发展→高潮→衰落的轨迹演变。

四、社会思潮的控制与引领

任何一个统治阶级，为了维护其利益、巩固其统治，都要用主流意识形态来凝聚共识、统一思想，都会非常重视思想文化建设，都会鼓励于己有利的思想传播，都会引领社会思潮向着于己有利的方向转化，都会想方设法地控制于己不利的反主流社会思潮的传播。只不过，不同时代，不同性质的政权控制、引领社会思潮的正义性及方法和结果不同而已。

（一）社会思潮控制、引领的正义性

就社会思潮控制、引领的正义性而言，既与某一社会的发展阶段有关，也与某一政权的性质有关。就某一社会的发展阶段而言，可分为两种基本情况：一种情况是，当一个社会处于腐朽、没落阶段，生产关系已由过去的适应或基本适应转变为不适应或基本不适应生产力的发展，主流意识形态已完全沦为维护少数剥削阶级利益的思想工具，而新的进步性社会思潮往往代表着人民群众利益、反映着生产力的发展要求，因此，此时该政权对社会思潮的控制，会阻碍人类社会的前进，实质上就是一种思想钳制，是非正义的；另一种情况是，当一个社会处于上升、稳定阶段，经济繁荣富强、社会和谐稳定，人民安居乐业，该政权的存在与巩固既符合统治阶级利益，也符合人民群众利益。因此，此时该政权对社会思潮的控制、引领，有利于促进人类社会的发展，具有正义性。按某一政权的性质，也可分为两种基本情况：历史上一切腐朽的、反动的、没落的政权对社会思潮的控制，是非正义的；而代表无产阶级和广大人民群众根本利益的社会主义政权对社会思潮的引领、整合，则具有正义性。

(二)社会思潮控制、引领的方法

不同时代、不同性质的政权，控制、引领社会思潮的方法往往也不同。

在实施专制制度的传统社会，民众的主体意识与民主意识不强，统治阶级对社会思潮的控制往往是以直接的、公开的、强制的方式有时甚至是以野蛮、残暴的方式来进行的。如韩非提出："博习辩智如孔、墨，孔、墨不耕耨，则国何得焉？"[1]"自愚诬之学、杂反之辞争，而人主俱听之，故海内之士，言无定术，行无常议。夫冰炭不同器而久，寒暑不兼时而至，杂反之学不两立而治，今兼听杂学谬行同异之辞，安得无乱乎？"[2]公开主张定法家学说于一尊，禁止其他所有学派思想的传

---

[1] 《韩非子·八说》。
[2] 《韩非子·显学》。

播。董仲舒也提出："凡不在六艺之科，孔子之术者，皆绝其道，勿使并进。邪辟之说灭息，然后统纪可一而法度可明，民知所从矣。"①公开主张用儒家思想一统天下，禁止其他所有学派思想的传播。至于秦始皇的"焚书坑儒"、清代的"文字狱"与罗马教廷对布鲁诺实施的火刑等，更是传统社会里统治阶级为控制"异己"思想而公开采取的野蛮、残暴手段。

在现代社会，由于民众的主体意识与民主意识普遍觉醒，统治阶级一般不会用野蛮手段来控制社会思潮。至于是否采取直接的、公开的方式，则取决于政权的性质与控制、引领的正义性。资产阶级政权控制社会思潮的根本目的是为了维护少数人利益，不具有正义性，但它又不敢公开承认这一点，因此，它往往采取间接的、隐蔽的方式；而无产阶级政权引领社会思潮的根本目的是为了巩固人民政权、维护人民利益，具有正义性，因此，它往往采取直接的、公开的方式。如，西方发达资本主义国家自我标榜它们的新闻报道"最民主"、"最自由"、"最公正"，但实际上这些国家的大众传媒始终为少数有钱人所把控，西方主流媒体常常对资本主义的根本弊端与社会主义的巨大成就选择性、集体性失声，而对资本主义的成绩和社会主义的问题又偏见性、片面性夸大。英国学者戴维·巴特勒就曾指出："媒介在西方民主政治中是一种独立的力量，自由的卫士，这种主张怎么能站得住脚呢？……实际上没有一个政府——无论它是'民主的'还是专制的，能允许大众传媒免受某种形式的规定或限制而自由发展。大众媒介对公民的影响太大了，不能给它们无限制的自由。限制自由的最明显的标志是各种势力把控制媒介（尤其是电台和电视台）作为它们的首要目标。"②"法国革命是许多自由理想的源泉。新闻出版自由的思想就是以自由理想为基础的。然而，事实上，法国的传播媒介一直受到政府的最严格的控制。它们是'欧洲最守

① 《汉书·董仲舒传》。
② ［英］戴维·巴特勒著，赵伯英、孟春译：《媒介社会学》，社会科学文献出版社1989年版，第67~68页。

纪律的传播媒介'。"①

我国社会主义政权建立后，特别是改革开放以来，党中央一直高度重视社会思潮的复杂性影响，多次指出要加强对多样化社会思潮的引领。1983年10月，邓小平在中国共产党第十二届中央委员会第二次全体会议上，发表了题为《党在组织战线和思想战线上的迫切任务》的重要讲话。在这一讲话中，邓小平充分认识到了西方社会思潮自由泛滥的严重危害，指出：如果我们不及时注意和采取坚定的措施加以制止，而任其自由泛滥，就会影响更多的人走上邪路，后果就可能非常严重。对于当时"一窝蜂地盲目推崇"西方社会思潮现象，邓小平感到"不能容忍"，表示坚决反对："现在有些同志对于西方各种哲学的、经济学的、社会政治的和文学艺术的思潮，不分析、不鉴别、不批判，而是一窝蜂地盲目推崇。对于西方学术文化的介绍如此混乱，以至连一些在西方国家也认为低级庸俗或有害的书籍、电影、音乐、舞蹈以及录像、录音，这几年也输入不少。这种用西方资产阶级没落文化来腐蚀青年的状况，再也不能容忍了。"②此后，党的十六届六中全会、党的十七大、党的十八大都一再强调，要坚持用马克思主义主流意识形态引领多样化社会思潮。

(三)社会思潮控制、引领的结果

就社会思潮控制、引领的结果而言，它往往取决于社会思潮的性质。一个代表剥削阶级利益的腐朽没落政权，对进步性社会思潮的控制，可能会暂时奏效，但终究会归于失败；一个代表人民利益的进步政权，对落后性社会思潮的引领，可能会遭遇暂时的挫折，但终究会取得成功。如清政府虽然通过屠杀谭嗣同等"戊戌六君子"，残酷镇压维新派、严禁维新思想的传播，虽也暂时使维新思想的传播陷入低潮，但变

---

① ［英］戴维·巴特勒著，赵伯英、孟春译：《媒介社会学》，社会科学文献出版社1989年版，第71~72页。

② 《邓小平文选》第3卷，人民出版社1993年版，第44页。

法图强的思想却最终在中国深入人心；反动势力通过绞杀李大钊、大肆屠杀中国共产党人，虽一度也使马克思主义在中国的传播陷入低潮，但中国共产党人不怕牺牲、前赴后继，始终高举马克思主义伟大旗帜奋勇前行，马克思主义在中国的影响日渐增强，并最终上升为主流意识形态。又如，在西方意识形态强势渗透与国内经济、政治、思想文化发展多样化的现实境遇下，我国社会主义政权对多样化社会思潮的引领、整合面临着前所未有的挑战，一段时间内，各种资产阶级自由化思潮有自由泛滥之势，但由于党中央的得力举措、思想政治教育的有效加强，人民群众会逐渐认清这些社会思潮的理论实质与实践危害，主动抛弃它们。

(四)社会思潮控制、引领的对象

社会思潮控制、引领的对象主要包括传播者、受传者、思想信息等方面。

一是传播者。传播者在社会思潮传播中起着举足轻重的作用。当传播者对传播的社会思潮信仰坚定、传播能力强、传播素质高、传播手段高明、传播方法得当、在受传者中有着良好的口碑与崇高的威望时，传播往往就会取得成功。对此，卡夫·霍夫兰曾指出："最可能改变一次传播效果的方法之一，是改变传播对象对传播者的印象"、"当传播者被认为是具有可靠和可依赖的这两种品格时，就会产生最大的效果"。[①]

对社会思潮传播者的控制、引领，关键是要对他们进行有效的思想教育。那么，究竟如何对他们进行思想教育呢？根本方法只能是说理引导。思想领域的问题只能通过说服、说理、引导、疏导的方法来加以解决，靠残酷斗争、无情打击、行政命令、强制压服的方法是无法有效解决思想问题的。对此，毛泽东曾指出："只有采取讨论的方法，批评的方法，说理的方法，才能真正发展正确的意见，克服错误的意见，才能

---

① [美]威尔伯·施拉姆等著、陈亮等译：《传播学概论》，新华出版社1984年版，第22页。

真正解决问题。"①"企图用行政命令的方法，用强制的方法解决思想问题，是非问题，不但没有效力，而且是有害的。"②那么，如何进行说理引导呢？邓小平认为，关键是要进行充分的说理和实事求是的科学分析，他指出："过去那种简单片面、粗暴过火的所谓批判，以及残酷斗争、无情打击的处理方法，决不能重复。无论是开会发言、写文章，都要进行充分的说理和实事求是的科学分析。参加讨论和批评的人，首先要对讨论和批评的问题研究清楚，绝不能以偏概全，草木皆兵，不能以势压人，强词夺理。对有错误的同志，要采取与人为善的态度，给他们时间认真考虑，让他们进行合情合理、澄清论点和事实的答辩，尤其要欢迎和鼓励他们进行诚恳的自我批评。有了这种自我批评就好，不要揪住不放。批评或自我批评都要站在马克思主义立场上。"③

当然，说理引导的方法并非是万能的，对于那些顽固不化、屡教不改、恶意对抗并造成很坏社会影响的传播者，可运用法律手段给予必要的规约和惩戒。美国前总统托马斯·杰斐逊就曾指出："我很长时间以来一直认为，对一些突出冒犯者提出控告将有助于报刊诚实的恢复。"④

二是受传者。受传者是社会思潮传播的终点与效果的直接体现者。如果大多数受传者接受或基本接受所接收到的思想信息，则传播就是成功或基本成功的；反之，传播就是失败或基本失败的。受传者在传播过程中不是被动的，而是主动的，他们会根据自身的利益需求、政治主张、价值观念、心理需求，对接收到的思想信息进行过滤、选择、"内化"、"外化"。1964年，美国哈佛大学心理学家雷蒙德·鲍尔在《顽固的受传者》一文中就曾指出："在可以获得的大量（传播）内容中，受传

---

① 《毛泽东文集》第7卷，人民出版社1999年版，第232页。
② 《毛泽东文集》第7卷，人民出版社1999年版，第209页。
③ 《邓小平文选》第3卷，人民出版社1993年版，第47页。
④ ［美］T. 巴顿·卡特、朱丽叶·L. 迪等著，黄列译：《大众传播法概要》，中国社会科学出版社1997年版，第146页。

者中的每个成员特别注意选择那些同他的兴趣有关，同他的立场一致，同他的信仰吻合，并且支持他的价值观念的信息。"①因此，对受传者的引领，是一项系统工程，在这项工程中，最关键的是首先用主流意识形态占据受传者的头脑，帮助他们树立正确的政治立场、政治信仰、价值观念，引领他们科学辨明多样化社会思潮。否则，一旦他们接受了某种错误思想信息后，再用主流意识形态对他们进行思想教育与思想改造，使他们摆脱业已接受认同的错误思想信息的影响，就要困难得多。因为他们会受到已有思维方式、价值观念、行为习惯的抗拒与阻挠，这就是人们常说的"改造比塑造更困难"。

三是思想信息。社会思潮传播的根本目的就是为了把思想信息传递给受传者并对他们产生影响。控制、引领社会思潮的根本目的就是为了杜绝或阻遏危害统治阶级利益、危害国家安全、危害社会安定的思想信息对民众的干扰。因为"我们使用某些概念的频率越高，就越可能突然之间成为它的信徒；一个概念的传播越广，它使人盲从的危险系数就越大"。② 因此，对社会思潮的控制、引领，往往是通过规范大众传播媒介所传播的思想信息来实现的，"按照政治学的解释，信息即权力。严格控制信息，有助于延续权力"。③

规范大众传播媒介所传播的思想信息，要对其进行质与量的分析。可采取的主要措施有：汲取思想信息中的合理内容、合理成分、积极因素，并用主流意识形态为指导，将之加工改造为一种新的与主流意识形态同质的思想信息，之后进行传播；通过主流意识形态的垄断性传播，挤压异质思想信息的传播时空；通过强制性的新闻审查和法律规约，禁

① 转引自中国社会科学院新闻研究所新闻研究室编：《传播学》(简介)，人民日报出版社 1983 年版，第 19 页。

② ［德］哈拉尔德·米勒著，郦红、那滨译：《文明的共存》，新华出版社 2002 年版，第 12 页。

③ 杜骏飞、李永刚：《关于离合问题的访谈实录》，中国社会科学出版社 2002 年版，第 213 页。

止可能对社会产生危害的思想信息的传播等。其中，法律规约是一种最有效、最主要的方法，也是目前西方国家所普遍采用的方法。如，美国"自乔治·华盛顿时代以来，联邦和州政府都主张为了公共利益，隐瞒有关它们的活动和行动计划的信息，以及限制个人和媒介获得某些信息来源的权利"。① 在此理念支配下，美国政府常常援引大量的案例和法院判决文件，对大众传播媒介及其所传播的思想信息进行新闻审查与新闻管制，"新闻传播将各种观念灌输到美国人民脑子里，人民耳濡目染的、该看到什么、该听到什么，全都由那些控制传播工具者来决定"。② 此外，英国所颁布的许多与新闻行业相关的法律，如 1911 年颁布并至今沿用的《官方秘密法》《诽谤法》《数据保护法》《保守秘密法》《1989 年国家秘密法令》《1999 年官方保密法》《妨害名誉法》《淫秽出版物法令》等，以及法国所颁发的许多新闻专门法如《关于报刊业管理的法令》《关于广播电视业的法令》《新闻自由法》《出版自由法》等，联邦德国于1949 年颁发的《德意志联邦共和国基本法》等，都要求媒体在报道时要符合国家利益、公众利益，如果传播危害国家安全的信息即是犯罪，会受到法律的制裁。如联邦德国 1949 年《德意志联邦共和国基本法》第 18条就规定："如任何人滥用自由表达的权利，特别是出版、教育自由，集会自由，结社自由，通信、邮政、电讯秘密权，财产权和避难权，此种滥用法定权利与自由、民主的基本法令相抵触，即丧失上述各种基本权。"③

---

① ［美］T. 巴顿·卡特、朱丽叶·L. 迪等著，黄列译：《大众传播法概要》，中国社会科学出版社 1997 年版，第 146 页。

② 农华西：《意识形态与核心价值体系建设》，湖南人民出版社 2007 年版，第 51 页。

③ 农华西：《意识形态与核心价值体系建设》，湖南人民出版社 2007 年版，第 52 页。

第三章　多样化社会思潮在当前我国高校校园的传播特点

传播在人类思想文化的发展中起着重要作用，"传播是一切社会交往的实质……在整个人类历史中，人类一直在改进对周围事物的信息的接收能力和吸收能力，同时又设法提高自身传播信息的能力、速度、清晰度和便利性，不断更新信息传播的技术和方法论的思考，使传播成为社会发展的生产性要素。正是在这种意义上，我们可以说信息传播技术是社会组织形式和文化模式的决定性因素"。① 从生成、演变到衰亡，社会思潮一刻也离不开传播，其发生影响是以一定范围内的传播为前提的，其演变是在传播过程中进行的，其消亡是以停止传播为标志的。因此，把握多样化社会思潮在当前我国高校校园的传播特点，是探寻它们对大学生思想行为产生影响的必然要求。

一、社会思潮传播的构成、方式和过程

社会思潮传播是指发送者将一定的思想信息通过一定的传播媒介发送给受传者的过程。把握多样化社会思潮在当前我国高校校园的传播特点，必须先从一般意义上把握其传播的构成要素、主要方式与基本过程。

---

① 陈卫星：《传播的观念》，人民出版社 2004 年版，第 1~2 页。

(一) 社会思潮传播的构成

社会思潮传播由传播者、思想信息、传播媒介、受传者等基本要素构成。

1. 传播者

思想信息的传播者是指思想信息的"传者"、"信源"、"传方"，是传播活动的发起人、思想信息的发送者，决定着传播活动的存在与发展，决定着思想信息的流量与流向，是传播活动的第一要素。社会思潮的传播者往往利用一切可以利用的话语资源，凭借独特的身份，把自己装扮成"正义的化身"、"公众利益的代表"，并以此来博取受传者的信任。他们往往会用怀疑性、批判性、挑剔性眼光来看待统治阶级、主流意识形态与社会现实，从社会舆论即"公众心理的一般状态"、社会热点难点、群体呼声甚至是谣言、谎言、流言中，选择性地收集、储存与自己思想主张同质的思想素材，并对之进行整理分析、加工制造，转换为有利于论证自己思想主张的正当性、科学性、合理性、合法性的思想信息，并将之传送给受传者。

2. 思想信息

"凡在思想教育系统中得到利用，并进行传递、交换的信息都是思想信息。"①思想信息是社会心理与思想理论的符号转换，直接反映着一定时代思想文化的发展状况，表征着一定阶级、阶层或社会集团的利益诉求。社会思潮传播的根本目的就是为了将一定的思想信息传递给受传者，并尽可能影响与支配他们的思想行为。恩格斯曾经指出："随着每一种社会制度的巨大历史变革，人们的观点和观念也会发生变革。"②当

---

① 郑永廷主编：《思想政治教育方法论》，高等教育出版社 1999 年版，第 60 页。

② 《马克思恩格斯全集》第 7 卷，人民出版社 1959 年版，第 240 页。

一个社会发生动荡时、当国内外出现重大事件时、当主观愿望与客观环境发生严重冲突时，也就是当社会环境出现明显变化和人们思想出现波动起伏时，往往也就是思想信息的活跃期。能否对这些思想信息进行有效的收集储存、加工制造、传导传递，决定了社会思潮能否得以有效传播。

3. 传播媒介

传播媒介是指传播渠道、信道、工具，是传播内容的载体，不仅包括书信、电话、广播、电视、报纸杂志、互联网等传播手段，也包括报馆、电台、电视台等信息采集、选择、加工、传递的机构，还包括以先进技术为基础的传输设备与传播系统。思想信息必须借助于一定的传播媒介，才能得以传播、流行、扩大影响。随着现代科技的发展，传播媒介在思想信息传播过程中的作用越来越大。美国传播学家施拉姆曾指出："我们在谈到社会与大众传播的相互作用时，用'革命'这个词并不是偶然的。媒介一经出现，就参与了一切意义重大的社会变革——智力革命、政治革命、工业革命，以及兴趣爱好、愿望抱负和道德观念的革命。"①汤普逊也说："当代社会符号形式的生产和流通与媒介工业活动不可分割开来。媒介体制的作用是根本性的。"②因此，各阶级、阶层或社会集团都高度重视传播媒介在思想信息传播中的重要作用。社会思潮的传播者往往利用纸质信件、电话录音、短信、电子邮件、微信、微博等媒介，广泛传播思想信息。

4. 受传者

受传者是指传播活动中思想信息的接收者，亦称"信宿"，包括书

① ［美］威尔伯·施拉姆等著、陈亮等译：《传播学概论》，新华出版社1984年版，第19页。

② J. B. Thompson. *Ideology and Modern Culture*：*Critical Social Theory in the Era of Mass Communication*［M］. Stanford University，1990：163.

信与报纸杂志的读者、电台的听众、电影电视的观众、网民等多种类型。受传者虽处于传播过程的终端，但受传者并不是一个静止的"接收器"，而是一个主动的接收者，受传者内部往往不断地进行着思想信息的接收、理解、解释、交流、讨论、论争、反应与扩散。受传者能否接受所接收到的思想信息，往往取决于受传者所处的社会环境、社会地位及其主观感受。任何思想信息的传播都是为了使传播的思想信息能够为受传者所接受认同，对受传者发生影响。社会思潮的传播者，往往会迎合一些人对社会现实的不满、怀疑甚至抵触、反感、厌恶的心理，以"批判者"的身份与姿态，尽可能拉近与受传者的情感距离，尽可能快地影响尽可能多的受传者。一些利益受损群体、对现状不满群体、感觉社会不公群体、弱势群体等，往往更易于接受所接收到的与主流意识形态异质的思想信息。

(二) 社会思潮传播的方式

关于社会思潮传播的方式，学者们依据不同的标准，给出了不同的结论。如有学者从社会思潮传播的可见性出发，将之分为显性传播与隐性传播，显性传播是以公开的方式传播，隐性传播是指在隐蔽的状态下传播；① 有学者根据社会思潮传播的性质和特征，将之分为人内传播（即自我传播）、人际传播（即两个行为主体的信息交流）、群体传播（即将共同目标和协作意愿加以连接和实现的过程）、组织传播（即组织所从事的信息传播）、大众传播（即专业化的媒介组织运用先进的传播技术和产业化手段以社会上一般大众为对象而进行的信息生产和传播活动）；② 也有学者将之分为人际传播和大众传播两种基本方式。③

---

① 吴成：《社会思潮研究》，河南人民出版社 2007 年版，第 31 页。

② 李书元编：《政治体系中的信息沟通——政治传播学的分析视角》，河南人民出版社 2005 年版，第 48~50 页。

③ 梅荣政：《用马克思主义引领社会思潮》，武汉大学出版社 2008 年版，第69 页。

综合已有研究成果，可以把社会思潮传播的基本方式，分为人际传播、群体传播、组织传播、大众传播四种。理由有三：一是由于社会思潮对主流意识形态具有消解与疏离作用，其传播往往会受到统治阶级的限制、打压，其传播往往是以隐性渗透的方式进行的，没有哪个统治阶级会心甘情愿地让社会思潮以显性方式进行传播。因此，显性传播与隐性传播在社会思潮传播中不可等量齐观。二是人内传播即自我传播，不具有互动性，从严格意义上来说，并不能算为一种信息传播方式，也不符合社会思潮扩大其社会影响的传播目的。因此，人内传播、人际传播、群体传播、组织传播、大众传播的划分方法，也不适用于社会思潮传播。三是人际传播与大众传播并不能涵盖社会思潮的所有传播方式，群体传播和组织传播也是社会思潮传播的重要方式。

1. 人际传播

人际传播特指两个人之间通过面谈、电话、信件、电报、传真、微信、QQ 等方式直接进行的思想信息交流活动。它是传播的最重要方式与典型性表现，以面谈为基本的和主要的方式。社会思潮在早期传播中，主要通过口口相传的方式来扩大其社会影响。即使在大众传媒非常发达的现时代，人际传播对于社会思潮扩大其社会影响仍起着其他传播方式所无法替代的重要作用。这是因为：一方面，大众传媒一般会受到统治阶级、执政党的严格管控，大众传媒传播的思想信息也会受到相关职能部门的定期审查，相对于主流意识形态来说，社会思潮在大众传媒的利用方面有着诸多的限制与不便，很多时候仍不得不借助于人际传播；另一方面，相对于其他传播方式，人际传播在思想信息传播中有着独特优势。思想信息交流不只是一种冰冷的信息传递，更是一种情感的交流、思想的勾连、心灵的沟通。通过人际传播来进行思想信息交流，传播者可以通过眼神、手势、表情、语音语调、心理暗示、人格示范等多种方式，与受传者进行全身心、全方位交流，使受传者在近距离的耳濡目染中深受感染、感动，另外，传播者还可以及时获取受传者的信息反馈，从而据此调整、完善、修正、加工传播的内容和方式。

2. 群体传播

群体传播是群体成员之间或群体与群体之间通过游行、集会、演讲、演出等集体聚会方式进行的思想信息交流活动。人总是生活在一定的群体中，每个人的思想行为都不可避免地会受到一定的群体规范、群体舆论、群体心理、群体习惯的影响。社会思潮既是一定群体的利益反映，又在一定群体中广泛传播，与群体之间有着一种天然的亲密关系。一种思想理论，只有符合一定群体的社会心理并在一定群体中得以广泛传播，才能生成为一种社会思潮；一种社会思潮生成后，也必须通过群体传播，才能强化群体认同、扩大社会影响。群体认同度的强弱与广窄，在一定意义上决定了一种社会思潮能否生成、是否具有生命力。

群体传播具有其他传播方式所不具有的群体感染、群体同化效应，能够使受传者在无意识和不自觉的情况下，在一定的感染体或环境的熏陶下，对接收到的思想信息发生和其他群体成员同向、同质的同化反应。在思想政治教育领域，人们往往把通过群体传播方式而进行的思想教育称为隐性教育。群体传播的隐性特征和良好效果，使得它在思想信息交流与社会思潮传播中被频繁、广泛地运用。群体暗示、群体感染、群体模仿等群体传播方式，能够有效扩大社会思潮的社会影响。如可以通过对群体内其他成员的语言或非语言、肯定性或否定性评价，对受传者产生心理暗示，使受传者不经逻辑判断就无条件地接受传播者暗示所发出的思想信息。古人云："日与善人居，如入芝兰之室，久而不闻其香，即与之化矣；与不善人居，如入鲍鱼之肆，久而不闻其臭，亦与之化矣。"①这说明，群体中的个体成员之间存在着交互感染的现象。因此，可以通过群体成员间的交叉感染，引发"连锁反应"，促使原本冷淡、冷漠、无动于衷的成员对传播的思想信息产生积极的情绪体验和情

_____

① 《孔子家语·六本·卷四》。

感共鸣，从而不由自主、情不自禁地接受所接收到的思想信息；可以发挥群体中有活动能力、有影响力的人物如"意见领袖"的带动、示范效应，使群体内的"粉丝"在模仿中不知不觉地接受所接收到的思想信息。

3. 组织传播

"组织传播是以职能集团为主要成分的组织内部成员之间、组织与组织间进行的信息交流活动"。① 社会思潮的组织传播是指群众性组织、学术性机构、行业性协会、在野党等组织内部成员间或组织间进行的思想信息交流活动，可分为下行传播、上行传播、平行传播等具体方式。下行传播即上级组织向下级组织进行的思想信息传达，有利于统一思想、达成共识、明确目标、凝聚人心；上行传播即下级组织向上级组织进行思想信息汇报，有利于上级组织及时获得信息反馈、掌握思想动向；平行传播即组织内部各单位、各部门间进行平行横向的思想信息交流，有利于统一步调、形成合力。当然，如果一个组织层级过多，也可能会造成思想信息失真、积压流失等问题。组织传播如果运用得当，可以增强传播的计划性、有序性，优化整合各种传播资源；如果运用不当，则会影响传播的效率与效果。因此，社会思潮传播非常重视组织传播的合力运用。

4. 大众传播

大众传播是指"专业化的媒介组织运用先进的传播技术和产业化手段，以社会上一般大众为对象而进行的信息生产与传播活动"。② 社会思潮的大众传播是指特定的社会集团通过大众传播媒介，向社会公众传递思想信息的过程。随着科学技术的发展，报纸、杂志、广播、电影、电视特别是互联网等大众传播媒介先后问世，大众传播对人们的影响日

---

① 王多明：《广告传播技巧》，西南财经大学出版社 2000 年版，第 48 页。
② 郭庆光：《传播学教程》，中国人民大学出版社 1999 年版，第 93 页。

益增强，具有其他传播方式所不具有的广泛性、快速性，可以把一定的社会心理与思想理论有效转化成人们所熟悉的或约定俗成的文字、图像、声音、表情等思想信息符号，并能穿越时空的界限把这些符号广泛快速地传递给受众。信息网络化时代，"酒香不怕巷子深"的观念已经过时，再先进的思想理论，如果不善于利用大众传播媒介，就无法拥有先进的传播手段、强大的传播能力，也无法产生广泛的社会影响。当然，大众传播也具有自身的局限性，它属于一种单向度间接性传播，传播者与受传者之间缺乏双向的情感沟通与交流，且受传者所获取的往往是经过了多次编码后的思想信息，这在一定程度上影响了传递的思想信息的真实性。

（三）社会思潮传播的过程

关于传播的过程，代表性观点主要有：一是拉斯维尔的 5W 模式。哈罗德·拉斯维尔将传播概括为由 who（谁）、says what（说什么）、through which method（通过什么渠道）、to whom（对谁说）、with what effect（产生什么效果）五个环节所构成的单向过程。二是香农和韦弗的数字模式。美国数学家克农德·香农和沃伦·韦弗将传播概括为信源、发射器、信道、接收器、信宿五个基本环节和一个附加物即噪音所构成的一个直线的单向过程。三是奥古斯德和施拉姆的循环形模式。奥古斯德认为，"来源"单位即说话的人与"目的"单位即听话的人，都具有传者和受传者的编码、译码、释码等功能；在奥古斯德的启发下，威尔伯·施拉姆认为，传播过程是一个输译者与解码者之间永无止境的信息交流循环过程。四是德弗勒的双向环形模式。德弗勒将控制论的核心——"反馈"原理引入传播学领域，将传统的单向直线的传播模式发展为双向环形的传播模式。在这一模式中，信源既将信息传递给了信宿，又可以根据从信宿处获得的信息反馈，修正与完善信息传播。上述代表性观点，虽然见仁见智，但有一点是共同的，即都认为信源（传播者）、信息、信道（传播媒介）、信宿（接受者）是传播过程所不可缺少的基本元素。

结合拉斯维尔、香农和韦弗等人的观点，可将社会思潮传播的过程概括为一种单向直线模式：传播者通过一定的传播媒介，将思想信息传递给受传者。这里需要说明的是：之所以"信宿"用"受传者"而不是"接受者"来表示，是因为所有接收到、接触到被传播的思想信息的人都可称为"受传者"，但并非所有的"受传者"都会"接受"，都是"接受者"。"受传者"的"接受"是指"受传者""不但接收了社会思潮，而且对社会思潮或其中的某些观点表示出了某种程度的认可和赞同"。①"受传"与"接受"既相互区别，又相互联系。"受传"是"接受"的必要条件，"受传者"必先"受传"，然后才有可能"接受"；"接受"是对"受传"的肯定性反应。社会思潮"受传者"的"接受"状况大致可分为三种基本情况："完全接受"、"部分接受"、"不接受"。同时，社会思潮"受传者"的"接受"状况也是一个动态的发展过程，"受传者"在外界环境与教育的影响下，既有可能由"不接受"向"部分接受"乃至"完全接受"转变，也有可能由"完全接受"向"部分接受"乃至"不接受"转变。由此可见，社会思潮"受传者"是可以引领转化的。

但是，社会思潮传播的过程绝不只是一个简单的单向直线模式，结合奥古斯德、施拉姆与德弗勒等人的观点，可进一步将社会思潮传播的过程概括为一种双向循环模式：传播者通过一定的传播媒介，将思想信息传递给受传者，一部分受传者接收并接受被传播的思想信息，将之通过一定的传播媒介传递给次级受传者，一部分次级受传者接受所接收到的思想信息，将之继续传递下去，使得思想信息的社会影响得以不断扩大与增强；同时，（次级）受传者、（次级）接受者也会通过一定的传播媒介将传播的状况与效果最终反馈给传播者，传播者根据反馈的信息对上一次传播进行修正、完善，然后再进行新的传播。

---

① 梅荣政：《用马克思主义引领社会思潮》，武汉大学出版社 2008 年版，第75 页。

当然，社会思潮的现实传播过程还要复杂得多。如，大多数受传者对接收到的思想信息不感兴趣，且在外界环境与教育的影响下，不感兴趣的受传者越来越多，就会迫使传播过程逐渐中断；统治阶级出于加强主流意识形态建设的需要，突然对大众传媒及其传播的思想信息实施极其严格的管控与审查，也会导致传播过程的暂时性中止。但是，传播者往往会把思想信息进行"改头换面"，然后再进行新的传播。又如，当统治阶级禁止一种进步性社会思潮的传播时，群众却往往对这种思潮表现出浓厚的兴趣，此时传播者虽不得不放弃显性传播、大众传播方式，但不会放弃传播，只是转而采取隐性传播、人际传播。再如，一些受传者出于"义愤"或在统治阶级的授意与组织下，对社会思潮的传播者进行干扰或实施强有力的主流意识形态反向传播，会使一些传播者被迫终止传播或幡然醒悟后主动放弃传播。

社会思潮传播的过程虽然极其复杂，但同时也是有规律可循的，其传播趋势是可以预测的。因此，社会思潮传播在某种程度上是可控的。

二、多样化社会思潮在当前我国高校
校园的传播特点

社会思潮传播的受传者顺序一般是："舆论精英"或"意见领袖"→高层知识分子→青年学生→社会大众。这种传播顺序，说明高校不仅是主流意识形态建设的主阵地，而且是多样化社会思潮的滋生地与集散地。

美国著名学者莫里斯·博恩斯坦指出："任何一种经济体制都有一整套与之相适应的意识形态作为其文化支撑，相应的任何经济体制的变革也必然伴随着意识形态的适应性调整或整体性转换。"①改革开放以

———————

① ［美］莫里斯·博恩斯坦：《比较经济体制》，中国财政经济出版社 1998 年版，第 10 页。

来，伴随着我国由计划经济体制向社会主义市场经济体制的转变，多样化社会思潮"你方唱罢我登场"，纷纷"抢滩"、争夺、用心经营高校这块阵地，加紧在我国高校校园内传播。这种传播，出现了一些值得关注的新动向、新变化、新特征。

（一）传播方式的多样性

社会思潮的传播者可谓绞尽脑汁、挖空心思，采取多种多样的传播方式，在当前我国高校校园内传播各种思想信息。

1. 人际传播与群体传播

人际传播与群体传播的共同点是通过传播者与受传者的直接接触，由传播者把思想信息直接发送给受传者。这两种传播方式，在传播的实效性方面，比其他传播方式更具优势。

一是"舆论精英"的传播。"舆论精英"或"意见领袖"本是西方传播学中的概念，特指信息的"最初制造者"或"最初传播者"。在我国，"精英"一词，"往往带有价值观和意识形态色彩。其含义不仅有褒扬某人或某一部分人不普通、不一般、很优秀，是人群中的'精华'的意思，而且含有批评此类人物自视'出类拔萃'，自以为其聪明才智、地位、作用和重要性高于普通人，因此自命可以凌驾于群众之上、对公众和社会公共事务有资格指手画脚的贬义"。①"所谓'舆论精英'，是在当代中国改革开放大背景下，以不断发展的现代大众传播媒介为手段，针对经济社会体制改革、转型过程中的各种问题，在意识形态领域传播各自的思想观点、价值观念、政治主张，以图影响社会舆论、引领社会思潮、影响执政党理念和政府政策的群体和个人。"②20 世纪 90 年代以来，经过媒体炒作，"舆论精英"阶层在我国逐渐形成。如《南方人物周

---

① 夏春涛主编：《理论研究动态》2009 年第 6 期，第 59 页。
② 夏春涛主编：《理论研究动态》2009 年第 6 期，第 17 页。

刊》就曾隆重推出过中国最有影响力的 50 名"公共知识分子"。那么，究竟什么是"公共知识分子"呢？其中的 1 名"公共知识分子"是这样给自己贴标签的："公共知识分子"就是知识上、政治上对共产党统治满怀否定和愤怒的人，就是对持不同政见者的隐约称呼，是异议人士开始浮出水面的标志。这些"舆论精英"，与其他"精英"阶层包括"经济精英"、"政治精英"等相互勾连、相互利用，充当各自的代言人，并在媒体上频频"出镜"、"发声"，以扩大这种"精英"身份的影响力。

这些"舆论精英"们之所以扩大"精英"身份的影响力，是因为有了影响力，就会有各种邀请和公开"发声"的机会，就会有话语权，就能够传播他们的思想理论主张。对于高校这块阵地与大学生这一群体，他们更是格外重视。面对一些不明就里、看重他们"精英"身份的高校向他们发出的讲学、演讲、报告会等各类邀请，他们通常欣然应允。如 20 世纪 90 年代，新自由主义分子张×× 就曾频繁现身于某些高校校园内，给大学生做了许多场演讲。在演讲中，他大放厥词，说什么"世界上，马克思最蠢。马克思的理论早已盖棺定论。我不过是在马克思的棺材上再加上几个钉子而已"，"马克思由头错到尾"，"马克思实际上已经成为过去"，[①] 大肆攻击主流意识形态，极力宣扬新自由主义思潮，在学界和大学生中产生了很坏的影响。

二是教师的传播。高校教师是大学生健康成长的指导者和引路人，承担着为中国特色社会主义事业培养合格建设者与可靠接班人的职责，不仅要为大学生释疑解惑、向大学生传授知识，而且要传道、育人，在思想道德方面为大学生做好身教示范。古人云："师也者，教之以事而喻诸德者也"，[②] "师者，人之模范也"。[③] 苏联教育家苏霍姆林斯基、加里宁也曾指出："要记住，你不仅是教课的老师，也是学生的教育

---

① 转引自梅荣政、张晓红著：《新自由主义思潮》，高等教育出版社 2004 年版，第 36 页。

② 《礼记·文王世子》。

③ 《法言·学行》。

者，生活的导师和道德的引路人。"①"教师的世界观，他的品行，他的生活，他对每一观点的态度，都这样或那样地影响着全体同学。"②历史进入新时代，习近平总书记也强调指出："教师的职业特性决定了教师必须是道德高尚的人群。合格的老师首先应该是道德上的合格者，好老师首先应该是以德施教、以德立身的楷模。师者为师亦为范，学高为师，德高为范。老师是学生道德修养的镜子。好老师应该取法乎上、见贤思齐，不断提高道德修养，提升人格品质，并把正确的道德观传授给学生。"③从目前来看，高校教师的综合素质总体上是比较高的。但是，也有一些教师特别是青年教师，马克思主义理论功底不够扎实，社会主义、共产主义信念不够坚定，缺乏必要的政治敏感性和政治敏锐性，缺乏对多样化社会思潮的正确认识和科学态度，甚至有少数教师有意向学生散布反党、反社会主义思潮。针对这种情况，2013 年 5 月 4 日，中共中央组织部、宣传部和教育部党组在联合发布的《关于加强和改进高校青年教师思想政治工作的若干意见》（教党〔2013〕12 号）中指出："青年教师与学生年龄接近，与学生接触较多，对学生的思想行为影响更直接，他们的思想政治素质和道德情操对学生的健康成长具有重要的示范引导作用。……当前，高校青年教师主体积极健康向上……同时也应看到，少数青年教师政治信仰迷茫、理想信念模糊、职业情感与职业道德淡化、服务意识不强，个别教师言行失范、不能为人师表。"应该说，这一文件的发布，很有必要，非常及时，既为高校加强青年教师师德建设提供了依据，也为广大青年教师加强师德修养指明了方向，具有很强的针对性。

三是大学生的朋辈传播。当"舆论精英"们利用讲学、演讲、报告

---

① 苏霍姆林斯基：《给教师的一百条建议》，天津人民出版社 1981 年版，第102 页。

② 加里宁：《论共产主义教育》，中国青年出版社 1979 年版，第 42 页。

③ 习近平：《做党和人民满意的好老师：同北京师范大学师生代表座谈时的讲话》，人民出版社 2014 年版，第 7 页。

会传播多样化社会思潮时，当一些教师在课堂上传播多样化社会思潮时，一些大学生或出于好奇心，或出于对"精英"与老师的崇拜，或出于新鲜感，或出于寻找刺激，往往对这类讲学、演讲、报告会、课程表现出浓厚的兴趣，但同时由于他们涉世相对不深、思想相对单纯、对中共党史与中国近现代史的认识相对欠缺、政治分辨能力相对不强、社会思潮认知水平相对较低，因此，他们往往较易受到"舆论精英"与教师传播的多样化社会思潮的影响，于是一些大学生开始接受所接收到的思想信息，从而由"接收者"转变为"接受者"，并进而转变为"次级传播者"，在大学生中进行社会思潮的朋辈传播。大学生传播者与大学生受传者之间年龄相近、朝夕相处，更加了解他们的心理特征、利益需求、价值观念、生活方式、情绪情感、兴趣特长，他们的朋辈传播更易为大学生所接受，从而在大学生中产生交叉感染。

2. 组织传播

组织传播是社会思潮在当前我国高校校园传播的重要方式。改革开放后，随着我国利益格局、产业结构、分配方式的多样化，代表不同阶层利益的民间团体与研究机构不断涌现。有这样两类民间团体与研究机构尤其值得关注：一类是靠国内私营企业与富人阶层的赞助成立的，它们是富人阶层的代言人，试图通过不断针砭时弊、批判社会主义制度和党的政策，以影响社会主义改革，维护富人阶层的既得利益；另一类组织是靠境外非政府组织与基金会的资助成立的，它们是某些境外敌对势力的代言人，往往会积极配合境外势力对我国实施意识形态渗透，极力宣扬和大力推销各种西方社会思潮。如，新自由主义已在我国形成了不同的派别，这些派别往往成立了相应的民间研究机构，这些机构有意识地邀请某些高校的"知名"学者、教师加入，由他们通过开设新自由主义课程、推荐新自由主义书目、发表新自由主义演讲、出版新自由主义论著等形式，向大学生兜售新自由主义思潮。

3. 大众传播

社会思潮的传播者既注重利用报纸杂志、影视等传统传播媒介，更注重利用网络等新型传播媒介。

一是报纸杂志传播。报纸杂志属于视觉媒介，既可供人阅读，也可被重复阅读、推介阅读即传阅，同时还具有保存性强的特点。因此，利用报纸杂志进行思想信息的传播，既可实现影响的广泛性，又可实现影响的持久性。但是报纸杂志主要是通过文字来传递思想信息的，要求读者(受传者)必须具有一定的文化知识，而大学生正是一个知识分子群体，于是社会思潮的传播者非常注重利用报纸杂志来影响大学生。与此同时，在社会主义市场经济条件下，报社、杂志社的运营方式大都由过去的完全依靠国家财政拨款的行政化运营方式转变为主要依靠自我创收、自负盈亏的企业化运营方式，为了扩大影响，增加收入，它们也想利用"精英"、"名人"来吸引"眼球"，也乐于被更多的传播者或传播机构所利用，只要国家不干涉，它们就会在思想信息的选择、加工、传递等方面积极配合"雇主"。一些报纸杂志不时发表宣扬西方社会思潮的文章，有少数报纸采取选择性报道的方式，连续刊载某"名人"、某"精英"宣传某西方社会思潮的系列文章，而对相关批驳性文章一概加以拒绝；刻意美化西方资本主义民主政治制度而对中国特色社会主义制度的优越性却视而不见，表现出明显的倾向性，甚至有个别杂志专门聘请一些"名人""精英""专家""学者"，针对我国社会主义革命和建设过程中的一些重大事件和重要人物的是非功过，进行随意性、片面性、功利性、主观性评价，甚至恶意造谣、诬蔑、攻击、中伤。

二是影视传播。影视传播可同时利用音频与视频，给受传者以听觉与视觉的双重刺激，信息量大、时效性强，但传递的信息不利于保存。当代社会，生活节奏大大加快，时间利用系数大大提高，有人甚至喊出了"时间就是金钱，效率就是生命"的口号，这在一定程度上助长了部分大学生急功近利的浮躁心态，他们拼命追求信息获取效率的最大化，认为影视可以快速、生动形象地传递丰富的信息，通过影视获取信息可谓既轻松又愉快，既省时又省力，因而他们更愿通过"看"而不是"读"来获取信息，不愿花大量的时间来细细阅读、鉴赏、品味印刷品中传递的信息。社会思潮的传播者迎合部分大学生的这种心理，注重利用影视传播思想信息。如，一些影视作品利用改编红色经典剧目，改动原作品的时代背景、历史主题、中心思想，戏说英雄人物与革命先烈，讴歌"人性"之"美"，鼓吹价值中立等手法，在大学生中传播历史虚无主义。又如，《虎胆龙威》《空军一号》《2012》等好莱坞大片，在大学生中极力宣扬个人英雄主义与极端个人主义等西方价值观，对集体主义加以抵制。

三是网络传播。改革开放以来，随着计算机和网络技术的发展和普及，社会的开放性和个人自主意识的不断增强，我国逐渐进入了一个信息化、网络化时代，网络对人们的影响日渐增强，对青少年的影响更大。网络媒介因其更新速度快、信息量大、互动性强、传播速度快、超时空性等特点，备受大学生欢迎。目前我国大学生群体几乎人人都是网民，且是掌握了一定的技术手段、能够运用各种软件的高素质网民，加之我国网络管理水平和网络法制建设总体上仍相对落后，因此，社会思潮的传播者往往把网络传播作为影响大学生的主要方式，典型形式有：

第一，网站传播。所谓网站，是指依据一定的编排意图，使用HTML(或 XHTML)语言编写的用于展示与传递特定信息的相关网页的集合。网站传播具有时效性与互动性强、信息量大等特点，更为重要的是，传播者可以通过高度控制、精心挑选所发布的信息内容，有意识地引导受传者的思想朝自己所希冀的方向转化。同时还可利用黑客攻破对方网站，传播自己的思想信息。因此，社会思潮的传播者极为青睐网站传播，将之作为最基础、最重要的网络传播方式，其他网络传播方式在技术上都是以网站传播为基础而发展起来的。随着大学生网民的增多，网站强大传播功能的逐渐显现，各种思想文化网站纷纷涌现，可谓"忽如一夜春风来，千树万树梨花开"。这些网站，往往精心挑选一些倾向性强的思想信息提供给大学生网民。

第二，即时通信工具传播。即时通信工具，是指通过即时通信技术来实现在线聊天、交流的工具，包括手机短信、电子邮件、QQ、SKYPE、MSN 等多种形式。即时通信工具传播，既可进行"点对点"的人际传播，又可进行"群对群"的人际传播；既可进行音频交流，又可进行视频交流；既具有同步的交流时效，又可以控制交流对象与交流信息；既具有高度体验性、容易拉近交流者之间的情感距离，又具有高度自由性。但是，即时通信工具的使用者有时也会被盗号，有时也会被陌生者骚扰，安全性受到一定程度的威胁。尽管如此，即时通信工具对现代网民仍有着强大吸引力。社会思潮的传播者利用即时通信工具，向大学生反复传递各种思想信息，潜移默化地影响大学生的思想行为和价值观念。

第三，网络社区传播。1993 年，美国学者霍华德·瑞恩高德在其著作《虚拟社区：电子疆域的家园》中首次推出"虚拟社区"这一概念，并认为虚拟社区是指在网络中相当多的人展开长期讨论而出现的一种社会聚合，他们之间具有充分的人情（Human Feeling），并在电脑空间里形成了人际关系网络。我国学者大都认为，网络社区是一群具有共同兴趣、爱好和经验的人通过网上交流活动而结成的网民共同体，包括BBS/论坛、贴吧、公告栏、群组讨论等多种形式。网络社区传播可迅速汇集信息，及时实现"一对一"、"一对多"、"多对多"的互动，主体的匿名性使得信息传递高度自由，但同时又加大了管理的难度。现时代，网络社区在我国呈蓬勃发展之势，大学生更是将网络社区视为宿舍社区之外的另一学习生活社区，网络社区日益成为高校意识形态争夺的重要阵地。西方发达资本主义国家利用资金与技术等方面的优势，通过雇用网络自由撰稿人、网络编辑、网络写手、网络水军、网络推手、社区版主等多种手段，对我国各种网络社区特别是大学生感兴趣的网络社区进行意识形态渗透。国内某些"民主人士"、"舆论精英"也与境外敌对势力内外勾结，在网络社区中大肆宣扬各种西方社会思潮。

第四，自媒体传播。2002 年，美国硅谷 IT 专栏作家丹·吉尔默最早提出"We Media"（自媒体）这一概念。2003 年，谢因·波曼与克里斯·威理斯给"自媒体"下了一个十分严谨的定义："是普通大众经由数字科技强化，与全球知识体系相连之后，一种开始理解普通大众如何提供与分享他们本身的事实、他们本身的新闻的途径。"①自媒体实质上是一种利用网络新技术而进行自主信息发布的个体传播平台，包括博客、微博、微信等形式。

自媒体使得每个人既是海量信息的接受者、分享者，又是海量信息的制造者、发布者，人人都可以拿起"麦克风"，充当"媒体人"。自媒体传播的便捷性、快速性、同步性、全覆盖性、互动性强以及个性化、自由化等特点，迎合了广大网民信息传收与交流的需要。大学生有着强烈的主体意识与批判意识，渴望独立与被认可、被尊重、被信任，因此，他们更为青睐自媒体，将之作为表达自我与交流思想信息的主要平台，是自媒体用户中最为活跃的群体。社会思潮的传播者利用自媒体信息传播源头的多样性及其管控的高难度，极力在大学生中传播多样化社会思潮。

第五，搜索引擎传播。搜索引擎是通过一定的软件技术进行跟踪网页的链接，它可以使受传者轻松地从一个链接爬到另一个链接。搜索引擎可以使网民更为方便、快捷地获取思想信息。随着相关技术的日益完善，越来越多的网民开始使用搜索引擎。自 2007 年以来，我国搜索引擎使用率呈现出一种日益增长趋势。

Twitter、Face-book、Google、YouTube 四大全球搜索引擎皆为美国所掌控。西方敌对势力利用其所掌控的搜索引擎，迎合人们减少思想信息获取成本的心理需求与功利化倾向，牢牢抓住思想信息的输出"道口"，有意识地收集、推介、输出符合他们需求的思想信息，屏蔽和删

---

① 周晓红：《自媒体时代：从传播到互播的转变》，http//media. people. com. cn／GB/22114/227512/227513/15300464. html。

除对他们不利的思想信息，很多网站都在首页设置或链接各类西方社会思潮代表人物或"领军人物"的学术专栏和个人网页。

需要指出的是，在多样化社会思潮的实际传播过程中，上述几种传播方式并不是界限明晰、截然分开、单独使用的，而是紧密结合、相互配合、灵活机动、交叉使用的。如，社会思潮的传播者在进行人际传播、群体传播、组织传播与大众传播时，往往都不同程度地借助网络传播。

(二) 传播内容的多元性

目前在我国高校校园内，科学的与错误的、先进的与落后的、积极的与消极的、本土的与外来的、东方的与西方的、传统的与现代的种种社会思潮，在理论旨趣、实践关注、价值追求、根本性质等方面各不相同，呈现出一种多元并存、纷繁杂陈的态势。虽然社会主义主流意识形态在我国高校意识形态领域占据着主导地位，但"新自由主义"、"民主社会主义"、"历史虚无主义"、"公共知识分子"思潮、"普世价值"观、"宪政民主"等多样化社会思潮也对当代大学生发生着程度不同的影响，共同对社会主义主流意识形态提出了严峻挑战。

1. 新自由主义

新自由主义萌芽于 19 世纪末 20 世纪初，奥地利经济学家米瑟斯于 1927 年在其著作《自由主义》中，大力宣扬资本主义和自由主义的普遍性以及资本主义私有制的优越性，主张经济绝对自由化、彻底私有化和完全市场化，反对国家对经济的任何干预和调控，从而奠定了新自由主义的理论基础。与此同时，米瑟斯与奥地利裔英国经济学家哈耶克就"社会主义制度的可行性"、"社会主义经济计算"等问题，与波兰经济学家奥斯卡·兰格展开了一场激烈的大辩论，这场大辩论也成为新自由主义登上历史舞台的重要标志。由于当时西方资本主义国家主要采用主张市场调节与一定程度的国家干预相结合的"凯恩斯主义"，并取得了一定成效，因此，新自由主义理论自提出后的几十年时间里并未被西方社会所重视。20世纪七八十年代，资本主义基本矛盾的日趋激化所带来的西方社会的"滞涨"危机，给新自由主义迅速崛起提供了难得的机遇。哈耶克、弗里德曼等新自由主义的代表人物刻意将"滞涨"危机归咎于凯恩斯主义所主张的国家干预，并迎合垄断资产阶级发展经济的现实需求，极力鼓吹经济自由化与市场万能论，极力反对国家对经济运行的调节与干预，新自由主义从而在垄断资产阶级的强力支持下于20世纪80年代迅速风靡西方社会。以美国为首的西方发达国家以全球化名义极力向全世界推行新自由主义，在给拉美、苏联和东欧等国带来灾难性后果的同时，也使自身深陷金融危机之中而难以自拔。但是我国有些学者却对新自由主义倍加推崇，并于20世纪80年代中后期将其引入我国，在高校校园内大肆传播。这些学者虽然动辄引用新自由主义话语，但是他们对新自由主义的介绍却是从自身的主观需要出发而采取一种"为我所用"的片面态度，加入了许多"创造"，他们"并没有全面地吸收和继承西方主流经济学的全部理论体系。其对西方主流经济学采取的是'各取所需、为我所用'的态度，只援引自己喜欢的论点，而回避甚至闭口不提那些其不喜欢的西方主流经济学的重要思想观点"。[①] 我国新自由主义者的思想主张是有其政治考量的。经济上，他们把国有企业说成是"国家垄断"、效率低下，鼓吹"市场万能论"、"私有制优越论"，主张取消公有制的主体地位，实行"全面私有化"，改变我国的基本经济制度，公然违反"两个毫不动摇"（毫不动摇巩固和发展公有制经济，毫不动摇鼓励、支持、引导非公有制经济发展），故意将公有制经济与非公有制经济对立起来；政治上，他们根本否定我国社会主义基本政治制度，主张取消人民民主专政，实行总统制、两院制等西方资本主义民主政治制度；思想文化上，他们否定马克思主义在我国意识形态领域的

---

① 左大培：《混乱的经济学：经济学到底教给了我们什么?》，石油工业出版社2002年版，第11页。

主导地位，鼓吹"意识形态多元化"，盲目推崇各种西方社会思潮，散布各种资产阶级自由化言论。

2. 民主社会主义

"民主社会主义作为一种思想体系，它是当代西方发达资本主义国家社会党、社会民主党和社会工党的思想体系与意识形态的总称，是同科学社会主义相对立的资产阶级改良主义的思想体系。"①民主社会主义的鼻祖是拉萨尔、麦克唐纳等人，于 19 世纪 40 年代初在西欧正式形成，是由"社会民主主义"这一概念演变而来的。"社会民主主义"一开始是一个"有伸缩性的名称"，几乎涵盖了所有反对资本主义的政治主张，路易·勃朗、拉萨尔、马克思和恩格斯等人都曾使用过这一概念，不过路易·勃朗、拉萨尔等人是站在资产阶级或小资产阶级改良主义的立场上来使用这一概念的，而马克思、恩格斯则用这一概念来指"民主党或共和党中或多或少带有社会主义色彩的一部分人"。马克思、恩格斯对"社会民主主义"概念的使用与改良主义者有着本质上差异与根本性分歧，他们不仅一直以"共产主义者"自称，而不称为"社会民主主义者"，正如恩格斯所说，"对马克思和我来说，选择如此有伸缩性的名称来表示我们特有的观点，是绝对不行的"，② 而且对"社会民主派"的资产阶级改良主义实质进行彻底的批判，"社会民主派的特殊性质表现在，它要求把民主共和制度作为手段并不是为了消灭两极——资本和雇佣劳动，而是为了缓和资本和雇佣劳动之间的对抗并使之变得协调起来。无论它提出什么办法来达到这个目标，无论目标本身涂上的革命颜色是淡是浓，其内容始终是一样的：以民主主义的方法来改造社会，但是这种改造始终不超出小资产阶级的范围"，③ 其实质是"想使全部运动

---

① 梅荣政：《用马克思主义引领社会思潮》，武汉大学出版社 2008 年版，第 145 页。

② 《马克思恩格斯文集》第 4 卷，人民出版社 2009 年版，第 449 页。

③ 《马克思恩格斯选集》第 1 卷，人民出版社 1995 年版，第 614 页。

都服从于运动的一个阶段，用个别学究的头脑活动来代替共同的社会生产，而主要是幻想借助小小的花招和巨大的感伤情怀来消除阶级的革命斗争及其必要性；这种空论的社会主义实质上只是把现代社会理想化，描绘出一幅没有阴暗面的现代社会的图画，并且不顾这个社会的现实而力求实现自己的理想"。① 这种本质上的差异与根本性分歧，导致后来第二国际分裂为伯恩施坦修正主义者、考茨基派、以列宁为代表的马克思主义者等右、中、左三派，并最终破产。"二战"后，随着资本主义社会矛盾的缓和，资本主义发展的相对稳定，工人阶级中改良情绪的滋长，民主社会主义开始重新活跃起来，并逐渐扩大影响。民主社会主义在经济上否定以生产资料公有制代替私有制；在政治上否定暴力革命和无产阶级专政，主张实行人道主义、民主、平等、自由等人类理性原则与资产阶级民主制；在思想文化上否定马克思主义的指导地位，主张指导思想多元化，并直接导致了苏联解体、东欧剧变，给国际共产主义事业造成了不可估量的巨大损失。国内有些人不顾事实，大肆宣扬"科学社会主义与民主社会主义同源于马克思"，二者是"同祖、同根，是一回事，是同义语"，鼓吹"只有民主社会主义才能够救中国"，其根本目的是要动摇人们对马克思主义的信仰。

3. 历史虚无主义

历史虚无主义是一种以唯心史观为基础，以实用主义为态度，以形而上学为认识方法，以"重新评价"、"重写历史"、"反思历史"为名义，以"虚无"、"拼凑"、"玩弄"历史为手段，模糊歪曲、抹杀消除一个国家、一个民族真实历史的社会思潮。早在 20 世纪初，陈序经、胡适等人就曾对中国传统历史文化遗产采取了全盘否定、完全抛弃的历史虚无主义态度，如陈序经声称："西洋文化无论在思想上，艺术上，政治上，教育上，宗教上，哲学上，文学上，都比中国的好"、"今后中

---

① 《马克思恩格斯文集》第 2 卷，人民出版社 2009 年版，第 166 页。

国文化的出路，唯有努力去跑彻底西化的途径"。① 由于这种态度并不能解决中国社会与中国文化的根本出路问题，因此，一出台便受到各方的批判，并逐渐走向沉寂。20 世纪 80—90 年代，苏联解体、东欧剧变后，西方敌对势力把我国作为实施"西化""分化""和平演变"战略的重点，加紧对我国进行意识形态的强势渗透，各种西方社会思潮对我国的影响日趋增强，资产阶级自由化思潮在我国一度甚嚣尘上。在此背景下，历史虚无主义作为资产阶级自由化思潮在历史观上的反映开始粉墨登场、沉渣泛起。历史虚无主义曾经在苏联很有市场，如苏共中央书记处书记、苏共中央宣传部长雅科夫列夫就曾公开表态："俄罗斯在选择社会道路上犯了错误，看中了疯狂的革命而没有选择自然的变化。"②著名作家索尔仁尼琴也公开宣称："我是革命的敌人"，③ "我谴责任何革命。革命实际上并不加速历史的进程，而是使它难以前进。……革命并不使得历史道路变直，而使得它崎岖不平"，④ "人们根据自己所受的灾难愈来愈相信，革命破坏社会的秩序……任何革命不能使国家富强起来"。⑤ 苏联很多国家领导人特别是斯大林均遭到清算，对此，《真理报》总编辑阿法纳西耶夫感慨道："斯大林一死，所有的脏水都泼在他身上，所有坏事都归罪于他。我们党和我们国家的所有第一号领导人，如赫鲁晓夫、勃列日涅夫、契尔年科，全都不能幸免。他们的肖像早就被丢到垃圾箱里去了。"⑥历史虚无主义对苏联十月革命、苏共党史、苏维埃国家史的全盘否定，毁坏了苏共及其领导人在苏联人民心目中的形象，动摇了苏联人民对社会主义、共产主义事业的信心，并最终导致苏

---

① 罗荣渠主编：《从"西化"到现代化》，北京大学出版社 1990 年版，第 363~364 页。

② （俄罗斯）《文化报》，1994 年 11 月 19 日。

③ （俄罗斯）《消息报》，1993 年 9 月 21 日。

④ （俄罗斯）《消息报》，1993 年 9 月 21 日。

⑤ （俄罗斯）《消息报》，1993 年 9 月 28 日。

⑥ 梅荣政：《用马克思主义引领社会思潮》，武汉大学出版社 2008 年版，第 238 页。

共执政地位的丧失、苏联的解体。对于历史虚无主义的严重危害，国内相关人士不是不了解，相反，他们不遗余力地宣扬历史虚无主义，正是看中了它对中国共产党领导的人民民主专政的严重危害性，正是为了通过否定中国近现代史、中共党史、中华人民共和国史，以抹黑中国共产党及其领导人在人民心目中的形象、动摇中国特色社会主义事业的信心与中国共产党的执政基础、搞乱人们的思想、泄人们的精气神，欲使我国重新沦为西方发达资本主义国家的附庸。为了达此目的，他们把对历史知之不多的青年学生作为传播的重点对象，大肆宣扬如下思想观点：一是否定"五四运动"，赞美西方侵略史。他们认为，"五四运动"打断了中国"以英美为师"的历史进程，使得中国走上了"以俄为师的道路"，从而耽误了中国的发展，造成了当今中国的落后；他们强调，要从"现代化"、"世界一体化"的高度来看待殖民化。① 二是否定革命，颂扬改良。他们否定近代中国发生革命的历史必然性，认为选择革命是中国人疯狂与幼稚的表现，污蔑革命就是杀人流血与单纯破坏，使得近百年的中国历史"变成了一部不断地杀人、轮回地杀人的历史"；他们强调近代中国应该走改良的道路，主张"清朝的确是已经腐朽的王朝，但是这个形式存在仍有很大意义，宁可慢慢来，通过当时立宪派所主张的改良来逼着它迈上现代化和'救亡'的道路"。② 三是否定中国共产党的领导，丑化英雄人物、革命烈士，美化反动人物、汉奸、卖国贼。他们采取攻其一点、不及其余的手法，专讲中国共产党的失误、错误并将之任意地、片面地放大、夸大、渲染，凭借道听途说、小道消息、"绯闻秘史""野史"甚至杜撰来攻击党的领袖，将中国社会发展过程中出现的所有挫折都归结到党的领导上，对近代以来中国社会发展所取得的成就与领袖人物的人格魅力或全盘否定或闭口不谈。他们打着"还原历史"、"人性发现论"的幌子，用腐朽落后的价值观取代已为历史检验的进步

---

① 转引自梁柱：《历史虚无主义思潮的泛起特点及其主要表现》，《北京教育·德育》2013年第9期，第12页。

② 李泽厚：《李泽厚学术文化随笔》，中国青年出版社1998年版，第248页。

价值观，对已有历史定论、已为人们所普遍熟悉的历史人物进行"重塑"，刻意贬损与恶搞近代以来为求得中华民族的独立与解放、民主与富强而英勇奋斗的进步人士，为反动人物、汉奸、卖国贼进行翻案、歌功颂德，试图颠覆一个个人物形象及其所承载的价值判断。

4. "公共知识分子"思潮

"公共知识分子"是个舶来词，源于 20 世纪初的西方知识分子理论。20 世纪 90 年代初，"公共知识分子"思潮开始传入我国，并逐渐扩大影响。2004 年，《南方人物周刊》推出了中国最有影响力的 50 名公共知识分子名单；2005 年，"世纪学堂"评选出"2005 年度百位华人公共知识分子"；其他一些刊物与网络媒体也开始纷纷炒作各种版本的中国公共知识分子名单。"公共知识分子"群体及其思想言论开始引起我国社会舆论的广泛关注。我国的"公共知识分子"思潮，"带有明显的政治倾向，它极力强调知识分子为超阶级的、代表社会良知的、理所当然的公共事务的介入者和公共利益的'守望人'"。① 一方面，它自我标榜"公共知识分子"具有"理性"、"独立"、"超然"、"良知"、"批判"等品格与"价值中立"、"客观公正"的态度，关心"公共利益"而无个人私利，正如《南方人物周刊》给"公共知识分子"所下的定义："具有学术背景和专业素质的知识者，对社会进言并参与公共事务的行动者，以及具有批判精神和道义担当的理想者"；另一方面，它又具有鲜明的主观色彩，对中国共产党的领导、我国现行政治制度和主流意识形态持片面的批判或否定态度。应该说，这一思潮在我国知识分子特别是青年知识分子群体中有一定市场。一些思政课教师特别是青年教师，主张"价值中立"，片面强调思政课的业务性、知识性、学术性而忽视思政课的政治性、阶级性、意识形态性，对一些信仰、宣讲马克思主义主流意识形态

① 广东省邓小平理论和"三个代表"重要思想研究中心：《警惕"公共知识分子思潮"》，《光明日报》2004 年 12 月 14 日。

的思政课教师进行攻击，指斥他们是"御用文人"、缺乏骨气、没有独立人格，常常以"意见领袖"自居，就一些社会热点、难点、重点、敏感问题，在大学生中发表一些不负责任的惊人之语。

5."普世价值"观

"普世价值"是一个起源于西方的概念。早在公元 5 世纪，东罗马帝国的君士坦丁堡主教就有了"普世牧首"的荣誉称号，当时的"普世"既有"全世界范围"的意思，也有"全基督教"的含义。现代意义上的"普世"产生于 18 世纪的启蒙运动，启蒙思想家接受了基督教"普世"的概念。第一次世界大战后，西方教会发起了"普世运动"，主张"教会是超国家、超民族、超阶级的普世实体"。第二次世界大战后，联合国发表《普遍人权宣言》，把"普世"概念引入人权范围。20 世纪 90 年代，一些西方神学家及伦理学家把某种被普遍接受或广泛认同的伦理观念、道德规范称为"普遍伦理"。随后"普世"被引入哲学领域，形成"普世价值"概念，后被泛化到政治学、法学等学科，意为一种底线价值，即为大多数人认同的共识价值。1999 年，诺贝尔经济学奖获得者阿玛蒂亚·森发表了名为《民主价值观的普适性》的演讲，认为西方民主价值观是"普世价值"，西方资本主义民主政治制度终将在全球取得胜利。此后，一些西方政要、学者相互配合、遥相呼应，他们先是将西方的民主、自由、人权、宪政等进行自我标榜、自我包装、刻意美化，给它们贴上"普世"的标签，然后不顾地区差异、国情不同，不管别国人民认不认同、赞不赞成、答不答应，就自作主张、极为蛮横地在全世界输出扩张。他们的逻辑是：接受和推行"普世价值"、乖乖地归顺西方、甘为西方的附庸，就是向人类"普世文明"靠拢，就值得鼓励与赞许；否则，就是人类"普世文明"的"异类"。他们俨然成了人类"普世文明"的唯一代表和最权威裁判。"普世价值"逐渐由一个学理性概念演变为一种西方发达国家对外扩张的意识形态工具。在阶级社会中，阶级性是价值观的本质属性，超阶级的"普世价值"根本不可能存在。任何一种价值观念都要受到历史条件的制约，"普世价值"将西方价值观永恒化、绝对化，不符合客观事实。价值观是具体与抽象的统一，"普世价值"用抽象的手法将西式价值观"普世化"，具有欺骗性和迷惑性。事实一而再、再而三地证明，对"普世价值"实行蛮横推销，将西方模式强加于人，已给人类带来诸多的冲突、战乱、悲剧，把很多国家搞得分崩离析、生灵涂炭，致使恐怖主义迅速蔓延。在事实面前，越来越多的人开始不认同"普世价值"。

6. 宪政民主

"宪政"概念是个舶来品，具有深厚的西方政治文化背景。关于宪政的具体内涵，可谓见仁见智。美国华盛顿大学教授丹·莱夫认为："宪政意指法律化的政治秩序，即限制和钳制政治权力的公共规则和制度。宪政的出现是与约束国家及其官员相关。"①现代宪政理论强调："宪政比政府依照宪法办事的含义要广泛得多。它意味着政府依照与专横的政府相反的规则来统治；它意味着政府由宪政来限制，而不仅仅只凭那些行使权力的人的愿望和能力来限制。"②虽然关于宪政的内涵的具体解释不尽相同，但大多数学者均认同宪政是对政府及其官员的政治权力的限制。西方宪政主张是适应近代资产阶级反对封建专制统治、从封建贵族手中夺取政权、维护资产阶级民主权利、建立自由竞争的资本主义制度的需要而形成的，是近代资产阶级革命的政治成果，是资产阶级的治国理念，是为资产阶级的根本利益服务的。私有财产神圣不可侵犯和个人主义价值观是西方宪政的根基，"三权分立"、多党制、普选制、司法独立、军队国家化等是西方宪政的主要内容，对此，印度德里大学历史学教授、英国剑桥大学南亚史研究员雷乔迪休里指出："宪政是一种制度安排和较好的政治条件，诸如公民基本权利宣言，普遍、平等、

---

① 转引自张文显、信春鹰：《民主＋宪政＝理想的政制——比较宪法国际讨论会热点述评》，《比较法研究》1990 第 1 期，第 6 页。

② ［英］K. C. 惠尔：《现代宪法》，宁夏人民出版社 1989 年版，第 152 页。

秘密的选举制，分权与制衡，代议民主制，多党制，两院制，联邦制，司法独立等。"①

在我国宪政民主思潮的传播者中，确有一些人可能是出于落实"依法治国"方略，强调宪法与法律的权威的良好政治愿望，但也有这样一些人，他们打着"维护宪法"的旗号，全然无视中国共产党长期以来一直对"依法治国"的高度重视与人民民主制度所取得的伟大成就，恶意将党的领导与宪法、法律的实施加以对立，污蔑中国一直是"有宪法无宪政"、"党大于法"，鼓吹"中国应跟上世界宪政潮流"、"宪政民主是唯一出路"，他们的根本目的就是要用西方宪政民主否定党的领导、取消人民民主专政、颠覆我国现行宪法制度，从而搞乱中国，在中国实施西方的一套民主政治制度模式。

(三)传播手法的巧妙性

多样化社会思潮之所以能在高校校园内得以传播并发生影响，与其巧妙的传播手法有很大关系。其传播手法的巧妙性主要表现为：

1. 煽情化的表达方式

多样化社会思潮善于利用煽情化的表达方式，向大学生宣扬自身思想理论的科学性、公正性与合理性，使自身的思想理论在大学生中发酵升温。如，民粹主义者忘却社会责任感、抛开社会良知、失却客观公正的态度，不讲求情感的真实自然流落、合理疏导与凝练化表达，通过情绪化的虚张声势与矫揉造作，一味迎合"草根"阶层的"仇富"、"仇官"心理，对分配不公、两极分化、上学难、就业难、看病难、住房难等现实问题，进行片面性解读、煽情化表达、体验式设计，力图使自己的声音最感人、最动听、最响亮，使"草根"阶层在潜移默化、感同身受中

---

① 转引自张文显、信春鹰：《民主+宪政=理想的政制——比较宪法国际讨论会热点述评》，《比较法研究》1990 第 1 期，第 6~7 页。

不知不觉地认同他们的思想观点。这种煽情化的表达方式，对涉世未深、血气方刚、容易冲动的青年大学生，更具欺骗性、迷惑性与鼓动性。又如，"公共知识分子"往往把自己打扮成正义的化身，一味迎合那些对现状不满者、觉得社会不公者、自认为是"弱势群体者"、显在的或潜在的各类利益受损的不满者，通过对种种不公正、不合理现象的片面性与武断性判断及煽情化批判与情绪化发泄，使受众在"同病相怜"、"触景生情"的情境体验与情绪情感共鸣中，不知不觉地拉近与他们的情感距离，亲近和信任他们，把他们视为"知音"、"代言人"与"希望之所在"，从而认同他们的思想主张。这些学历层次与文化知识水平相对较高且不少人具有海外经历与专家、学者头衔的"公共知识分子"，容易赢得青年大学生的信任、崇拜，他们通过煽情化方式所表达的思想主张也易于为青年大学生所接受与认可。再如，历史虚无主义者不断突破底线与"节操"，把历史视为可以随意消费的娱乐资源，放肆、轻浮、轻佻、随意地戏说历史，以野史传说、奇闻逸事、"八卦"新闻来满足人们的猎奇心理，以"人性化""娱乐化""视觉化""戏说""歪说""大话""调侃""恶搞"等胡编乱造的煽情化表达方式来满足感官的低级庸俗需求，以"打杀风"、"言情风"为时髦与时尚，通过江姐同叛徒甫志高的谈情说爱、邱少云不是被烧死而是被吓死、雷锋是帮人太多而累死等一个个"恶搞"，使得革命先辈及其所代表的理想主义、爱国主义、集体主义、无私奉献等革命精神与崇高品质被调侃、被戏弄、被嘲讽、被撕裂、被颠覆，使得经过长期历史积淀与检验的具有稳定性的政治、伦理与审美价值坐标体系被肢解、被瓦解，使得经过漫长求索才得以建构的科学的价值评判标准被扭曲，使得经过长期积累、世代传承才得以建立起的民族自尊心、自信心与共有精神家园被践踏、被破坏。这种煽情化的"虚无"，容易引起那些缺少历史经验与今昔对比、缺乏是非真伪美丑善恶判断能力、喜欢"标新立异"、处于成长"叛逆期"的青年大学生的注意与兴趣。

2. 快速化的自身衍变

多样化社会思潮往往善于"察言观色"、"见风使舵"，通过快速化的自身衍变，以麻痹与迷惑党和政府，争取党和政府的"理解"与支持，逃避各种政治审查，赢得自身传播的时间与空间。

如，1978 年党的十一届三中全会后，中国进入了改革开放的历史新阶段，开始实现了党在一系列重大历史问题上的拨乱反正，开始对过去的经验教训进行系统总结，开始对"文化大革命"进行批评与纠正。此时，历史虚无主义者借机全盘否定我国改革开放前的整个历史进程，根本否定我国走社会主义道路的历史必然性与社会主义改造，全盘否定毛泽东的历史地位与中国共产党的光辉历史，认为经济文化非常落后的中国根本就没有资格搞社会主义，主张要对我国社会主义制度进行根本性、全面性"纠正"。20 世纪 90 年代初，世界社会主义、共产主义事业遭受重大挫折，社会主义、共产主义失败论与马克思主义过时论、无用论甚嚣尘上，人们对社会主义、共产主义事业的信心遭到打击。与此同时，随着改革开放事业的不断深入推进，我国一些深层次的社会矛盾日益凸显，收入分配不公、贫富差距拉大、贪污腐败与奢靡享乐等问题开始出现，有些人开始对我国的改革开放事业产生怀疑，质疑我国搞的还是不是社会主义。此时，历史虚无主义者又借机全盘否定我国改革开放后的整个历史进程，认为我国的改革开放实质上是在搞"资本社会主义"、"国家资本主义"、"新官僚资本主义"，实质上是在"补资本主义的课"、"打左灯，向右转"。

此外，新自由主义者非常善于利用党的路线、方针、政策的变化，有针对性、有选择性地调整传播内容。当我党对"以阶级斗争为纲"进行纠正时，他们就乘机反对马克思主义的阶级斗争学说；当我党提出要"建立社会主义市场经济体制"时，他们就乘机全盘否定国家的宏观调控；当我党要对过去"一大二公"体制进行调整时，他们就乘机否定公有制的主体地位与优越性，鼓吹"私有化"；当我党倡导"解放思想"时，他们就乘机否定马克思主义的指导地位，怂恿人们从马克思主义主流意识形态的"禁锢"中解放出来；当我党反对"全盘西化"时，他们就乘机附和"复古主义"；而当我党反对"复古主义"时，他们又乘机宣扬"全盘西化"，一窝蜂地盲目推崇各种西方社会思潮。

应当承认，多样化社会思潮快速化的自身衍变，确实在一定时期一定程度上掩盖了它们的真实意图，具有很强的迷惑性与欺骗性，相对单纯幼稚的青年大学生更易受到它们的迷惑与欺骗。

3. 动态化的扩散状态

就多样化社会思潮的整体扩散来说，其呈现出一种因时而动、择机而动的动态化状态。社会思潮作为一种社会意识现象，虽具有相对独立性，但对社会存在与物质活动更具有依赖性，它是一定阶级阶层的经济关系、经济利益、政治诉求、精神追求的综合反映，是一定时代社会矛盾在思想领域的集中体现，因此必然随着一定的社会经济、政治、思想文化的发展变化而变化，其扩散呈现出一种如潮水般的流变性状态。当生产关系与生产力的发展相适应、社会结构相对稳定、社会矛盾相对缓和、社会关系相对和谐时，当统治阶级与执政党能够掌握社会思潮的传控规律、能够建立有效的社会思潮管控机制、能够有效管控引领社会思潮时，当统治阶级与执政党非常重视主流意识形态建设、主流意识形态具有强大的引领力时，当统治阶级与执政党对异己思想的传播保持高压态势甚至严厉禁止时，社会思潮往往较为沉寂，其扩散呈现出一种萎缩和衰退的状态与趋势；而当生产关系为适应生产力的发展需要调整甚至是根本性变革时，当社会发展处于危机、变革、转折的特殊与关键阶段时，当统治阶级忽视主流意识形态建设、对思想信息传播缺乏有效管控时，各种社会思潮往往乘机而动、趁势而起，纷纷苏醒、萌动、活跃，其扩散呈现出一种增强、加速的状态与趋势。如，1978 年党的十一届三中全会后，我国进入了一个拨乱反正、思想解放、改革开放的历史新时期，为了解放和发展生产力、实现社会主义制度的自我完善，我们开始依靠社会主义的自身力量，对生产关系与生产力、上层建筑与经济基础不相适应的方面进行调整，社会阶层不断发生分化，社会经济结构与利益格局日益多样化，各种社会问题与社会矛盾不断出现，社会思潮的传播总体上呈现出一种异常活跃、此起彼伏的状态。

就某一社会思潮的扩散来说，其往往呈现出一种潮涨潮落、起起伏伏的动态化状态。当某一社会思潮所反映的社会问题、所体现的时代课题较为突出而引起广泛关注时，当它所揭示的社会矛盾变得日益复杂与尖锐时，当它的思想主张所吸引的受众不断增加时，其传播者也往往会窥探时机，伺机"造势"，不断完善其思想理论体系，不断积聚其传播能量，不断增强其扩张能力，不断扩大其影响范围，不断增强其影响力度；而当某一社会思潮所反映的社会问题逐渐得到解决、所揭示的社会矛盾逐渐得以缓和、所探讨的话题逐渐淡出人们的视线时，当它的思想主张在理论上已走到逻辑尽头、在实践中也无法再解决现实问题时，当它的传播能量已无法获取新的有效补充而逐渐耗尽时，其传播者往往也会适时收敛、改头换面，其影响的广度与深度会相应地逐渐缩小与减弱，乃至销声匿迹，此时它往往会被一种新的更能引起社会关注的社会思潮所取代，尤其是在社会变革期，这种"你方唱罢我登场"现象就更为明显；当相同或相近的时代课题、社会问题与社会矛盾再次出现并引起社会普遍关注时，当生发的主客观条件重新具备时，潜隐蛰伏已久的社会思潮就会东山再起、死灰复燃，大有"野火烧不尽，春风吹又生"之势。

4. 隐蔽性与渗透性的传播形式

一方面，社会思潮的传播形式具有很强的隐蔽性。由于大多数社会思潮与主流意识形态在性质、方向上的不一致性或不完全一致性，对统治阶级的统治地位、执政党的执政地位、主流意识形态的主导地位构成了程度不同的挑战与威胁，不被或不完全被统治阶级与执政党接受与认可，如果它们与统治阶级、执政党、主流意识形态发生公然的、直接的、激烈的对抗，大都会因遭受沉重打击而损失惨重。因此，大多数社会思潮会明智地选择隐蔽、迂回、渐进的形式进行传播，尤其是在传播初期或遭受统治阶级的严厉打压时，就更是如此。另一方面，社会思潮的传播形式又具有很强的渗透性。除非生发的主客观条件已完全丧失，否则社会思潮就不会甘心自动退出历史舞台。当统治阶级对它们实行严厉打压时，当它们的生发环境面临严重困境时，它们会潜隐下来、改头换面，通过静悄悄的、点滴式的、潜移默化的、持续不断的渗透，以积聚力量、等待时机，而一旦有合适的社会土壤和思想环境，它们又会迅速蔓延开来。

如，1978 年以后，我党开始对"左"倾错误进行纠正，自由主义者站在资产阶级自由化的右的立场上，借机把科学社会主义的基本原则、马克思主义的基本立场整体上当成"左"的思想来进行歪曲与否定，把立场坚定的马克思主义者整体上当成"顽固的左派"来进行打压与围攻，这似乎与我党的政治主张与批评对象相同或相近，因此一时之间蒙蔽了很多人。

又如，民主社会主义者深知，如果直接提出要在中国实行资产阶级改良主义，党和人民肯定不答应，于是他们先极力混淆民主社会主义与科学社会主义、马克思主义的界限，极力论证民主社会主义才是马克思主义的"正统"和社会主义的范式，闭口不谈西欧国家民主社会主义所面临的理论迷惘、政策失效与实践困境，一味强调与生动描绘西欧国家民主社会主义的"成功"与"美好"，以此向人们渗透"只有民主社会主义才能救中国"的观点；"渐进宪政派"认为，如果直接提出要在中国实行西方宪政民主，中国共产党肯定难以容忍与接受，不如先通过"社会主义宪政"、"宪政社会主义"、"人民民主宪政"等概念与口号，强调宪法的权威性与依宪执政的必要性，然后再指出我国社会主义宪法的许多内容与现代宪政民主精神不符，必须进行修改，最后再强调必须按西方宪政民主精神来修正我国宪法，他们认为，这种循序渐进式的方式更易为中国共产党所接受，更具有现实操作性，更易取得成功；"普世价值"

论者深知,如果公开主张中国应实行西方资本主义民主政治模式,肯定行不通,于是他们就先通过"马克思主义是普世价值""中国特色社会主义具有普世价值""中国的抗震救灾体现了普世价值"等命题来证明"普世价值"的存在,然后再集中精力阐述西方资本主义民主政治模式具有优越性、普世性、永恒性,最后着力强调中国只有实行西方资本主义民主政治模式,才能跨入"文明"国家行列,才能为西方国家所接纳,才有希望和前途,等等。

再如,有些人深知,绝大多数大学生是具有强烈的爱国主义情感与民族自尊心、自信心的,如果强行向他们推销西方社会思潮与价值观,肯定会引起他们的反感与排斥。于是这些人就采取隐形渗透的方式,惯用手法主要有:一是借用"时尚"的名义。他们通过整体包装国内一些娱乐电视节目,塑造为青年学生所崇尚的"时尚范儿",潜移默化地用西方生活方式与价值观念来熏陶青年学生。二是采用选择性对比。他们精心搜集与挑选中国人乱丢垃圾、随地吐痰、随地大小便、乱刻乱画、"中国式过马路"、"扶不起"等事例,与美欧等国公民勤俭节约、文明礼貌、富有爱心、讲求公德等事例,把它们放到一起加以对照,拐弯抹角、阴阳怪气地丑化、矮化中国人,打击青年学生的民族自尊心、自信心,宣扬"西方文明论""西方优越论"。三是利用网络谣言。他们利用网络谣言来丑化中华文明、赞美西方文明,明明联合国在全世界旅游点调查各国旅游人群素质的结果显示:"全世界各大旅游景区公认最讨厌的、素质最低的游客是美国人",结果"美国人"被偷梁换柱成了"中国人",其他诸如《英国人眼中的中国》《中国人在德国吃饭被训斥》《中日夏令营的对比》《一个印度工程师所写:令人忧虑,不阅读的中国人》等谣言帖子在网上广为流传,这些谣言帖子的共同点是"颂外非中"。四是选择性分析设计热点问题。当代大学生所普遍关注的社会热点问题,往往是具有普遍性的世界性问题,有些问题在西方发达资本主义国家更为严重。对于这些问题,党和政府一直以来高度重视,并在解决这些问题上已经取得了明显成效。但是,有些人不仅对这些问题进行选择性分析，好像这些问题只有中国才有，而且对这些问题作出选择性设计，或明或暗地指出，要解决这些问题就必须效仿西方民主政治模式。

应当承认，多样化社会思潮隐形渗透的传播形式，确实具有很大的欺骗性与迷惑性，已对当代大学生产生了一定的影响。

(四)话语权争夺的激烈性

任何思想理论观点都要通过一定的话语体系表达出来才能为人了解，任何思想理论观点都要通过恰当的话语体系表达出来才能为人"爱"、为人"信"。话语体系不仅外显着一定的语言形式、语言魅力，而且内蕴着一定的价值观念、思维方式。话语体系建设不仅事关"能不能说出来"，而且事关"说什么"、"怎么说"；不仅事关主流意识形态建设，而且事关文化软实力提升、文化自信；不仅事关马克思主义及其中国化理论能否说服人、征服人，而且事关当代中国哲学社会科学能否健康发展、能否提高国际话语权，意义十分重大。话语权争夺是话语体系建设的关键和核心。所谓话语权，是指人们对话语资源的使用与支配的资格、权力与能力，是"软实力"的重要体现。在阶级社会中，话语权之争主要体现为意识形态话语权之争。在当前我国高校意识形态场域中，话语权之争非常激烈。多样化社会思潮既彼此之间激烈争夺话语权，又同主流意识形态激烈争夺话语权；相互之间既吸引吸收、交流交织、融合配合，又排斥斗争、交锋争论。

1. 多样化社会思潮彼此之间激烈争夺话语权

随着我国改革开放的不断深入推进，我国社会的阶层及其现实利益不断发生分化，阶层结构与利益格局日益多样化，人们的思想观念也随之日益多样化，在现代传媒技术高度发达、现代传播空间迅速扩大、思想文化氛围相对宽松包容的现实境遇下，反映不同阶级阶层、社会集团的利益诉求的各种社会思潮得以不断滋生、滋育、滋长。话语权对各种社会思潮的生存与发展来说，显得至关重要。在一定意义上，谁掌握了话语权，谁就能控制社会舆论、引导社会心理、引领思想潮流、影响民众乃至国家政策走向。因此，多样化社会思潮相互之间展开了激烈的话语权争夺，并将高校视为争夺的重要阵地，将大学生视为争夺的重要对象。

受众是否接受与认可某一社会思潮取决于该社会思潮能否代表与反映他们的利益诉求。当某一社会思潮反映了某一阶级阶层、社会集团的利益诉求，符合其生活理念、价值观念与行为方式时，该社会思潮就能对该阶级阶层、社会集团的广大成员产生亲和力，使他们产生亲切感与亲近感，获得他们的接受与认可；反之，则会受到他们的反感与排斥。因此，多样化社会思潮为了争夺话语权，均极力完善自身的思想理论体系，关注现实问题与现实矛盾，充分利用各种现代传媒，在内容与形式上力求与大学生的生活实际相贴近，想方设法地拉近与大学生的情感距离，积极介入与大学生日常学习及生活密切关联，受到他们普遍关注的社会热点问题的讨论，并尽可能迎合大学生的经济利益、政治诉求、精神追求、心理特征、价值判断、行为方式，对这些社会热点问题进行刻意阐释与精心设计；采取"同于己者为是之，异于己者为非之"①的手法，排斥与己不同的思想理论，论证自身的公正性、合法性、优越性、"正宗性"；尽可能使自己的"声音"最大、最响、最频繁、最动听，极力争取高校思想文化阵地的主导权与支配权，极力扩大自身的群众基础，极力增强自身在大学生中的认同度与影响力。

2. 多样化社会思潮同主流意识形态之间激烈争夺话语权

相对于西方发达国家，我国在话语权之争中仍明显处于下风，缺乏在世界上广为流传的新话语，中国学术话语的世界认同度明显偏低，世界影响力明显偏弱，甚至有些人盲从、照搬西方学术话语；"中国议题"往往不是由中国媒体而是由西方媒体所设置，"中国信息"往往不是

---

①　《庄子·寓言》。

由中国媒体而是由西方媒体所输送，"中国形象"往往不是由中国媒体而是由西方媒体所塑造，"中国故事"往往不是由中国媒体而是由西方媒体所讲述；我国学术话语在国际上的声音还比较小，还处于一种有理说不出、说了传不开的境地。

我国在中西话语权之争中明显处于下风，既有外部原因，也有内在原因。从外部来看，改革开放以来，中国特色社会主义事业的巨大成就、中国综合国力的不断增强、中国国际地位的不断提升、"中国模式"魅力的不断彰显，令世人瞩目，但也遭到一些西方反华人士的嫉恨，他们从未放弃意识形态之争，东欧剧变使他们欣喜若狂、弹冠相庆于"反马"、"反共"的胜利，但社会主义中国的强力崛起给了他们当头一棒，使他们倍感忧虑、郁闷、担心、害怕。为了防止马克思主义"幽灵"游荡、社会主义"洪水猛兽"泛滥，他们对社会主义中国展开政治、经济、文化、军事等方面的全方位"围堵"，其中话语权"围堵"贯穿于各方面、全过程。他们双管齐下，不断加大对我国的话语渗透力度，不断增强对我国的话语影响力；利用固有的话语优势，推行话语霸权，处心积虑地集体性挤压中国话语在国际话语体系中的生存发展空间。从内部来看，我国有些人对话语权之争的重大意义认识不足、对话语权之争的必要性和重要性认识不清、对话语权之争的激烈性认识模糊、对西方的话语渗透与话语挤压丧失警惕，在中西话语权之争中缺乏主动性甚至消极退让；有少数人存有"媚外"心理，偏听西方媒体、偏信西方话语，甚至与西方势力内外勾结，甘当西方话语渗透的"代理人"、"马前卒"；有些人虽然重视话语权之争，但对话语体系建设规律认识不透、对信息传输机理认识不深、对网络等新型传媒重视不够、对信息受众的需求和心理了解不多，从而导致中国话语表达的清晰度、成熟度、吸引力相对欠缺。

我国在中西话语权之争中明显处于下风，为多样化社会思潮同主流意识形态之间激烈争夺话语权提供了可乘之机。为了克服同主流意识形态之间话语权争夺过程中的先天性"营养不良"与后天性不利条件，多样化社会思潮或相互间借鉴吸收、取长补短、弥补遮掩，以不断完善自身的内容与形式、理论与实践；或相互间"搁置争议"、"求同存异"、"握手言和"，逐渐趋于一致。

(五) 流变方向的不确定性

多样化社会思潮流变方向的不确定性包括社会思潮性质演变的不确定性及其受众思想意识的可转化性。

社会思潮性质演变的不确定性是指一些社会思潮摇摆于主流意识形态与反主流意识形态之间，有时向主流意识形态靠拢，有时向反主流意识形态靠拢。除少数反主流意识形态外，大多数社会思潮往往是进步因素与落后因素、健康因素与腐朽因素、积极因素与消极因素并存，只要我们能承认与尊重各阶级阶层、社会集团在思想意识、心理特征、价值观念等方面客观存在的差异性，充分重视各阶级阶层、社会集团所发出的呼声，积极解决各种社会不公问题，切实满足各阶级阶层、社会集团的合理利益诉求，正确认识与利用社会思潮的生成演变与传控规律，树立多样共生的意识与海纳百川的胸怀，运用科学的引领方法，切实增强主流意识形态的包容度与引领力，大多数社会思潮会逐步张扬自身进步的、健康的、积极的因素，改造、消除自身落后的、腐朽的、消极的因素，逐步向主流意识形态亲近、靠拢；反之，如果我们无视各阶级阶层、利益集团的利益诉求，违背社会思潮的生成、演变、传播规律，在意识形态领域搞"至尊至纯"、"自我封闭"、"孤芳自赏"、"整齐划一"、"步调一致"，甚至动不动就"打棍子"、"扣帽子"，则一些社会思潮会随着不满、怨恨情绪的积聚，与主流意识形态渐行渐远，反主流因素会逐步增强。

受众既可能过去接受认可主流意识形态而现在放弃了它，也可能过去排斥拒绝主流意识形态而现在接受认可了它；既可能过去拒绝排斥某一社会思潮而现在接受认可了它，也可能过去接受认可某一社会思潮而现在放弃了它；既可能过去、现在接受认可主流意识形态而将来放弃了它，也可能过去、现在拒绝排斥主流意识形态而将来接受认可了它；既可能过去现在拒绝排斥某一社会思潮而将来接受认可了它，也可能过去、现在接受认可某一社会思潮而将来放弃了它；既可能接受认可这一社会思潮，也可能接受认可另一社会思潮；既可能放弃主流意识形态而接受某一社会思潮，也可能放弃某一社会思潮而接受主流意识形态。大学生的思想意识具有可转化性，世界观、人生观、价值观正在形成又尚未完全定型，其思想意识具有较强的可塑性。只要我们充分尊重大学生的身心发展规律与思想意识形成发展转化规律，切实解决他们学习、生活中面临的实际问题，切实满足他们的合理利益诉求，及时回应他们发出的呼声，高度重视高校主流意识形态建设与大学生思想政治教育，始终坚持用马克思主义说服、教育、掌握、引领他们，绝大多数大学生会逐步向马克思主义靠拢；反之，如果我们不重视高校主流意识形态建设与大学生思想政治教育，不尊重大学生的身心发展规律与思想意识形成发展转化规律，无视大学生的利益诉求与呼声，则他们在受冷落、失望、不满乃至愤怒、怨恨等情绪情感的支配下，较易受到反主流社会意识形态的影响。

第四章　多样化社会思潮对大学生思想行为的影响

　　马克思主义认为，虽然社会存在决定社会意识，但社会意识对社会存在具有能动的反作用，科学的、先进的社会意识会对人类社会的发展产生积极的促进作用，错误的、落后的社会意识则会对人类社会的发展产生消极的阻碍作用。社会思潮作为一种社会意识，对人类社会的发展和大学生的思想行为也具有能动性，只不过由于社会思潮的性质较为复杂，有些社会思潮是科学的、进步的，有些社会思潮是错误的、落后的，有些社会思潮是科学的、进步的因素与错误的、落后的因素并存，因此它们对人类社会的发展与大学生思想行为所产生的影响也较为复杂，有些社会思潮主要产生了积极影响，有些社会思潮主要产生了消极影响，有些社会思潮既产生了积极影响又产生了消极影响，有些社会思潮所产生的影响在性质上一时难以辨明。

　　客观把握多样化社会思潮对大学生思想行为的影响现状，是深刻认识当前我国高校校园多样化社会思潮的影响机理、影响态势与发生影响的原因，积极探寻引领当前我国高校校园多样化社会思潮的有效路径的必要前提与必然要求。为此，我们采取了深度访谈、问卷调查等具体方法，遵循先期访谈—问卷调查—信息统计—实证分析的探索性研究路径，精心选取了不同类型、不同区域、不同层次的在校大学生作为代表性样本，就多样化社会思潮对大学生思想行为的影响，展开了现状调研。

社会思潮的种类与价值取向多种多样，影响极其复杂，如何客观把握其影响的量与质，增强实证研究的信度和效度，是本课题研究的一大难点。为了克服这一难点，课题组以正在我国高校校园流行的、受到当代大学生普遍关注的十大社会思潮(新自由主义、民族主义、消费主义、道德相对主义、生态主义、民主社会主义、宪政主义、公共知识分子思潮、历史虚无主义、普世价值论)为重点，以当代大学生对这十大思潮的基本观点的了解情况作为判断的基准点，尝试性地把握它们影响的广度；以当代大学生对这十大思潮的基本价值取向与理论体系、理论实质的认知认同情况和行为意向，作为判断的基准点，尝试性地把握它们影响的深度。

本次调研充分发挥了课题组成员校际联合的优势，积极依托课题组成员所在单位，向北京市、浙江省、湖北省、安徽省相关高校在校大学生，共发放问卷12000份，回收有效问卷11347份，回收率为94.6%，时间为2017年全年。

一、当前我国高校校园社会思潮的主要种类

2010年至2014年，人民论坛问卷调查中心通过邮件、电话等方式对专家进行调查与意见征集，通过网络文献资料收集与统计、了解各类社会思潮在学界和网络空间的活跃程度，在人民论坛网、人民网、网易等网站推出调查问卷，了解网友对各种社会思潮的关注程度，从关注度(学界及公众对某社会思潮的关注程度)、活跃度(社会思潮参与讨论交锋的活跃程度)、影响力(社会思潮核心观点对舆论与政策的影响程度)三个指标，连续5年每年年终评选出最受关注的国内外十大社会思潮，2010年为新自由主义、民族主义、社会民主主义、文化保守主义、道德相对主义、新左派、历史虚无主义、功利主义、大国心态、伪科学；2011年为普世价值论、新自由主义、创新马克思主义、道德相对主义、社会民主主义、文化保守主义、新国家干预主义、民族主义、民粹主

义、公平正义论；2012 年为民族主义、创新马克思主义、新自由主义、拜物主义、普世价值论、极端主义、新儒家、民粹主义、道德相对主义、社会民主主义；2013 年为新自由主义、历史虚无主义、民族主义、创新马克思主义、普世价值论、宪政思潮、民粹主义、新左派、新儒家、伪科学；2014 年为新自由主义、民族主义、新左派、民粹主义、普世价值论、生态主义、历史虚无主义、极端主义、新儒家、宪政思潮。2015 年，人民论坛问卷调查中心在 2010—2014 五年社会思潮调查评选的基础上，进一步完善了"社会思潮动态监测指数"，采用关注度、活跃度与影响力三个主要指标监测评价 2015 年度社会思潮的变化，通过征集专家学者意见，对中国知网、百度等搜索引擎进行关键词搜索，在人民论坛网、人民网等网站推出调查问卷，评选出的十大社会思潮依序为民族主义、历史虚无主义、新自由主义、民粹主义、新左派、普世价值论、新儒家、生态主义、极端主义、道德相对主义。

通过上述材料可以看出：虽然每年最受关注的国内外十大社会思潮会有所变化，但其中也有一些规律可循，如新自由主义、民族主义两大社会思潮始终最受关注，连续 6 年入选；普世价值论、民粹主义两大社会思潮自 2011 年开始逐步活跃起来，连续 5 年入选；新儒家思潮自 2012 年开始逐步活跃起来，连续 4 年入选；宪政思潮自 2013 年开始逐步活跃起来，连续 2 年入选，2015 年受到批判后有所收敛；社会民主主义思潮 2013 年前较受关注，2013 年后则未能入选；道德相对主义思潮 2013 年前较受关注，经过 2013—2014 年两年的沉寂后，2015 年重新抬头；新左派、历史虚无主义两种思潮在 2010 年较受关注，经过 2011—2012 年的两年相对低潮期，自 2013 年以来的三年间始终较为活跃。当代中国社会思潮之所以呈现出这种动向，既和国内外环境的变化有关，也和其自身的发展演变有关。但新自由主义、民族主义、普世价值论、民粹主义、新儒家、新左派、历史虚无主义、宪政思潮等近年来活跃的社会思潮，无疑是需要我们重点关注的。

课题组在吸收人民论坛网调研成果的基础上，主要采取典型访谈

（通过邮件、电话、面谈等形式，对高校研究社会思潮问题的专家学者进行访谈，提炼与筛选出 20 个备选社会思潮）、问卷调查（面向不同地区、不同类型的大学生）、统计与分析（包括调查问卷与网络文献资料的统计分析）等环节，从关注度（大学生对某社会思潮的关注程度）、活跃度（社会思潮参与高校校园讨论交锋的活跃程度）、影响力（社会思潮核心观点对高校校园舆论的影响程度）三个指标，从 20 个备选社会思潮中，选出 2017 年最受我国大学生关注的十大社会思潮：新自由主义、民族主义、消费主义、道德相对主义、生态主义、民主社会主义、宪政主义、公共知识分子思潮、历史虚无主义、普世价值论。

（一）新自由主义

新自由主义是近年来在世界范围内影响很大的社会思潮，也是近年来在我国最为活跃、影响最大的社会思潮之一。人民论坛问卷调查中心的调查结果显示，2010—2015 年，新自由主义连续 6 年入选最受我国民众普遍关注的十大社会思潮之一，其中 2010 年、2013 年、2014 年更是位居最受我国民众普遍关注的十大社会思潮之首。

新自由主义发端于西方，由古典自由主义、现代自由主义嬗变而来。17—18 世纪，由于工业革命的发生与资本主义制度的建立，古典自由主义逐渐形成，其代表人物有亚当·斯密、詹姆斯·麦迪逊、托马斯·杰斐逊等人，其中亚当·斯密在《国富论》一书中提出了"经济人"概念，认为社会利益以个人利益为基础，倡导自由竞争、反对政府干预、经济的发展应由市场这一"看不见的手"来引导等观点，奠定了古典自由主义的理论根基。古典自由主义最早提出言论自由、思想自由、信仰自由、自由市场等概念，重视个人利益与个人权利，认为政府不应干预经济。19 世纪末，随着资本主义的发展，童工、污染、城市人口、贫困等问题日益凸显。为了探索解决这些问题的方案，现代自由主义逐渐形成。现代自由主义又称新政自由主义、社会自由主义、左翼自由主义、革新自由主义或福利自由主义，其代表人物为霍布豪斯等。现代自由主义在经济上采取凯恩斯主义，认为政府应介入并干预经济与市场，强调公平重于效率，主张发展福利主义和社会规划。1927年，奥地利经济学家米瑟斯在《自由主义》一书中，强调资本主义与市场自由的普遍性、必要性和合理性，反对社会主义制度，奠定了新自由主义的理论基础，但由于凯恩斯主义的强大影响，米瑟斯的思想理论并没有为西方社会所重视。20世纪七八十年代，新自由主义代表人物哈耶克、弗里德曼等人，抓住了资本主义世界出现"滞涨"危机、凯恩斯主义陷入理论困境的时机，大力宣扬经济自由化、减少政府对市场的干预等观点，很快获得了垄断资产阶级的支持，新自由主义影响迅速扩大。"华盛顿共识"后，新自由主义更成为西方发达资本主义国家意识形态渗透的重要武器，逐步向全世界蔓延。

新自由主义的某些观点，如减少行政干预、节约行政经费、提高行政效率、坚持依法行政等观点，均有其合理之处，值得借鉴吸收，但新自由主义在经济上推行自由化、私有化和市场化，在政治上推行多党制、三权分立、宪政民主等西方资产阶级民主政治制度，在价值观上奉行"个人主义"，从根本上说是一种服务于垄断资产阶级利益的思想理论体系，我们必须对其保持高度警惕。实践证明，新自由主义思潮的实行给广大第三世界国家、世界社会主义事业带来了严重危害。以"华盛顿共识"为范本的"休克疗法"、翻版于新自由主义的新东欧经济学，经济上，使得阿根廷等拉美国家国有资产流失严重、失业率不断增长、贫困人口不断增加、财富大量外流、债台高筑，使得苏联、东欧等国经济大幅滑坡、通货膨胀严重、财政赤字增加，使得墨西哥、东南亚等国相继爆发金融危机；政治上，使得很多第三世界国家和苏联、东欧等国政局动荡、国家分裂、执政党更迭、"颜色革命"频发、犯罪猖獗、民众遭殃；思想上，将西方的自由、民主、人权美化，绝对化为"普世价值"，对社会主义加以丑化、对共产党加以妖魔化。2008年美国爆发的金融危机以及此后爆发的欧债危机，更是充分暴露了新自由主义的问题、弊端和实践困境。

改革开放后，新自由主义借我国实行对外开放之机，不断向我国渗透和蔓延，近年来更是利用关于改革开放的讨论，大做文章，如在政府与市场的关系上，将"使市场在资源配置中起决定性作用"刻意解读为"政府不应再干预市场"、"全面市场化"，在混合所有制的发展上，将"发展混合所有制经济"刻意解读为公有制应"彻底私有化"，等等，在我国民众特别是大学生中产生了很大影响。

（二）民族主义

对于民族主义这一概念，尚没有一个被普遍认可的解释，美国外交家和历史学家卡尔顿·海斯曾指出："对爱国主义、民族性和民族主义的属性和历史的完整且系统的研究，在任何语言中都不存在。"英国学者白芝皓也曾指出："如若不问何为民族主义，人皆以为自知，但要详究，却又不知。"对于民族主义的解读，可谓众说纷纭。有学者将民族主义解读为一种个人对民族国家高度忠诚的思想情感，有学者将民族主义解读为一种重要的政治原则即民族自治政府是政府的唯一合法形式，也有学者将民族主义解读为一种维护民族利益的意识形态运动。综合已有观点，可将民族主义的基本内涵界定为：一个民族以民族统一、民族独立、民族强大为主要内容的共同的思想情感、理想目标、价值取向与实践活动。

关于民族主义思潮的生成演变，有学者认为，民族主义作为学术概念，是 1409 年在德国莱比锡大学召开的"波西米亚和波西米亚民族的宗教和经院哲学"辩论会上最早提出的；也有学者认为，民族主义发端于 18 世纪的欧美，以波兰被瓜分、美国独立战争、法国大革命为主要标志；现代西方学者普遍认为，"民族主义"一词是法国传教士奥古斯丁·巴洛于 1789 年最早提出的。民族主义思潮在思想内容上经历了弘扬民族文化传统、呼唤民族意识觉醒、追求民族独立与解放三个阶段，在实践方式上经历了美法革命、一战前后的帝国主义战争与弱小民族的民族解放运动、20 世纪中叶的大国沙文主义与地方民族主义、冷战后的霸权主义与反霸权主义等阶段。

民族主义的基本主张主要有：民族高于国家，每一个民族都有自己的独特性，都应当独立自主或充分自治，每个民族的权利、自由、安全都应得到尊重和保护等。民族主义的种类多种多样，有经济民族主义、政治民族主义、文化民族主义、宗教民族主义、极端民族主义等。民族主义是一把双刃剑，有时它是一种"强力胶"，有利于弘扬爱国主义精神，增强爱国主义情感、民族认同感和凝聚力；有时它又是一种"毒品"，会使一个民族陷入一种偏执性的狂热，易于诱发多民族国家的民族分裂主义和民族分离主义，破坏社会的安定和谐。

我国有着深厚而悠久的民族主义传统，早在春秋时期就产生了"内夏外夷"、"非我族类，其心必异"等观念。在面临着亡国亡种的近代，民族主义更是成为中华儿女救亡图存的重要思想武器和精神支撑。改革开放以来，由于利益关系的冲突与调整、社会结构的分化与重组、发展的不充分与不平衡引发的社会矛盾与社会问题日益尖锐与凸显、西方敌对势力加紧对我国实施"西化""分化"图谋等原因，民族主义思潮在我国日渐兴盛。

当代中国民族主义思潮的基本特征有：一是非理性，表现为唯我独尊、盲目自大，排斥、敌视、仇视西方势力，认为"21 世纪将是一个属于中国人的世纪"，"世界上的一切和平进步，无一不得惠于中国的功德"，呼吁中国人"记住仇恨""抵制外国货"，主张中国在经济上"光荣孤立"；二是暴力化，表现为暴力化的方式、手段与语言，如反日游行中的打砸抢现象，网络论坛上的暴力语言，"焚烧好莱坞""准备打仗"等激进口号；三是空洞性，表现为只有爱国情绪的尽情宣泄而无具体、稳定、系统的价值体系与行为规范；四是投机性，表现为言行不一、哗众取宠、左右逢源等。

人民论坛问卷调查中心的调查结果显示，2010 年至 2015 年，民族主义连续六年入选我国民众普遍关注的十大社会思潮之列，其中 2012年、2015 年更是位居最受我国民众普遍关注的十大社会思潮之首，

2010 年、2014 年则位居第二位，在我国民众中的影响力持续增强，在情绪情感丰富、敏感易冲动的大学生群体中影响更大。

（三）消费主义

消费主义是发端于西方发达资本主义国家的一种社会思潮，最早兴起于 19 世纪末 20 世纪初的美国。"二战"后，消费主义思潮更是泛滥于西方社会。生产商为了扩大市场、推销商品、赚取利润，渴望人们多消费、快消费、早消费；政府部门为了解决生产相对过剩与消费不足的矛盾、刺激经济的发展，不断出台各项鼓励与刺激消费的政策；一些民众也开始把无休止、无节制的消费当做一种生活习惯，在纸醉金迷、醉生梦死中追求人生的"幸福"与"快乐"。在经济全球化时代，消费主义成为西方发达资本主义国家推销个人主义、享乐主义、利己主义的意识形态渗透手段，正如一位美国人士所言："消费主义是到目前为止最强有力的意识形态——现在，地球上已经没有任何一个地方能够逃脱我们的良好生活愿望的魔法。"①

消费主义主张消费至上，把对物质财富与自然资源的无节制、无限度的贪婪占有作为价值取向与生活方式，把消费品是否为高档品牌、能否消费得起高档品牌产品、能否先人一步消费高档品牌产品当做是否有身份地位的重要象征，表现为奢侈消费、过度消费、超前消费、攀比消费、面子消费等具体形式。关于消费主义思潮，美国销售分析家维克特·勒博指出："我们庞大而多产的经济……要求使消费成为我们的生活方式，要求我们从中寻找我们的精神满足和自我满足……我们需要消费东西，用前所未有的速度烧掉、穿坏、更换或扔掉。"②

改革开放后，随着生产力的快速发展，经济的持续快速增长，人们

---

① 比尔·麦克基本著，孙晓春、马树林译：《自然的终结》，吉林人民出版社 2000 年版，第 14 页。

② [法]让·波德里亚著，刘成富、全志钢译：《消费社会》，南京大学出版社 2000 年版，第 70 页。

口袋里的钱越来越多，购买力与消费力越来越强，消费品越来越丰富，人们的消费观念与消费方式也随之悄然发生改变。消费主义思潮裹挟于各种商品、广告、大片、明星形象中，渗入我国，对我国民众产生着越来越强的影响。当代大学生没有体验过经济困难时期物资极端匮乏之痛苦，缺乏对"成由勤俭败由奢"的切身体会，喜欢赶潮流和要面子，更易受到消费主义思潮的影响。

(四)道德相对主义

道德准则与评判标准是绝对性与相对性的统一。一方面，不同民族、不同时代有着共同的道德准则与评判标准，道德准则与评判标准具有共同的、永恒的道德价值，是绝对的；另一方面，不同民族、不同时代的道德准则与评判标准又存有差异、对立与冲突，道德准则与评判标准又具有差异性、具体性和不确定性，是相对的。道德相对主义否定了道德准则与评判标准的绝对性，夸大了道德准则与评判标准的相对性，将价值取向、道德判断、道德选择主观化、个体化、私人化、情感化，主张人们的道德判断与道德选择有不受任何外界干预的绝对自由。

道德相对主义发端较早。古希腊时期，道德相对主义就已形成，如古希腊哲学家皮浪提出："绝不可能有任何合理的理由，使人去选择某一种行为途径而不选择另外的一种"，[1] 否认道德行为的差别性；我国早在先秦时期，就有了道德相对主义，如道家学派的代表人物庄子提出："自我观之，仁义之端，是非之涂，樊然殽乱，吾恶能知其辩"（《庄子·齐物论》）、"是亦彼也，彼亦是也，彼亦一是非，此亦一是非"（《庄子·齐物论》），否认道德评判与道德行为标准的客观性。在近现代，资产阶级为了打破基督教神学在意识形态领域中"一枝独秀"的局面，标榜、夸大个体自由与价值多元，道德相对主义逐渐发展成为一种社会思潮。如英国哲学家霍布斯提出："一个人称之为公正，另一个

---

① ［英］罗素：《西方哲学史》上卷，商务印书馆1963年版，第279页。

人会称之为残酷";① 美国著名神学家 J. 弗莱彻提出:"没有现成的戒律可供依从,每个人都要依照自己对条件和后果的判断为自己做出道德决断",② 等等。他们的提法虽有所不同,但都主张道德判断没有一个客观的公认的标准,道德在本质上是个人的。

在社会主义市场经济条件下,我国的利益关系与利益格局、思想文化的发展日益多样化,人们的价值取向与道德追求也随之日益多样化,不同的道德准则、道德标准对不同的群体发生着程度不同的影响,人民论坛问卷调查中心的调查结果显示,2010 年、2011 年、2012 年、2015年,道德相对主义均入选我国民众普遍关注的十大社会思潮。

当代大学生的世界观、人生观、价值观、道德观正处于形成期,仍具有很强的可塑性,道德评判具有波动性与不稳定性,追求个性自由与解放,渴望独立与被认可,价值取向上具有个体性、多样性、实用性、功利性,是一个易于受到道德相对主义影响的群体。

(五) 生态主义

生态主义兴起于西方发达资本主义国家,它反对"人类中心主义",主张人与自然之间应该和谐相处、"生物圈"的所有物种一律平等,抽象地强调保护生态环境与人类整体利益。

20 世纪 60 年代末,西方发达资本主义国家陷入了一场新的危机,不仅经济衰退、通货膨胀、社会矛盾尖锐,而且诸如大气污染、水污染、物种灭绝、温室效应等生态问题也日益严重,生态环境日益恶化。面对新的危机,人们开始反思:人类与自然界之间究竟是一种什么样的关系?人类是否可以无限度地开发自然资源?人类在满足自身需求时是否要考虑环境的承载能力?如何全面认识现代科技的发展?等等。对于

---

① [英]霍布斯著,何兆武、李约瑟译:《利维坦》,商务印书馆 1985 年版,第 27 页。

② 转引自陈瑛、廖申白:《现代伦理学》,重庆出版社 1990 年版,第 288 页。

这些问题的深入思考，直接促成了生态主义思潮的形成。

　　生态主义思潮在西方社会的演变大致经历了三个阶段：20世纪60—70年代，为崛起阶段。伴随着对工业主义后果的批判性反思，生态主义者如雷切尔·卡逊等人的关注重点是环境资源问题。20世纪70年代初至80年代末，为蓬勃发展阶段。伴随着对现代科技发展后果的批判性反思，生态主义者如阿伦·奈斯等人的关注重点是现代科技的运用问题。20世纪90年代后，为全面发展阶段。伴随着对资本主义发展后果的全面性、批判性反思，生态主义者如安德鲁·杜伯森等人不仅关注环境、科技问题，而且关注政治与文化问题。

　　我们既要认识到，生态主义思潮中含有一些积极的、进步的、合理的因素，值得我们借鉴与吸收；又要认识到，就社会制度的层面而言，资本主义制度本质上是一种以资本剥削、掠夺、扩张为基本特征的社会制度，是反生态性的。西方发达资本主义国家才是人类环境恶化与生态危机的罪魁祸首。

　　值得警惕的是，西方发达资本主义国家正以"生态"为话语，试图抢占人类生态文明的制高点、道义权、话语权，利用人们对于生态问题的普遍关注，将生态主义思潮作为对外势力扩张与意识形态渗透的重要工具。它们在生态问题上搞双重标准，闭口不谈自身对人类生态安全的危害，百般推卸自身本应承担的维护人类生态安全的主要责任，极力推卸生态破坏的历史与现实责任，不承认发达国家应为其在工业化进程中累积造成的环境污染"买单"，反而要求发展中国家承担起维护人类生态安全的主要责任，单方面、片面性、不公正地要求发展中国家制定更大力度的减排目标；它们打着"生态"的旗号行敛财之实，仅以碳关税为例，欧盟、美国为了摆脱金融危机的困境，实行生态名义下的贸易保护主义，提出了对高能耗产品进口征收二氧化碳排放特别关税，制造"绿色壁垒"，实施"绿色关税""绿色市场准入""绿色反补贴"等"劫贫救富"措施，使得发展中国家为此承受了严重的经济损失；它们将生态问题政治化，刻意夸大发展中国家的环境污染与生态危机，利用生态问题攻击他国的社会制度与执政党，干涉他国内政，动摇他国民众的自信心，在他国制造动乱与动荡；它们将生态问题意识形态化，以"生态"的名义塑造所谓的"全球共识"，利用生态问题包装与推销自由、民主、平等、博爱、人权等西方资产阶级价值观，鼓吹超阶级、超国家、超民族、超时代、超社会制度的"全人类利益高于一切"，甚至牵强附会地把雾霾与社会主义制度联系起来，对社会主义国家进行攻击。

改革开放以来，我国经济的快速发展，既造福了广大人民群众，也带来了诸如雾霾、沙尘暴、水污染、食品安全等生态问题，"'70年代淘米洗菜，90年代水质变坏，到了现在鱼虾绝代'这个顺口溜是人们对几十年来水污染的直观感受，也从侧面形象地反映了我国环境恶化的过程"，[①] 我国环境"总体恶化的趋势尚未根本遏制，环境矛盾凸显，压力持续加大，形式十分严峻。……目前，我国70%左右的城市空气质量达不到新的环境空气质量标准，雾霾天气频繁发生。京津冀、长三角、珠三角等区域空气污染严重，一些城市灰霾天数达100天以上，个别城市甚至超过200天。全国酸雨污染仍然较重，酸雨区面积约占国土面积的12.2%。此外，有的地方还出现了光化学烟雾污染。……我国目前70%的江河湖泊被污染，75%的湖泊出现不同程度的富营养化，90%流经城市的河段受到严重污染。一些地区的地下水已经恶化，国土资源部2012年公报显示，全国198个地市级行政区4929个监测点，近六成地下水为'差'，其中16.8%的监测点水质呈现差级。在一些主要城市及近郊地区地下水中，已监测出有毒微量有机污染指标"。[②] 由于任何人都无法置身于生态问题之外，加之西方发达资本主义国家的刻意推销，生态主义思潮近年来逐渐引起我国民众的普遍关注，人民论坛问卷调查中心的调查结果显示，生态主义入选2014年最受我国民众普遍关注的

---

① 中共中央宣传部理论局：《理性看 齐心办——理论热点面对面·2013》，学习出版社、人民出版社2013年版，第32页。

② 中共中央宣传部理论局：《理性看 齐心办——理论热点面对面·2013》，学习出版社、人民出版社2013年版，第32~33页。

十大社会思潮之一。主体意识、平等意识、自由意识、环保意识相对较强的大学生群体更是高度关注生态主义思潮。

（六）民主社会主义

民主社会主义本质上是一种资产阶级、小资产阶级的改良主义思潮，它反对马克思主义指导、共产党执政、无产阶级革命，鼓吹指导思想多元化，在抽象的民主、自由、人权、人道等理念原则的支配下，主张以多党制、三权分立、议会民主等资产阶级民主制为工具，通过渐进的、改良的、和平的方式，来解决资本主义社会的社会矛盾和社会问题。

与改良主义的斗争一直伴随着马克思主义的发展历程。马克思、恩格斯在创立马克思主义时，就与改良主义者划清了界限，1847年恩格斯在《共产主义原理》中用"资产阶级社会主义者"、"民主主义的社会主义者"，1948年马克思、恩格斯在《共产党宣言》中用"法国式的民主社会主义者"、"社会主义民主党"等概念，来称呼路易·勃朗、瑞士激进派等有别于"共产主义的党"的改良主义派别。列宁时代，为了同伯恩施坦、考茨基、鲍威尔等功利主义者划清界限，列宁决定恢复"共产党"的名称，他指出："我们应该像马克思和恩格斯那样称自己为共产党"、"'社会民主党'这个名称在科学上是不正确的"，[①]"既然这样的'社会民主党人'希望成为多数并建立一个正式的'国际'（＝在国际范围内为民族沙文主义辩护的联合会），那么，抛弃被他们玷污和败坏了的'社会民主党人'这个称号而恢复共产党人这个原先的马克思主义称号，不是更好吗"？[②]此后，共产党一直同党内外的各种改良主义者展开了坚决斗争。

1919年，在英国工党领袖麦克唐纳的组织下，第二国际在瑞士伯

---

① 《列宁选集》第3卷，人民出版社1995年版，第64页。
② 《列宁全集》第26卷，人民出版社2017年版，第97页。

尔尼恢复活动，并于 1923 年在德国汉堡成立了"社会主义工人国际"，同时开始使用以改良主义为主旨的"民主社会主义"来建立自己的思想体系，由此开始了民主社会主义同共产主义、科学社会主义长期对立的局面。1951 年，社会主义工人国际在法兰克福召开成立大会，第一次明确宣布把"民主社会主义"作为自己的政治纲领，并刻意凸显"民主"的社会主义与无产阶级"专政"的社会主义的区别，刻意突出自己反对马克思主义、共产党、无产阶级革命与无产阶级专政、社会主义国家的政治立场。此后，《奥斯陆声明》《利玛宣言》《斯德哥尔摩宣言》皆重申了"民主社会主义"的政治主张。后来资本主义国家产生的吉登斯的"第三条道路"、社会主义国家产生的直接导致东欧剧变的戈尔巴乔夫的"人道的民主的社会主义"，都是民主社会主义的变种。

由于我国工人阶级运动一直高举马克思主义旗帜，坚持中国共产党领导，以及毛泽东等领袖对资产阶级意识形态渗透的高度警惕，民主社会主义思潮基本上没有对我国产生过什么大的影响。改革开放后，由于人们的主体意识与民主意识大大增强，一些社会问题与社会矛盾日益凸显，东欧剧变后国际共产主义运动陷入低潮，一些人认为在我国传播民主社会主义思潮的土壤、气候、动力与内外部条件已经成熟，于是他们充当了西方敌对势力"和平演变"我国的"马前卒"与"主力军"，打着"马克思主义"与"社会主义"的旗号，行修正与歪曲马克思主义、反社会主义、否定中国共产党领导之实，故意混淆科学社会主义与民主社会主义、中国特色社会主义与修正主义的本质区别，公开喊出"民主社会主义才是马克思主义的正统"、"为了避免修正主义之嫌，我们称之为中国特色社会主义"、"只有民主社会主义才能救中国"等口号，具有很强的欺骗性与迷惑性。不仅如此，他们还借用"民主""自由""人权""人道""公正"等时髦话语，针对社会现实，迎合大学生心理，提出一些似是而非、迷惑性很强的思想理论与主张，迷惑了相当一部分主体意识较强、情绪情感丰富、关注社会现实、政治鉴别力不强的大学生。

（七）宪政主义

宪政是一个由西方资产阶级提出，具有西方政治文化背景和内涵的概念。15 世纪晚期，英国的封建贵族与大资产阶级相互妥协，确立了世界上最早的君主立宪政体。17 世纪后半期，英国学者约翰·洛克最早使用了"君主立宪"一词。法、美等国资产阶级民主共和国建立后，制定了奠定现代西方宪政概念的思想法律基础的 1789 年法国《人权宣言》与 1787 年《美国宪法》。此后，宪政的观点在西方逐渐深入人心，一些国家效仿法、美，建立了资产阶级民主共和国，民主共和的宪政逐渐取代了君主立宪的宪政而成为西方宪政的主流。

西方宪政旨在将资产阶级专政用宪法的形式确立下来，它以资产阶级私有制为基础，以多党制、议会民主、三权分立为基本内容，以资产阶级私有财产与个人权利神圣不可侵犯为价值取向，以抽象的自由、平等、人权为主要工具。关于西方宪政的实质，马克思曾经指出："宪法首先要确立的是资产阶级的统治。因此，宪法所说的结社权显然只是指容许那些能与资产阶级统治即与资产阶级制度相协调的社团存在。"① "这个虚伪的宪法中永远存在的矛盾足以说明，资产阶级口头上标榜自己是民主阶级，而实际上并不如此，它承认原则的正确性，但是从来不在实践中实现这种原则，法国真正的'宪法'不应当在我们所叙述的宪章中寻找，而应当在我们已经向读者简要地介绍过的以这个宪章为基础制定的组织法中寻找。这个宪法里包含了原则，——细节留待将来再说，而在这些细节里重新恢复了无耻的暴政！"②毛泽东也曾指出："像现在的英、法、美等国，所谓宪政，所谓民主政治，实际上都是吃人政治。"③

近代中国，为了实现民族独立、民富国强，康有为等封建主义改良

① 《马克思恩格斯选集》第 1 卷，人民出版社 1995 年版，第 423 页。
② 《马克思恩格斯全集》第 10 卷，人民出版社 1998 年版，第 692 页。
③ 《毛泽东选集》第 2 卷，人民出版社 1991 年版，第 736 页。

派、孙中山等资产阶级民主派先后借鉴与试行了西方宪政。封建主义改良派先后颁发了《钦定宪法大纲》《议院法要领》《选举法要领》《逐年筹备事宜清单》《宪法重大信条十九条》等宪法性文件，力推君主立宪宪政；资产阶级民主派则颁发了《国民政府建国大纲》，力推民主共和宪政。但由于当时的宪政理念脱离了广大民众的需求，缺乏广大民众的支持与参与，宪政派的两面性、软弱性和妥协性，慈禧等封建独裁势力与蒋介石等军事独裁势力对宪政的排斥、压制与打击，使得中国近代史上的"宪政"迷梦先后皆告破产。历史证明，西方宪政之路在中国走不通。

　　毛泽东主张对宪政问题要进行具体的、阶级的分析，反对抽象地谈论宪政，尤其是明确反对西方宪政，他指出："但是我们现在要的民主政治，是什么民主政治呢？是新民主主义的政治，是新民主主义的宪政。它不是旧的、过了时的、欧美式的、资产阶级专政的所谓民主政治；同时，也还不是苏联式的、无产阶级专政的民主政治"，①"中国的顽固派所说的宪政，就是外国的旧式的资产阶级的民主政治。他们口里说要这种宪政，并不是真正要这种宪政，而是借此欺骗人民。他们实际上要的是法西斯主义的一党专政。中国的民族资产阶级则确实想要这种宪政，想要在中国实行资产阶级的专政，但是他们是要不来的。因为中国人民不要这种东西，中国人民不欢迎资产阶级一个阶级来专政"。②毛泽东虽然也提出了"新民主主义的宪政"的概念，但他认为，"新民主主义的宪政"不是目的，而是实现"社会主义的民主"的手段，是在实行"社会主义的民主"的条件尚不成熟的新民主主义社会所采取的一种过渡手段，他指出："现在，我们中国需要的民主政治，既非旧式的民主，又还非社会主义的民主，而是合乎现在中国国情的新民主主义。目前准备实行的宪政，应该是新民主主义的宪政"，③"社会主义的民主怎么样呢？这自然是很好的，全世界将来都要实行社会主义的民主。但是

---

　　① 《毛泽东选集》第2卷，人民出版社1991年版，第732页。
　　② 《毛泽东选集》第2卷，人民出版社1991年版，第732页。
　　③ 《毛泽东选集》第2卷，人民出版社1991年版，第733页。

这种民主，在现在的中国，还行不通，因此我们也只得暂时不要它。到了将来，有了一定的条件之后，才能实行社会主义的民主"。① 由于毛泽东等中国共产党领导人对西方宪政的本质有着清醒的认识，所以此后很长一段时间内，宪政主义思潮在我国偃旗息鼓。

20 世纪 90 年代，为了配合西方敌对势力的"和平演变"，宪政主义思潮在我国又重新活跃起来。一些人或把宪政主义与普世价值论结合起来，强调西方宪政具有普世价值，中国的唯一出路就是西方宪政民主之路；一些人片面解读、故意歪曲毛泽东关于"宪政"问题的看法，试图借用革命领袖的名义推行西方宪政；有些人刻意混淆我国依法治国、依宪治国与西方宪政的本质区别，不怀好意地将党的十八届四中全会提出的依法治国、依宪治国解读成"中国特色社会主义宪政"，散布中国共产党实际上已在渐进推行西方宪政等论调。

由于一些宪政主义者的主观动机的确是为了落实依法治国方略、维护宪法权威，"宪政"这一概念又极其模糊和复杂，加之近年来依法治国、依宪治国的呼声日益高涨等原因，宪政主义思潮在我国的影响近几年有所增强，人民论坛问卷调查中心的调查结果显示，宪政主义自 2013 年开始逐步活跃起来，2013 年至 2014 年连续 2 年入选最受我国民众普遍关注的十大社会思潮之一。一些大学生或出于践行依法治国方略的责任感，或出于专业学习的需要，加之对"宪政"这一概念缺乏全面、准确的理解，因而较易受到宪政主义思潮的影响。

(八)公共知识分子思潮

公共知识分子思潮起源于西方。1894 年，法国一批著名知识分子为抗议陆军上尉犹太人德雷福斯受人诬陷而在报上刊登抗议书，被称为"知识分子"的宣言，被视为公共知识分子作为一支重要社会力量登上历史舞台的标志。此后，美国作家维廉·詹姆斯、德国社会学家马克

---

① 《毛泽东选集》第 2 卷，人民出版社 1991 年版，第 732～733 页。

斯·韦伯、德国哲学家卡尔·曼海姆等进一步阐述了知识分子的"独立性"、"超越性"、"公正性"。1987年，美国哲学家雅各比在《最后的知识分子》一书中最早提出"公共知识分子"这一概念，呼吁知识分子应勇于充当富有责任感的引路人，但他对"公共知识分子"概念的界定非常模糊。之后，法国哲学家利奥塔、布迪厄，美国学者萨义德等进一步论述了"公共知识分子"问题。

公共知识分子思潮主张知识分子应是一个超脱于阶级、阶层与个人利益的局限，具有独立性、公正性、中立性的群体。马克思主义认为，知识分子从来就不是一个独立的阶级，而是依附与服务于一定阶级的阶层，判断知识分子的性质主要是看它依附与服务于哪一个阶级。古今中外，所有的知识分子都有自己的阶级立场和政治倾向，超越于一定阶级、阶层之上的绝对中立、公正、客观的所谓"公共知识分子"是不存在的。在我国社会主义社会，知识分子是工人阶级的一部分。

改革开放后，由于党对知识分子政策的宽松、"尊重知识、尊重人才、尊重知识分子"的社会风气逐渐形成，一些知识分子出于对党和人民的深厚感情、出于自身的学术品格与社会良知、出于寻求社会公平正义的良好动机，为了党和人民的利益，在社会公共问题上不畏强权、坚持真理、不怕得罪人、敢于讲真话，铮铮铁骨，直面问题，他们无疑是值得尊敬的。但是，也有一些所谓的公共知识分子，把自己看成凌驾于广大人民群众之上的"精英"，视广大人民群众为"普遍失语的沉默羔羊"，认为"众人皆醉我独醒"，盗用"学术独立""学风独立""学人独立"的名义，强调"不卑不亢""不偏不倚"，鼓吹"价值中立"，淡化意识形态，宣扬资产阶级自由化与"全盘西化"，否定马克思主义在我国意识形态领域的指导地位，谁反对他们推行资产阶级自由化与"全盘西化"就给谁扣上"妨碍独立自由""专制独裁"的帽子，谁坚持马克思主义就给谁扣上"没有学术性""没有独立人格的御用文人"的帽子。他们在2002年召开的"公共知识分子与现代中国"、2003年召开的"媒体与公共知识分子"等研讨会上大肆炒作"公共知识分子"这一话题，借用2003

年的"孙志刚事件"、2004 年的"影响中国——公共知识分子 50 人"评选活动搞炒作、出风头，一些人一时间俨然成为万众瞩目的"明星"。但此后，一些公共知识分子间不断发生的骂战，严重毁损了公共知识分子在人民群众中的形象。

值得警惕的是，近年来一些公共知识分子利用自己的学术身份与影响力，针对改革开放中出现的一些社会不公现象，哗众取宠且不负责任地在大学生群体中发表一些反党、反社会主义、反马克思主义的言论，在崇尚个性自由独立、渴望社会公平正义的大学生群体中产生了不良影响。

(九) 历史虚无主义

历史虚无主义并不是要否定所有的历史，而是以历史唯心主义为理论基础，从特定的政治目的和主观臆想出发，以支流否定主流，以片面否定全面，以个别否定整体，以主观推理否定客观规律与客观事实，有选择、有重点地否定某一阶段或几个阶段的历史。

"虚无主义"来源于拉丁文，"虚无主义"一词为亚柯比于 1799 年首次使用，后经屠格涅夫传播而流传开来。伴随着西方资本主义的殖民侵略与势力扩张，历史虚无主义逐渐向世界各民族渗透、扩散。

20 世纪初，陈序经、胡适等人提出的历史虚无主义主张，由于当时民族危机的加重、民族主义的高涨，并没有产生多大影响。

改革开放后，一些人利用中国共产党对"文化大革命"的反思、国内思想文化环境的宽松与自由、西方敌对势力的"和平演变"、世界共产主义运动处于低潮之机，大肆宣扬历史虚无主义思潮。他们极力美化西方殖民历史，鼓吹西方殖民侵略有功论；主张"告别革命""社会改良"，补资本主义这一"必修课"，否定中国人民反帝反封建斗争的正义性、合法性与进步性，否定马克思主义指导、中国共产党领导、社会主义优越性与伟大成就，污蔑中国人民革命"造成社会生产大规模的破坏""只起破坏性作用"；人为抹杀"爱国"与"卖国"、"进步"与"落后"

的界限，故意混淆"爱国"与"卖国"、"进步"与"落后"的本质区别，借"重新评价"之名，为一些卖国贼、汉奸与反动人物翻案，对爱国人士、进步人士、领袖人物进行恶意攻击、任意诋毁、故意中伤，任何"坏人"都能被他们说成是"好人"，任何"好人"也都能被他们说成是"坏人"。这种历史虚无主义思潮，与苏联的"非斯大林化"、虚无苏联历史与苏共党史有着惊人的相似性。

历史虚无主义思潮对一些涉世未深、历史知识贫乏的大学生具有很强的欺骗性与迷惑性，易于导致大学生政治信仰的动摇与混乱、崇洋媚外不良心态的形成，甚至会引发大学生的群体性事件。

(十) 普世价值论

世上本没有什么永恒的、绝对的、"普世"的价值，各种具有差异性的价值观与文明均有其独特价值，彼此之间本应相互沟通、平等对话、取长补短，以便共同进步。但是，有些人为了用一种自以为优越、进步的价值观与文明取代其他人的价值观与文明，于是便炮制了普世价值论。普世价值论者的重点与根本目的并不在于讨论"世界上有没有普世性价值"，而在于美化、推销他们所认同的价值观，其基本手法是：抽取价值观的阶级性、具体性、历史性内容，通过一些抽象性、普遍性的形式，用民主、自由、平等、人权等人类的共同价值追求来论证普世价值的存在，论证只有资本主义市场经济才能保证民主、自由、平等、人权等价值观的实现，把资本主义价值观美化、绝对化并上升为"普世性"价值观，不认同乃至根本否定与之相左的社会主义价值追求，盗用普世价值的名义，在全世界推销资本主义价值观。

改革开放后，推销普世价值成了西方敌对势力对我国实施"和平演变"战略的重要手段和重要环节，其推行的基本路径是：极力论证普世价值的存在→西方的价值观与民主政治制度就是普世价值→我国所有成就的取得都是由于推行了普世价值，我国所有问题和弊端的产生都是由于违背了普世价值→我国必须推行普世价值，即西方的价值观。

当代中国普世价值论者很会根据形势与情境的变化将西方价值观进行适时的"变种"，先是用学术话语对之进行梳妆打扮，继而用大众话语对之进行传播，终而用政治话语对之"改头换面"、混淆视听、"挂羊头卖狗肉"。早在 2005 年，就有学者不遗余力地推销普世价值论。2008年，有人借四川汶川抗震救灾、北京奥运会举办之机，大肆推销普世价值论。党的十八大召开前夕，普世价值论者又再度活跃起来，他们给西方价值观披上"普世性"的外衣，并借机对社会主义核心价值观进行"偷梁换柱"，强调社会主义核心价值观中的"民主""自由""平等""公正""法治"实质上就是承认并纳入了"普世性"的西方价值观。

人民论坛问卷调查中心的调查结果显示，2011 年至 2015 年，普世价值论连续 5 年一直是我国民众普遍关注的十大社会思潮之一，其中2011 年更是位居最受我国民众普遍关注的十大社会思潮之首。个性鲜明、好奇心强、有强烈的价值诉求但又涉世未深、政治敏感性与政治鉴别力相对薄弱的大学生，较易为普世价值论的时髦而新颖的概念、话语、形式所迷惑。

二、多样化社会思潮对大学生思想行为影响的量化分析

多样化社会思潮对大学生思想行为影响的量化分析，是通过对实证调研获取的资料、信息与数据的收集、整理、统计分析，以把握多样化社会思潮对大学生思想行为影响的幅度、范围、广度、深度等量的方面的统计。多样化社会思潮对大学生思想行为影响的量的分析，具有精确性、严密性、可靠性、客观性，是多样化社会思潮对大学生思想行为影响的质的分析的必要前提。根据对相关"量"的分析，多样化社会思潮对大学生思想行为的影响呈现出如下特征：

（一）大部分大学生了解社会思潮与各种具体的社会思潮，但缺乏对社会思潮的深刻认知

对"你了解社会思潮吗"这一问题，有 205 人选择"非常了解"，占比为 1.8%，有 1986 人选择"了解"，占比为 17.5%，有 4823 人选择"较为了解"，占比为 42.5%，有 3566 人选择"不太了解"，占比为 31.4%，有 767 人选择"不了解"，占比为 6.8%。我们把"非常了解"、"了解"、"较为了解"均视为"有所了解"，选择这三项的学生共有 7014 人，占比为 61.8%，大部分大学生对社会思潮是"有所了解"的。

对新自由主义、民族主义、消费主义、道德相对主义、生态主义、民主社会主义、宪政主义、公共知识分子思潮、历史虚无主义、普世价值论等具体的社会思潮，大部分大学生均表示"有所了解"（详情见表 1）。但是对"你了解社会思潮的内涵吗"这一问题，尚无一名大学生选择"非常了解"，只有 463 人选择"了解"，占比仅为 4.1%，626 人选择了"较为了解"，占比仅为 5.5%，其余的大学生均选择了"不太了解"或"不了解"，总共只有 1089 人对"什么是社会思潮"表示"有所了解"，占比仅为 9.6%；对"你了解社会思潮主要包括哪些种类吗"这一问题，尚无一名大学生选择"非常了解"，只有 241 人选择"了解"，占比仅为 2.1%，326 人选择了"较为了解"，占比为 2.9%，其余的大学生均选择了"不太了解"或"不了解"，总共只有 567 人对"社会思潮的主要种类"表示"有所了解"，占比仅为 5%；对"你了解社会思潮有哪些基本特征吗"这一问题，尚无一名大学生选择"非常了解"，只有 105 人选择"了解"，占比仅为 0.9%，156 人选择"较为了解"，占比为 1.4%，其余的大学生均选择了"不太了解"或"不了解"，总共只有 261 人对"社会思潮的基本特征"表示"有所了解"，占比仅为 2.3%；对"你了解主流意识形态与社会思潮的区别吗"这一问题，尚无一名大学生选择"非常了解"，只有 86 人选择"了解"，占比仅为 0.8%，113 人选择了"较为了解"，占比为约 1%，其余大学生均选择了"不太了解"或"不了解"，总共只有

199 人对"主流意识形态与社会思潮的区别"表示"有所了解",占比仅为 1.8%。可见,当代大学生缺乏对社会思潮的深刻认知。

(二)广度大

为了准确把握多样化社会思潮对大学生思想行为影响的广度,课题组设计了如下调研表格,并统计出了相关数据(见表 1、表 2、表 3):

表 1　　　　　　　大学生对各种具体社会思潮的了解情况

社会思潮	非常了解、占比	了解、占比	较为了解、占比	不太了解、占比	不了解、占比
新自由主义	477 人、4.2%	2724 人、24.1%	3463 人、30.5%	3651 人、32.1%	3463 人、30.5%
民族主义	956 人、8.4%	3921 人、34.6%	3847 人、33.9%	1869 人、16.5%	754 人、6.6%
消费主义	466 人、4.1%	2153 人、18.9%	3425 人、30.2%	4125 人、36.4%	1178 人、10.4%
道德相对主义	415 人、3.7%	2009 人、17.7%	2876 人、25.3%	4355 人、38.4%	1692 人、14.9%
生态主义	525 人、4.6%	3424 人、30.2%	3223 人、28.4%	2158 人、19%	2017 人、17.8%
民主社会主义	572 人、5%	3125 人、27.5%	4126 人、36.4%	2653 人、23.4%	871 人、7.7%
宪政主义	426 人、3.7%	2096 人、18.5%	2185 人、19.3%	4623 人、40.7%	2017 人、17.8%
公共知识分子思潮	422 人、3.7%	1983 人、17.5%	2136 人、18.8%	4652 人、41%	2154 人、19%
历史虚无主义	436 人、3.8%	2156 人、19%	2985 人、26.3%	4126 人、36.4%	1644 人、14.5%
普世价值论	456 人、4.1%	2114 人、18.6%	2295 人、20.2%	4476 人、39.4%	2006 人、17.7%

表2   **大学生对各种具体的社会思潮的认知情况**

社会思潮	了解其主要观点、占比	了解其理论体系、占比	了解其理论实质、占比
新自由主义	6211人、54.7%	368人、3.2%	94人、0.82%
民族主义	7775人、68.5%	685人、6%	269人、2.4%
消费主义	8816人、77.7%	754人、6.6%	178人、1.6%
道德相对主义	5875人、51.8%	544人、4.8%	133人、1.2%
生态主义	9217人、81.2%	112人、0.98%	76人、0.67%
民主社会主义	6314人、55.6%	1185人、10.4%	225人、1.98%
宪政主义	4606人、40.6%	176人、1.6%	75人、0.66%
公共知识分子思潮	4597人、40.5%	268人、2.4%	37人、0.33%
历史虚无主义	5342人、47.1%	172人、1.5%	78人、0.68%
普世价值论	4766人、42%	213人、1.9%	82人、0.72%

表3   **大学生对社会思潮的总体认知情况**

上述十种社会思潮	了解某一思潮的主要观点、占比	了解某一思潮的理论体系、占比	了解某一思潮的理论实质、占比	根本不了解、占比
	9906人、87.3%	4674人、41.2%	1775人、10.4%	325人、2.9%

由表1可以看出，大学生对"民族主义"最为了解，比例高达76.9%；分别有68.9%、63.2%、58.8%、53.2%的大学生表示对"民主社会主义"、"生态主义"、"新自由主义"、"消费主义"有一定程度的了解，占比均达到了一半以上；分别有49.1%、46.7%、42.9%、41.5%、40%的大学生表示对"历史虚无主义"、"道德相对主义"、"普世价值论"、"宪政主义"、"公共知识分子思潮"有一定程度的了解，占比均达到了40%以上。可见，内容庞杂、形式多样、性质各异的多样化社会思潮，已对当代大学生的思想意识产生了较为普遍的影响。

由表2可以看出，大学生对"生态主义"的基本观点最为了解，比例高达 81.2%；分别有 77.7%、68.5%、55.6%、54.7%、51.8%的大学生表示了解"消费主义"、"民族主义"、"民主社会主义"、"新自由主义"、"道德相对主义"的基本观点，占比均达到了一半以上；分别有47.1%、42%、40.6%、40.5%的大学生表示了解"历史虚无主义"、"普世价值论"、"宪政主义"、"公共知识分子思潮"的基本观点，占比均达到了 40%以上。可见，多样化社会思潮的主要观点已在当代大学生中进行了较为普遍的传播。

由表 3 可以看出，87.3%的大学生表示了解某一具体的社会思潮的主要观点，41.2%的大学生表示了解某一具体的社会思潮的理论体系，可以说，几乎所有的大学生都对社会思潮有着或多或少的了解，多样化社会思潮已对大学生的思想行为产生了较为普遍的影响。

（三）深度浅

虽然大多数大学生均表示了解各种具体的社会思潮，但是实际上他们对它们并不是十分了解。由表 1 可以看出，对新自由主义、民族主义、消费主义、道德相对主义、生态主义、民主社会主义、宪政主义、公共知识分子思潮、历史虚无主义、普世价值论这十种社会思潮，表示"非常了解"的大学生的占比分别仅为：4.2%、8.4%、4.1%、3.7%、4.6%、5%、3.7%、3.7%、3.8%、4.1%，占比均在 10%以下，除对民族主义思潮表示"非常了解"的大学生的占比达到了 8.4%外，对其他九种思潮表示"非常了解"的大学生的占比均不超过 5%。可见，绝大多数大学生对各种具体的社会思潮并不是十分了解。

由表 2 可以看出，对新自由主义、民族主义、消费主义、道德相对主义、生态主义、民主社会主义、宪政主义、公共知识分子思潮、历史虚无主义、普世价值论这十种社会思潮，表示"了解其理论体系"和"了解其理论实质"的大学生的占比分别仅为：3.2%和0.82%、6%和2.4%、6.6%和1.6%、4.8%和1.2%、0.98%和0.67%、10.4%和1.98%、1.6%和0.66%、2.4%和0.33%、1.5%和0.68%、

1.9%和0.72%。可见，大多数大学生对各种具体的社会思潮的理论体系并不是十分了解，绝大多数大学生对各种具体的社会思潮的理论实质更是缺乏深刻的认识。正是由于当代大学生对社会思潮的理论实质缺乏深刻的认识，多样化社会思潮才能对当代大学生的思想行为产生较为普遍的影响。

由表3可以看出，表示了解某一具体的社会思潮的理论体系的大学生的占比为41.2%，表示了解某一具体的社会思潮的理论实质的大学生的占比为10.4%。可见，当代大学生对社会思潮的理论体系的认识相对缺乏，对它们的理论实质缺乏科学而清醒的认识，多样化社会思潮对大学生思想行为的影响整体上呈现出广度大但深度浅的特征。

为了进一步准确把握多样化社会思潮对大学生思想行为影响的深度，课题组还专门设计了表4：

表4　　　　大学生对各种具体的社会思潮的认同情况

社会思潮	非常赞同其观点，打算向别人推介及占比情况	较为赞同其观点，打算进一步了解及占比情况	不完全赞同其观点，不打算进一步了解及占比情况	不赞同其观点及占比情况
新自由主义	321人、2.8%	1899人、16.8%	5675人、50.8%	3362人、29.6%
民族主义	299人、2.6%	2679人、23.6%	5725人、50.5%	2644人、23.3%
消费主义	535人、4.7%	1054人、9.3%	6645人、58.6%	3113人、27.4%
道德相对主义	435人、3.8%	2133人、18.8%	6124人、54%	2655人、23.4%
生态主义	667人、5.9%	3877人、34.2%	4256人、37.5%	2547人、22.4%
民主社会主义	312人、2.7%	2032人、17.9%	5423人、47.8%	3580人、31.6%
宪政主义	592人、5.2%	1448人、12.8%	6142人、54.1%	3165人、27.9%
公共知识分子思潮	601人、5.3%	1531人、13.5%	5855人、51.6%	3360人、29.6%
历史虚无主义	322人、2.8%	1191人、10.5%	6726人、59.3%	3108人、27.4%
普世价值论	543人、4.8%	1516人、13.4%	5976人、52.6%	3312人、29.2%

由表4可以看出，对上述十种社会思潮，选择"非常赞同其观点，打算向别人推介"的大学生的占比均低于6%，其中生态主义、宪政主义、公共知识分子思潮的占比虽然相对较高，但也分别只有5.9%、5.2%、5.3%，其他七种社会思潮的占比均低于5%，新自由主义、民族主义、民主社会主义、历史虚无主义这四种社会思潮的占比均低于3%，分别为2.8%、2.6%、2.7%、2.8%。即使把选择前两个选项"非常赞同其观点，打算向别人推介"与"较为赞同其观点，打算进一步了解"的大学生的占比相加，新自由主义、消费主义、宪政主义、公共知识分子思潮、历史虚无主义、普世价值论这六种社会思潮的占比也均在20%以下，民族主义、道德相对主义、民主社会主义这三种社会思潮的占比也均在30%以下，生态主义的占比最高，为40.1%。这说明，当代大学生对多样化社会思潮的认同度总体偏低，多样化社会思潮对当代大学生思想行为影响的深度相对有限。

三、多样化社会思潮对大学生思想行为
影响的质性分析

多样化社会思潮对大学生思想行为影响的质性分析，是指以量化分析为基础与依据，运用归纳与演绎、分析与综合、抽象与概括等方法，以把握多样化社会思潮对大学生思想行为影响的性质、方向与发展趋势等质的定性。量化分析虽具有精确性、严密性、可靠性、客观性等优势，但对于思想政治教育领域来说，仅有量化分析是不够的，这是因为：思想政治教育的对象是具有丰富而独特的经历、经验、思想、思维、情绪、情感的活生生的人，而人的经历、经验、思想、思维、情绪、情感往往是难以量化的；思想政治教育是一个动态的实践过程，教育者与受教育者的思想形成发展转化也是一个动态的演变过程，仅仅用静态的量化分析是无法全面及准确地把握思想政治教育状况、教育者与受教育者的思想状况的；任何量化分析都无法完全摆脱一定的主观意愿

与价值判断的支配，都或多或少地带有一定的主观色彩和主观成分。因此，把握多样化社会思潮对大学生思想行为的影响现状，必须坚持量化分析与质性分析相结合的原则，在量化分析的基础上，从整体性、动态性上去把握相关质的规定性。

多样化社会思潮对大学生思想行为的影响在性质上是复杂的，表现为：积极影响与消极影响并存；影响具有差异性；现实影响较为有限，但潜在影响不容忽视。

(一) 积极影响与消极影响并存

多样化社会思潮既对大学生思想行为产生了积极影响，如有利于大学生开阔视野、活跃思维、理性思考、关注现实，增强了大学生的现代意识等，也对大学生的思想行为产生了不容忽视的消极影响，如使大学生政治信仰模糊、价值观扭曲、思想混乱、疏离主流意识形态、背离传统美德，容易引发大学生的不良社会心态和群体性事件等。

1. 积极影响

一些社会思潮主动向马克思主义主流意识形态靠拢，其中也含有一些积极合理的因素、进步的观点与"正能量"，对当代大学生的思想行为产生了积极影响。

（1）创新意识增强。多样化社会思潮从不同视角，运用不同方法，以一种不同于传统、正统与权威的思维方式，对社会现实进行批判与反思，对社会问题发表各种观点、看法，提出各种见解、主张。这些批判与反思、观点与见解，有很多是片面的、极端的、激进的，有些甚至是反动的、错误的、落后的，但其中也含有一些合理因素与值得借鉴之处。例如，新自由主义从根本上否定社会主义公有制、否定任何形式的国家干预，大力宣扬自由化、私有化、市场化，这无疑是错误的，但是它强调市场在资源配置中的决定性作用，主张减少政府干预、提高行政效率，倡导人的自由发展等思想，具有一定的合理性；又如，生态主义虽然是西方发达资本主义国家对外势力扩张与意识形态渗透的重要工具，但是它对人与自然关系的反思、对生态问题的重视、对生态保护的呼吁，无疑又是可取的；又如，民主社会主义奉行"多元论"与"实用主义"，强调价值中立与指导思想多元化，倡导"人道的、民主的社会主义""西欧共产主义""多党制"与"全民党"等思想，推崇西方"福利社会模式"，主张中国应该走资产阶级改良主义道路，这无疑是虚伪的、错误的，苏联亡党亡国的惨痛教训也证明民主社会主义之路在我国走不通，但是它主张改善人们的物质生活、提高人们的经济社会权利、扩大公民政治参与、完善社会保障与福利制度等思想，具有可借鉴之处；再如，宪政主义认为，西方宪政具有"普世价值"，主张我国应该照搬西方宪政，实行西方"多党制"与"三权分立"，这无疑是错误的，但是它强调宪法与法律的权威性，对于我们坚守法治思维与法治方式，加强社会主义法制建设，建设社会主义法治国家，全面深入推进依法治国、依法行政，则具有积极的促进作用。这些合理因素，在很大程度上，开阔了大学生的视野，活跃了大学生的思维，激发了大学生的灵感，丰富了大学生的思路，从而增强了大学生的创新意识。

在本次调研中，对"你认为创新意识重要吗"这一问题，有 11176 人选择了"重要"或"非常重要"，占比为 98.5%；对"你认为自己的创新思维能力如何"这一问题，有 1497 人选择了"很好"，占比为 13.2%，有 4221 人选择了"较好"，占比为 37.2%，有 4720 人选择了"还行"，占比为 41.6%，只有 909 人选择了"不行"，占比仅为 8%；对"你了解创新素质吗"这一问题，有 10862 人选择了"了解"或"非常了解"，占比为 95.7%；对"你是否参加过创新活动"这一问题，有 9755 人选择了"是"，占比为近 86%；对"你是否曾把自己的灵感运用于实践"这一问题，有 8762 人选择"是"，占比为 77.2%。可见，当代大学生有着较强的创新意识，这主要是由于新时代我国高等教育更加重视学生创新意识与创新能力的培养，但与多样化社会思潮的影响也有一定关系。

（2）主体意识增强。社会思潮是大学生了解社会的窗口。虽然多样化社会思潮的性质、内容、立场、观点等各不相同，但是它们为了争取更多大学生受众、扩大自身影响力，都注重"针砭时弊"，从社会现实出发，关注现实问题与大学生的现实需求。有的社会思潮关注人类所普遍关注的现实问题，如和平与发展问题、环境污染问题、粮食安全问题、人权问题、全球化问题、反恐问题等；有的社会思潮关注国内民众所普遍关注的现实问题，如公平正义问题、贫富差距问题、腐败问题、住房问题、医疗问题、教育问题、食品安全问题、社会保障问题、道德冷漠问题等；有的社会思潮关注当代大学生成长成才过程中所遇到的各种现实问题，如大学生的心理健康、学习生活、毕业就业、爱情婚恋、社会适应等问题，并就这些问题积极主动地为大学生"建言献策""释疑解惑"，从而引起了大学生的浓厚兴趣，于是他们纷纷围观，并逐渐参与到讨论中来；生态主义高举"生物圈平等主义"的大旗，倡导文化多元论，主张建立绿色和谐关系，实现绿色和谐发展，非常适合青年大学生的"胃口"。在多样化社会思潮的影响下，当代大学生不再"两耳不闻窗外事，一心只读圣贤书"，而是"家事、国事、天下事，事事关心"，开始关注并理性思考经济、政治、文化、环境等一系列社会现实问题，就这些问题向老师发问请教、与同学讨论，通过各种社团组织积极开展社会实践活动，并将思考结果通过微信、微博等自媒体发布出来，与大家分享，从而大大增强了他们的主体意识。

此次调研中，对"我国目前最应该解决的问题是什么"这一问题(不定项选择)，有6872人选择了"生态问题"，占比为60.6%，有3726人选择了"腐败问题"，占比为32.8%，有3540人选择了"贫富差距"，占比为31.2%，有3109人选择了"道德失范"，占比为27.4%，有972人选择"其他"，占比为8.6%；对"过去一年中哪些新闻事件给你印象最深"(按优先顺序选3项)，有10382人选择了"党的十九大胜利召开"，占比为91.5%，有10215人选择了"厦门举办金砖国家领导人第九次会晤"，占比为90%，有9217人选择了"庆祝中国人民解放军建军90周年阅兵"，占比为81.2%。当代大学生不仅最为关注"党的十九大胜利召开",而且通过各种形式就牢固树立并切实贯彻"创新、协调、绿色、开放、共享"五大发展理念发表自己的看法。这说明,当代大学生的主体意识明显增强,他们不仅普遍关注国内外重大现实问题,而且能够主动思考、积极探寻解决这些问题的有效途径。

(3)独立意识增强。当代中国高校校园多样化社会思潮种类繁多,按其涉及领域来分,有经济思潮、政治思潮、文化思潮等;按其涉及学科来分,有经济学思潮、政治学思潮、法学思潮、社会学思潮、历史学思潮等。这些思潮的思想来源、生成演变、主要观点、理论体系、理论实质、社会影响、发展趋势皆不尽相同。通过各种渠道与途径扑面而来的泥沙俱下、良莠不齐的多样化社会思潮,既给当代大学生提供了接触、认识、评判各种思想观点的机会,也使得他们一时间眼花缭乱、不知所措。面对多样化社会思潮,当代大学生往往会根据自己的成长经历、利益需求,对它们的对与错、是与非、善与恶、合理与不合理、科学与非科学、进步与落后、积极与消极等,进行独立的评判与思考,并在此基础上,有选择地对它们加以认知、鉴别、取舍、扬弃,使它们"为我所用",从而增强了他们的独立意识与分析问题、解决问题的能力。

在本次调研中,对"道德评判的标准是什么"这一问题,有9542人选择了"自己的内心感受",占比为84.1%,有931人选择了"其他",占比为8.2%,有817人选择了"大多数人的看法",占比为7.2%,只有57人选择了"权威人士的说法",占比仅为0.5%。这说明,当代大学生已不再盲目崇拜权威,道德判断与价值判断具有较强的主观色彩和独立性,一种社会思潮只有符合他们的"胃口"与利益需求,才可能为他们所认同与接受。对"成功主要靠什么"这一问题,有4675人选择了"自身素质与努力",占比为41.2%,有2780人选择了"社会需求",占比为24.5%,有2212人选择了"贵人相助",占比为19.5%,有1680人选择了"机遇",占比为14.8%。这说明,当代大学生的独立意识明显增强,他们注重自我设计,重视自身素质的提升。采访中,52.1%的家长与65.7%的教师皆认为，"当代大学生的独立意识比过去有所增强"。

(4)民族意识增强。在经济全球化与互联网时代，西方发达资本主义国家利用经济、科技、资金、人才等方面的先发优势，加紧对广大发展中国家进行资本输出、政治扩张与意识形态渗透。苏联解体、东欧剧变后，社会主义中国更是成为西方发达资本主义国家输出、扩张与渗透的重点对象，它们不仅对我国的内政、外交、人权、主权等横加干涉、无端指责，大肆宣扬"中国威胁论""中国崩溃论"，而且极力支持"台独"等民族分裂主义分子，极尽丑化、分化、妖魔化、同化中国之能事。一些社会思潮则成为了西方发达资本主义国家丑化、分化、妖魔化、同化中国的重要工具与手段。如，新自由主义大力宣扬资本主义市场经济与私有制的优越性，攻击中国特色社会主义市场经济是"假市场"，鼓吹"私有化"；民主社会主义美化欧美社会，诟病我国的人权状况与社会现实，鼓吹指导思想"多元化"，试图推动改革开放向资本主义方向演变；普世价值论宣扬西方资本主义的民主政治制度模式与价值观具有普世的、永恒的价值，等等。西方发达资本主义国家的所作所为，引起了当代大学生的强烈愤慨与不满，他们的民族意识被唤醒，爱国热情空前高涨，主动思考"在全球化过程中，如何保持与增强中华民族文化的独立性、特色、优势、话语权"、"如何实现中华民族伟大复兴的中国梦"、"全球化的时代背景下，要不要、怎么样弘扬爱国主义精神"等问题。

本次调研中，有11029人表示关注"中日钓鱼岛之争"与"南海危机"，占比为97.2%；有10393人表示"坚决支持中国政府维护国家主权与领土完整"，占比为91.6%；对"你觉得做一个中国人感觉如何"这一问题，有10745人选择了"很自豪"，占比为94.7%；对"你如何看待'中国威胁论'"这一问题(单项选择，共有三个选择)，有6195人选择了"这说明我国的国际影响力增强了"，占比为54.6%，有3721人选择了"这说明我国的综合国力有了很大提升"，占比为32.8%，有1431人选择了"这说明我国的国际形势较为严峻"，占比为 12.6%；对"如果可以选择，你打算加入外国国籍吗"这一问题，有 10348 人选择了"不打算"，占比为 91.2%；有 11142 人觉得"当代大学生的民族意识很强"，占比为 98.2%。上述数据反映出，当代大学生有着强烈的民族自尊心与自豪感、民族认同感与归附感、民族责任感与使命感。

（5）现代意识增强。现代意识是指反映现代社会发展的历史进程，符合现代社会发展需求的观点、观念与思想意识的总称。现代意识内涵丰富，包括问题意识、世界意识、法治意识、竞合意识等诸多意识。问题意识是人们在认识世界、改造世界的过程中，对各种社会现象与社会问题所产生的怀疑、困惑、焦虑的心理状态与兴奋、冲动、好奇、探寻的情感冲动，它有利于培养当代大学生的独立性、创造性、批判性思维，增强当代大学生的创造意识、独立意识与责任感、使命感；世界意识倡导以全球的视野、人类共命运的责任感、世界整体的思维，去观察、认识、思考、解决问题，它有利于培养当代大学生开阔的视野、开放的胸襟、宽容的心态与系统性思维方式；法治意识是指人们崇尚、信守、维护法律的权威，自觉地学法、知法、守法、用法、护法，增强法治意识是当代大学生成长成才的必然要求；竞合意识倡导竞争与合作的统一，认为竞争中有合作、合作中有竞争，二者相互渗透、相互促进、密不可分。现代社会的竞争趋势越来越明显，社会分工与学科分化越来越细、越来越需要合作。通过合作式的竞争以实现双赢、共赢，是当代大学生走向成功的必由之路。

多样化社会思潮中所含有的民主与科学、公正与法治、友善与和谐、竞争与合作、民主与自由、效率与公平等思想内容，有利于当代大学生培育现代社会发展所需要的现代理念。此次调研中，对"你是否经常收听或收看新闻节目"这一问题，有 8147 人选择了"是"，占比为 71.8%；对"中国梦与世界各国的梦想是相通的"这一观点，有 11298 人表示认同，占比为 99.6%；对"中国梦也是世界梦"这一观点，有 11290 人表示认同，占比为 99.5%；对"当别人欺负你时，你打算怎么办"这一问题，选择"诉诸法律"的人数最多，达到了 4176 人，占比为 36.8%；对"你愿意和竞争对手实现共赢吗"这一问题，有 9690 人选择了"愿意"，占比为 85.4%。这几个比例，比前几年都有明显提高，这说明当代大学生的现代意识正在不断增强。

2. 消极影响

一些社会思潮所散布的消极的、落后的、腐朽的世界观、人生观和价值观，所传播的反党、反人民、反社会主义、反马克思主义、仇视现实社会的观点，对大学生思想行为产生了不容忽视的消极影响。

（1）疏离主流意识形态。社会思潮在思想内容上都有异于主流意识形态，对待主流意识形态的立场、态度往往是批判性的，并以此作为博取眼球、吸引受众、扩大影响的重要手段。一些社会思潮利用社会主义、共产主义事业发展过程中所出现的一些挫折，如苏联解体、东欧剧变等，炮制马克思主义"过时论"、"无用论"、"空想论"、"失败论"等各种论调，试图从根本上动摇人们的马克思主义信念；一些社会思潮以歪曲、造谣、污蔑为手段，炮制"左祸论"，曲解马克思主义的阶级斗争理论与革命学说，指责马克思主义"违反人性"、"鼓动人斗人"，试图从根本上否定马克思主义的真理性、科学性与价值性；一些社会思潮以抹黑、丑化为手段，利用中国特色社会主义事业发展过程中所出现的一些失误，恶意攻击中国共产党，妄图动摇中国特色社会主义的"四个自信"；一些社会思潮借用西方的"民主"、"自由"、"平等"等招牌，炮制马克思主义"学派论"，声称各种思想理论观点都是平等、平权的，"没有谁指导谁的问题"，主张取消马克思主义"这一国家意识形态"，试图削弱马克思主义的主导力、引领力；一些社会思潮以美化为手段，将西方资本主义民主政治制度与价值观"普世化"，宣称要用"普世之光"照亮中国，试图以西方资产阶级意识形态消解、取代马克思主义主流意识形态；一些社会思潮利用"全球化"，炮制"民族国家主权过时论"、"人权高于主权论"、"全球民主化论"、"世界趋同论"，声称全球化时代人类文明发展的总趋势是经济、民主政治与思想文化等方面的全方位"全球化"，声称社会主义与资本主义越来越"趋同"，故意抹杀二者的本质区别，宣扬意识形态淡化论、意识形态终结论、价值中立论、阶级调和论等论调，标榜自身的正义性与科学性，寻求自身的合法性，试图削弱马克思主义主流意识形态的影响力，等等。多样化社会思潮炮制的各种论调，借助互联网等新兴传媒，在我国高校校园内加以传播，在一定程度上使得部分大学生开始疏离马克思主义主流意识形态。

此次调研中，对"你认同指导思想多元化的观点吗"这一问题，有6388人选择了"认同"，占比为56.3%；对"你如何看待马克思主义"这一问题，有921人选择了"马克思主义只是一种学说"，占比为8.1%；对"你认为，社会主义是什么"这一问题（不定向选择），有6615人选择了"社会主义是人道主义"，占比为58.3%，有4822人选择了"民主社会主义是一种社会主义的模式"，占比为42.5%，有4907人选择了"社会主义可以通过改良来实现"，占比为43.2%；对"如何看待我国的贫富差距现象"这一问题，有1326人选择了"这说明，我国应该学学欧洲福利国家"，占比为11.7%；对"你认同中国特色社会主义道路吗"这一问题，有748人选择了"不认同"，占比为6.6%；对"你认为，我们应该实行什么样的政党制度"这一问题，有465人选择了"应该允许自由成立政党，让各种力量都有机会表达和行使自己的政治主张"，占比为4.1%；对"你认同我国的人民代表大会制度吗"这一问题，805人选择了"不认同"，占比为7.1%；对"西方的自由、平等、博爱、人权是人类的普世价值吗"这一问题，有3755人选择了"是"，占比为33.1%；对"你认为，社会主义和资本主义会走向趋同吗"这一问题，有5230人选择了"会"，占比为46.1%；对"全球化时代，国家已不再是阶级统治的工具"这一观点，有4334人表示"认同"，占比为38.2%；有3075人认为"社会主义国家和资本主义国家将来都差不多"，占比为27.1%。上述数据反映出，在多样化社会思潮的影响下，当代大学生对马克思主义主流意识形态的认知认同，已开始出现了一些值得警惕的偏差。

（2）理想信念淡薄。一些社会思潮对马克思主义主流意识形态、社会主义与共产主义事业的攻击，在一定程度上使得当代大学生动摇了中国特色社会主义共同理想、共产主义远大理想与马克思主义坚定信念。如对"你对共产主义如何理解"这一问题，有 4037 人选择了"共产主义虽美，但不大可能实现"，占比为 35.6%；对"你愿意选择共产主义作为自己的理想吗"这一问题，只有 2450 人选择了"愿意"，占比仅为 21.6%；而对"如果有合适的机会，你会信教吗"这一问题，有 4232 人选择了"会"，占比为 37.3%，在选择"会"的学生中，有近 30% 的同学表示"宗教可以提供精神安慰"。

此外，一些社会思潮所传播的错误的、落后的、腐朽的、消极的人生态度与价值观念，也给当代大学生的理想信念的确立带来了一些负面影响。如在后现代主义、享乐主义、消费主义等社会思潮的影响下，部分大学生放弃对自然、社会、人生的终极思考，嘲笑传统、游戏人生、消极颓废，推崇物欲与感官享受，信奉"今朝有酒今朝醉"的及时行乐、"当一天和尚撞一天钟"地混日子，不求上进、不思进取、生活空虚无聊、心理孤独寂寞、精神虚无迷惘、理想信念淡漠，对"你的理想的生活方式是什么"这一问题，有 5421 人选择了"吃好、喝好、玩好"，占比为 47.8%，有 1827 人认为"人们应该大胆追求物质享受和感官愉悦"，占比为 16.1%，有 1125 人认为"理想过于遥远，没有什么现实意义"，占比为近 10%，有 3767 人坦承"自己缺乏为实现理想而坚持不懈的精神"，占比为 33.2%，只有 1214 人表示"自己有长远理想且能为之奋斗"，占比仅为 10.7%；在实用主义、功利主义等社会思潮的影响下，部分大学生目光短浅、急功近利、胸无大志，片面追求近期的实惠和利益，认为"理想理想，有利就想；前途前途，有钱就图"，有 4935 人认同"有用即真理"这一说法，占比为 43.5%，有 6501 人坦承"自己只有短期理想而无长期理想"，占比为 57.3%；在拜金主义思潮的影响下，部分大学生理想信念庸俗化、商品化，奉行"有钱就有一切"准则，把对金钱的追求视为人生的唯一目标，把对金钱的占有视为人生的最大幸福，对"有人说，好好读书就是为了将来能赚大钱，你对这种观点如何认识"这一问题，有 3948 人认为"这是个人理想的真实表达，讲出了我们的真心话"，占比为 34.8%，对"个人成功的主要标志"这一问题，有 2848 人选择了"金钱的多少"，占比为 25.1%；在新自由主义、利己主义、极端个人主义等社会思潮的影响下，部分大学生信奉以个人为中心的世界观、人生观和价值观，社会责任感差，少数大学生自私自利，只关注个人利益，对"在下列理想中，您更看重哪一种"这一问题（包括生活理想、道德理想、职业理想、社会理想四个选项），只有 647 人选择了"社会理想"，占比仅 5.7%，而另一方面却有 5594 人认为"只有实现了个人理想才能实现社会理想"，占比为 49.3%，3699 人认为"人只有在满足了自身利益的前提下才能满足他人利益"，占比为 32.6%，2984 人认为"人活着就是为了追求自身幸福"，占比为 26.3%，1918 人认为"人不为己，天诛地灭"，占比为 16.9%，1271 人认为"个人理想和社会理想没有任何关系"，占比为 11.2%。上述数据反映出，在多样化社会思潮的影响下，当代大学生较为普遍地缺乏远大理想与坚定信念。

（3）价值观扭曲。价值取向是价值观的核心，是个体在价值追求、价值评价、价值选择等方面的一种倾向性态度。在个人主义、实用主义、功利主义、新自由主义等社会思潮的影响下，当代大学生往往更加重视自我利益需求的满足与自我价值的实现，更加强调社会、集体对个人需求的尊重与满足，把自我需要、自我发展作为首要的价值取向，把自我的经济利益需求和实惠当成学习、生活、择业、交友的首要追求，部分大学生自私自利，只重视个人物质欲求与感官享受的满足，缺乏应有的社会责任感。此次调研中，有 2780 人认为"个人是社会的前提，个人自由不应受到限制"，占比为 24.5%，有 3642 人赞成"人生目标在于追求个人的名誉和利益"，占比为 32.1%，有 3097 人认为"每个人都应该按照自己的意志去选择生活方式"，占比为 27.3%。上述数据反映出，当代大学生的价值取向呈现出明显的个体性趋势。对"你努力学习的目的是什么"这一问题，有 4890 人选择了"为了将来能找一份好工作"，占比为 43.1%，有 2745 人选择了"赢得奖金"，占比为 24.2%，有 1974 人选择了"赢得同学的尊重"，占比为 17.4%，有 1738 人选择了"其他"，占比为 15.3%；对"你为什么要竞聘学生干部"这一问题，有 2871 人选择了"能加学分"，占比为 25.3%；对"你交友的动机是什么"这一问题，有 6774 人选择了"多个朋友多条路"，占比为 59.7%。上述数据反映出，部分大学生的价值取向呈现出明显的功利性。

价值取向上的个体性与功利性，导致了当代大学生价值评判标准上的模糊性。所谓价值评判标准，是指人们衡量事物有无价值或价值大小的尺度与依据。多样化社会思潮所推销的多样化价值评判标准，使得相对单纯与幼稚、考虑问题简单化与理想化的大学生一时无法辨别真伪，感到迷惘迷惑、无所适从，价值判断标准的稳定性相对较差，往往随着自己的所见所闻、利益需求和内心感受的变化而不断发生变化。此次调研中，5571 人认为"不存在什么权威、科学的价值衡量标准"，占比为 49.1%；2961 人认为"价值观没有对与错之分"，占比为 26.1%。

价值评判标准上的模糊性，导致了部分大学生价值观扭曲，主要表现为价值认知与价值选择之间的不一致性、对人对己的双重价值标准。如部分大学生虽然对某些价值准则在观念上高度认同，但是在实践中又不愿践行甚至违背这些准则，对"你认为，最重要的优良品质是什么"这一问题，有 8124 人选择了"诚信"，占比为 71.6%，但同时又有 6456 人坦承"自己有过不诚信的行为"，占比为 56.9%；有 10813 人表示认同"公私兼顾"，占比为 95.3%，但是对"你选择职业考虑的首要因素是什么"这一问题，有 9917 人选择了"个人收入水平"、"个人发展前途"等个人利益因素，占比为 87.4%，对"如果国家需要，你愿意到农村和边远地区工作吗"这一问题，有 7126 人选择了"不愿意"或"说不准"，占比为 62.8%；有 8924 人表示认同"雷锋精神"，占比为 78.6%，但是又有 7925 人坦承"自己做不到雷锋那样"，占比为 69.8%；有 8436 认同"见义勇为精神"，占比为 74.3%，但是又有许多人坦承"自己不会见义勇为"。又如部分大学生忘记了"己欲立而立人，己欲达而达人"(《论语·雍也》)、"己所不欲，勿施于人"(《论语·卫灵公》)等古训，对自己执行的是一套价值标准，对别人执行的又是另一套价值标准，对"你最厌恶的行为有哪些"这一问题，有5253人选择了"自私"，占比为46.3%，有4855人选择了"虚伪"，占比为42.8%，有762人选择了"违法违规"，占比为6.7%，有477人选择了"其他"，占比为4.2%，选择"自私"与"虚伪"的人数分别排在第一、第二位，但是对"你认为最不应该做的行为有哪些"这一问题，有7319人选择了"违法违规"，占比为64.5%，有1672人选择了"其他"，占比为14.7%，有1326人选择了"不诚实"，占比为11.7%，有1030人选择了"自私"，占比为9.1%，选择"自私"与"不诚实"的人数则分别排在倒数第一、第二位。

(4)背离传统美德。新自由主义、个人主义、实用主义、功利主义、拜金主义、享乐主义、消费主义等社会思潮，将反传统、反权威的思维方式，反现实的批判手法，反社会主义、反集体主义的价值准则，用各种新奇的形式加以包装并在大学生中加以推销，迎合了部分大学生的叛逆、好奇心理与自由、独立意识，使得部分大学生是非、善恶、美丑、荣辱不分，道德素质下降，社会公德意识薄弱，背离传统美德。

在多样化社会思潮的影响下，部分大学生背离和舍弃了中华民族诸多传统美德。如，"尚公去私"的无私奉献精神，是中华民族的重要传统美德，《诗经》中三次出现的"夙夜在公"一语、《礼记·礼运》中的"大道之行也，天下为公"、《孟子·梁惠王下》中的"乐以天下，忧以天下"、《荀子·修身》中倡导的"公义胜私欲"、《老子》中倡导的"善利万物而不争"等，都旨在倡导"尚公去私"的无私奉献精神，这种精神是推动中华民族发展进步的"民族魂"。但是在新自由主义、个人主义、功利主义等社会思潮的影响下，这种"舍己为人""舍私为公"的无私奉献精神在当代大学生中并未得到普遍认同，大多数大学生认同的道德准则是"公私兼顾"，追求的是国家利益、集体利益与个人利益的共赢。又如，自强不息是中华民族自古就有的重要精神内质，中华民族在漫长的历史发展进程中，之所以能够历经磨难而信念愈坚，饱尝艰辛而斗志更强，千锤百炼而愈加坚忍，不仅顽强生存下来，而且不断发展壮大，自强不息精神在其中起着至关重要的作用。但是在享乐主义等社会思潮的影响下，当代大学生较为普遍地缺乏自强意识，缺乏应对困难挫折的承受能力，缺乏为实现理想而矢志不移的坚定信念，心理较为脆弱，意志品质较为薄弱，他们中或有人虚度时光、不求上进、逃课、旷课、考试作弊、沉溺于花前月下，或有人物欲至上、游戏人生，或有人由于"挂科"、失恋、委屈而轻生，调研中只有1792人表示"会为实现理想而努力奋斗不动摇"，占比仅为15.8%。又如，以义制利是中国古代先贤所倡导的重要道德准则，从孔子的"见利思义"（《论语·宪问》）、"富与贵，是人之所欲也，不以其道得之，不处也；贫与贱，是人之所恶也，不以其道得之，则不去也"（《论语·里仁》）、"不义而富且贵，于我如浮云"（《论语·述而》）、"君子喻于义，小人喻于利"（《论语·八佾》），到孟子的"非其道，则一箪食不可受于人"（《孟子·滕文公下》）、"生我所欲也，义亦我所欲也；二者不可得兼，舍生而取义者也"（《孟子·告子上》），再到荀子的"先义而后利者荣，先利而后义者辱"（《荀子·荣辱》）等论述，都旨在倡导以道义为标准来决定利益取舍。但是在实用主义、功利主义、拜金主义等社会思潮的影响下，部分大学生在学习生活态度上表现出明显的功利色彩，学习上，他们往往"临时抱佛脚"，以致"书到用时方恨少"；生活上，他们往往以能否获取眼前利益来决定取舍，在师生关系上，课上课下、考前考后两个样，在同学关系上，以家庭背景、身份、地位作为是否交往相处的首要因素，甚至有少数大学生唯利是图，为了获取个人利益与金钱而不择手段、铤而走险、以身试法。再如，勤劳俭朴是中华民族的一大传统美德，《尚书》倡导："克勤于邦，克俭于家"，《左传》强调："民生在勤，勤则不匮"，《古今药石·续身警》中强调"勤"有三益："可以勉饥寒"、"可以远淫辟"、"可以致寿考"，《传家宝》强调"俭"有四益："俭可养德"、"俭可养寿"、"俭可养神"、"俭可养令"，民间也一直流传"成由勤俭败由奢"等俗语。但是在享乐主义、消费主义等社会思潮的影响下，相当一部分大学生认为勤劳俭朴在当今时代已经过时、"不入流"，有人不顾自身条件而一味攀比、讲究排场、花钱大手大脚，有人消费观念扭曲，热衷于购买奢侈品和名牌商品，甚至有少数人为了获取钱财而置道德、法律于不顾。

（5）引发群体性事件。在经济全球化时代，西方敌对势力从未放弃对我国的意识形态渗透，一直对我国实施西化、分化与"和平演变"战略。近年来，"颜色革命"在一些国家的成功上演，使得西方敌对势力极为兴奋，它们非常渴望并积极推动"颜色革命"在中国的上演，将之作为"和平演变"中国的主要手段。

各种西方社会思潮是西方发达资本主义国家实施"和平演变"、发动"颜色革命"所利用的主要思想工具。它们通过网络、电影电视、学术交流、合作办学等途径与渠道，向我国民众特别是青年大学生散布各种西方社会思潮，推销各种西方资产阶级价值观，试图影响、侵蚀、搞乱我国民众特别是青年大学生的思想；它们运用各种西方社会思潮，对我国社会现实进行主观性、片面性、持续性的"揭短"与批判，攻击中国共产党与社会主义制度，分化、瓦解、动摇我国民众特别是青年大学生对中国共产党的信任及对中国特色社会主义事业的信心；它们以各种偶发性、突发性事件为契机，直接煽动、组织、策划各种群体性事件。

青年大学生是西方发达资本主义国家实施"和平演变"战略、发动"颜色革命"的主要对象。青年大学生的主体意识、独立意识、民主意识、民族意识、参与意识相对较强，爱国热情相对较高，他们崇尚自由、个性张扬、特立独行，思维敏捷但相对单纯与幼稚，思维活跃但思维方式相对片面甚至极端，政治敏感性与政治鉴别力相对较差，情绪情感丰富但不稳定、起伏大，现代社会学习、就业、婚恋等方面压力的相对加大使他们容易滋生浮躁、焦虑心理，易冲动、重感情、讲义气、行为控制力相对较弱，上述特点使得大学生群体易发生群体性事件，从他们对群体性事件的看法与态度中即可看出这点，对"你是如何看待群体性事件的"这一问题，有 4686 人选择了"改革引发利益冲突很正常"，占比为 41.3%，有 3699 人选择了"中国民主政治渠道不畅通，人们只好通过非正常的渠道维护自己的权利"，占比为 32.6%，有 2224 人选择了"说明很多党的基层干部严重脱离了群众"，占比为 19.6%，只有 738 人选择了"应依法处置，维护正常的社会秩序"，占比仅为 6.5%。西方敌对势力唯恐中国不乱，其抓住青年大学生的身心发展特点，一旦有风吹草动，一旦发现有大学生对"贪污腐败"、"贫富差距"、"社会不公"乃至"食堂饭菜价格贵、味道差"、"学生宿舍条件差、管理差"、"上网网速慢"、"评奖评优不公正"等问题存在不满情绪，就会"煽风点火"、"火上浇油"，煽动大学生闹事，使大学生充当"颜色革命"的"急先锋"。如，公共知识分子把自己的思想主张与政治意图冠以"公平"、"正义"之名，利用一些突发性、偶发性事件，用"我不下地狱谁下地狱"等口号鼓动大学生"为正义而战""为人权而战""敢为天下先"；又如，新自由主义者把自己的思想主张与政治意图冠以"民主""自由"之名，利用一些突发性、偶发性事件，污蔑中国共产党是"一党专制"，声称人民民主专政摧残、压制了"民主""自由"，鼓动大学生要为"争民主""争自由"而"英勇"抗争；再如，普世价值论者鼓吹西方的"民主""自由""人权"具有普世的、永恒的价值，宣称落后、愚昧的观念与专制的政治体制阻碍了中国的发展，利用一些突发性、偶发性事件，鼓动大学生要大胆行动起来，用西方的"普世价值"来改造中国，等等。可见，多样化社会思潮在我国高校校园的传播是引发大学生群体性事件的一个重要因素。

(二) 影响具有差异性

多样化社会思潮对大学生思想行为影响的差异性表现为：不同社会思潮影响的广度与深度不同，同一社会思潮对不同大学生群体的影响也不同。

1. 不同社会思潮影响的广度与深度不同

（1）广度不同

通过上面的表 1 可以测算出，对新自由主义、民族主义、消费主义、道德相对主义、生态主义、民主社会主义、宪政主义、公共知识分子思潮、历史虚无主义、普世价值论这十种社会思潮，选择"较为了解"、"了解"、"非常了解"的学生占比总和分别为 58.8%、76.9%、53.2%、46.7%、63.2%、68.9%、41.5%、40%、49.1%、42.9%，占比最高的为民族主义，达 76.9%，占比最低的为公共知识分子思潮，达 40%，二者相差 36.9%。通过上面的表 2 可以测算出，对新自由主义、民族主义、消费主义、道德相对主义、生态主义、民主社会主义、宪政主义、公共知识分子思潮、历史虚无主义、普世价值论这十种社会思潮，选择"了解其主要观点"、"了解其理论体系"、"了解其理论实质"的学生占比总和分别为 58.72%、76.9%、85.9%、57.8%、82.85%、67.98%、42.86%、43.23%、49.28%、44.62%，占比最高的为消费主义，达 85.9%，占比最低的为宪政主义，达 42.86%，二者相差 43.04%。可见，不同社会思潮对大学生影响的广度具有很大差异性。

（2）深度不同

通过表 4 可以测算出，对新自由主义、民族主义、消费主义、道德相对主义、生态主义、民主社会主义、宪政主义、公共知识分子思潮、历史虚无主义、普世价值论这十种社会思潮，选择"非常赞同其观点，打算向别人推介"的大学生的占比分别为 2.8%、2.6%、4.7%、3.8%、5.9%、2.7%、5.2%、5.3%、2.8%、4.8%，认同度最高的是生态主义，占比为 5.9%，认同度最低的是民族主义，占比为 2.6%，认同生态主义的学生数是认同民族主义的学生数的 2.27 倍。如果把选择前两个选项即"非常赞同其观点，打算向别人推介"、"较为赞同其观点，打算进一步了解"的学生占比相加，则分别为 19.6%、26.2%、14%、

22.6%、40.1%、20.6%、18%、18.8%、13.3%、18.2%，认同度最高的是仍然是生态主义，占比为40.1%，认同度最低的是历史虚无主义，占比为13.3%，二者的差距同样很大，认同学生数前者是后者的3.02倍。可见，不同社会思潮对大学生影响的深度也具有很大差异性。

2. 同一社会思潮对不同大学生群体的影响也不同

(1)同一社会思潮对不同地区的大学生的影响不同

本次调研对象，按地区划分，北京市共有3352人、浙江省共有2578人、湖北省共有3015人、安徽省共有2402人，上述各省市大学生对多样化社会思潮的认同情况具有明显的差异性，如各省市大学生对新自由主义的认同人数及占比分别为：北京市574人、17.1%，浙江省678人、26.3%，湖北省493人、16.4%，安徽省479人、19.9%，浙江大学生认同新自由主义的占比最高；各省市大学生对宪政主义的认同人数及占比分别为：北京市696人、20.8%，浙江省417人、16.2%，湖北省535人、17.7%，安徽省394人、16.4%，北京市大学生认同宪政主义的占比最高；各省市大学生对公共知识分子思潮的认同人数及占比分别为：北京市566人、16.9%，浙江省435人、16.9%，湖北省717人、23.8%，安徽省415人、17.3%，湖北省大学生认同公共知识分子思潮的占比最高；各省市大学生对民主社会主义的认同人数及占比分别为：北京市565人、16.9%，浙江省496人、19.2%，湖北省572人、19%，安徽省694人、28.9%，安徽省大学生认同民主社会主义的占比最高。其他一些社会思潮对大学生思想行为的影响也有类似的地区性差异。这种情况的出现，与各地区经济、政治、思想文化发展状况的差异性有关。

(2)同一社会思潮对不同学科专业的大学生的影响不同

不同学科专业的大学生，所接受的知识教育与思想教育的内容往往不同，他们的兴趣点与关注视角也有差异。一些大学生之所以接触某种社会思潮，往往是出于学科专业学习研究的需要，因此，同一社会思潮对不同学科专业的大学生思想行为的影响往往也不同。如思想政治教育专业的学生，对多样化社会思潮总体上最为了解，但认同度最低，如对"你是否了解某一社会思潮的理论实质"这一问题，选择"是"的思想政治教育专业的学生占比为65.3%，明显高于表3中10.4%这一各专业的平均占比；对新自由主义、历史虚无主义、民主社会主义、公共知识分子思潮、普世价值观、宪政主义、民族主义等社会思潮的观点，思想政治教育专业的学生选择"非常赞同"和"较为赞同"的占比分别为：1.3%和5.4%、0.8%和10.5%、0.2%和4.6%、0.3%和2.6%、0.1%和2.6%、0.7%和1.4%、0.2%和9.3%，明显低于表4中其他专业的学生的平均占比2.8%和16.8%、2.8%和10.5%、2.7%和17.9%、5.3%和13.5%、4.8%和13.4%、5.2%和12.8%、2.6%和23.6%。这是由于思想政治教育专业的学生，受到了较为系统的马克思主义理论教育，掌握了马克思主义基本原理与立场观点方法，对多样化社会思潮的理论实质有着较为清醒而深刻的认识。此外，经济专业的学生对新自由主义较为了解，该专业的学生对新自由主义的观点、理论体系、理论实质选择"了解"的占比分别为：82.3%、11.6%、4.2%，明显高于表2中各专业的平均占比54.7%、3.2%、0.82%；法学专业的学生对宪政主义最为了解，该专业的学生对宪政主义的观点、理论体系、理论实质选择"了解"的占比分别为76.5%、12.7%、4.4%，明显高于表2中各专业的平均占比40.6%、1.6%、0.66%；哲学专业的学生对"普世价值论"最为了解，该专业的学生对"普世价值论"的观点、理论体系、理论实质选择"了解"的占比分别为：81.9%、14.2%、4.8%，明显高于表2中各专业的平均占比42%、1.9%、0.72%。上述现象的出现，显然与不同学科专业的学习要求、研究内容、关注视角不同有关。

(3)同一社会思潮对不同家庭出身的大学生的影响不同

古人说："养不教，父之过。"父母是孩子的第一任老师，孩子社会化过程的完成，离不开一定的家庭教育与家庭环境。家庭是人生的奠基石，家庭环境对孩子品行的影响是长久而深远的。良好的家庭环境，如家庭结构健全、家庭关系和睦、家长品德高尚，会孕育孩子的健康心理、健全人格、高尚品质，促进孩子的健康成长；反之，不良的家庭环境，则会危害孩子的健康成长。因此，家庭出身也是影响大学生对社会思潮认知认同的一个重要因素。

调研中，我们发现：工人家庭出身的大学生，对民主社会主义较为认同，他们对该思潮的观点选择"非常赞同"和"较为赞同"的占比为11.2%和42.5%，明显高于表4中的平均占比2.7%和17.9%。这是由于改革开放后，随着社会主义市场经济的发展与所有制和产业结构的战略性调整，工人就业的不稳定性和下岗失业人数的相应增加，部分工人的收入确实有所降低，有少数工人甚至连生活都非常困难，仅靠失业保险金、下岗基本生活费、"买断工龄"补偿费以维持生活，极少数工人甚至借债度日，于是有些人开始怀念计划经济时代的"老大哥"与"铁饭碗"，羡慕一些实行民主社会主义的欧洲国家的高福利与完善的社会保障体制；农民家庭出身的大学生，对公共知识分子思潮较为认同，他们对其选择"非常赞同"和"较为赞同"的占比为13.3%和38.9%，明显高于表4中的平均占比5.3%和13.5%。这是由于农民处于社会最底层，文化水平与参政能力相对较低，他们迫切希望有人能够为他们的利益鼓与呼，而一些"公共知识分子"又巧妙把自己装扮成"草根阶层"的代言人、社会公平正义的"化身"，因而易于博取农民的信任；私营企业主家庭出身的大学生，对宪政主义与消费主义较为认同，他们对这两种思潮的观点选择"非常赞同"和"较为赞同"的占比分别为11.5%和27.6%、5.1%和26.9%，明显高于表4中的平均占比5.2%和12.8%、4.7%和9.3%。这一方面是由于私营企业主阶层的形成源于其对经济利益的追求，私营企业主的身份地位、发展前景在很大程度上取决于他们的企业运营、利润增长、财富积累、经济实力，私营企业主的关注焦点是企业发展，经济利益是私营企业主安身立命与发展壮大的关键之所在。因此，绝大多数私营企业主将经济利益追求视为人生的最重要目标，另一方面是由于一些私营企业主在发展过程中曾受到以权谋私、贪污受贿、权钱交易等不法行为的危害，当公司发展到一定规模时又开始担心"一夜回到解放前"的现象会在他们身上发生，开始担心国家政策的变化会使他们失去所拥有的一切，迫切希望国家用宪法与法律的形式明确他们的政治身份与政治地位，保护他们的合法权益和私有财产。可见，大学生对社会思潮的认知认同受其家庭影响很大。

(三) 现实影响较为有限，但潜在影响不容忽视

虽然大多数大学生表示了解社会思潮，但通过表 4 可以测算出，有9037 人表示"不赞同"或"不完全赞同"新自由主义思潮的观点，占比为80%，有 8369 人表示"不赞同"或"不完全赞同"民族主义的观点，占比为 73.8%，有 9758 人表示"不赞同"或"不完全赞同"消费主义的观点，占比为 86%，有 8799 人表示"不赞同"或"不完全赞同"道德相对主义的观点，占比为 77.4%，有 6803 人表示"不赞同"或"不完全赞同"生态主义的观点，占比为 60%左右，有 9003 人表示"不赞同"或"不完全赞同"民主社会主义的观点，占比为 79.4%，有 9307 人表示"不赞同"或"不完全赞同"宪政主义的观点，占比为 82%，有 9215 人表示"不赞同"或"不完全赞同"公共知识分子思潮的观点，占比为 81.2%，有 9834 人表示"不赞同"或"不完全赞同"历史虚无主义的观点，占比为 86.7%，有9288 人表示"不赞同"或"不完全赞同"普世价值论的观点，占比为81.8%。总体而言，对各种具体的社会思潮的理论观点，大多数大学生明确表示"不赞同"或"不完全赞同"，多样化社会思潮对大学生思想行为的现实影响较为有限。这是由于党和政府一直高度重视高校意识形态建设，马克思主义主流意识形态一直在高校意识形态领域占据着主导地位，并对大学生的思想行为发生着广泛而深刻的影响。课题组专门对"社会主义核心价值观在当代大学生中的认同状况"进行了问卷调查，结果显示，当代大学生对"民主"、"自由"、"平等"、"公正"、"诚信"这几个选项的认同度相对较高，分别达到了 95.2%、96.4%、95.3%、93.6%、92.8%，对"富强"、"文明"、"和谐"、"法治"、"爱国"、

"敬业"、"友善"这几个选项的认同度相对较低，但也都达到了70%以上。这说明，社会主义核心价值观在当代大学生中有着很高的认同度。

虽然多样化社会思潮对当代大学生的现实影响总体上较为有限，但某些社会思潮对当代大学生思想行为的潜在影响、对马克思主义主流意识形态构成的潜在威胁却不容小觑。调研中，对"我国可以尝试搞民主社会主义吗"这一问题，有3671人选择了"完全可以"或"可以"，占比为32.4%，有5310人选择了"说不清"，占比为46.8%；对"我国可以尝试搞私有化吗"这一问题，有4709人选择了"完全可以"或"可以"，占比为41.5%，有4106人选择了"说不清"，占比为36.2%；对"知识分子应独立于官方与主流意识形态，做社会正义的维护者"这一观点，有5503人表示认同，占比为48.5%；对"知识分子应代表普通民众就各种社会事务发表振聋发馈的意见"这一观点，有4947人表示认同、占比为43.6%；对"我国可以尝试搞'宪政'吗"这一问题，有5216人选择了"完全可以"或"可以"，占比为近46%，有3765人选择了"说不清"，占比为33.2%；对"西方的民主、自由、平等是普世价值吗"这一问题，有6231人选择了"是"，占比为54.9%，有1786人选择了"不知道"，占比为15.7%；对"你相信网上关于毛泽东的各种传闻吗"这一问题，有2144人选择了"相信""完全相信"，占比为18.9%，有4855人选择了"将信将疑"，占比为42.8%。这说明，一些社会思潮已在大学生中产生了较大影响，这种情况应引起我们的高度重视。

第五章　多样化社会思潮对大学生产生影响的原因

多样化社会思潮对大学生思想行为产生较为广泛的影响，不是偶然的，而是必然的，既受西方"和平演变"战略的影响，也受多样复杂的国内形势的影响；既有经济、政治方面的原因，也有思想文化方面的原因；既有高校主流意识形态建设方面的原因，也有多样化社会思潮的巧妙传播与当代大学生的身心发展方面的原因。深刻、系统地分析多样化社会思潮对大学生思想行为产生影响的原因，是把握其影响机理、探索其引领路径的必要前提。

一、西方发达国家的"和平演变"战略

当今世界形势正发生着深刻而复杂的变化，发展中国家整体实力正逐渐增强，社会主义中国正和平崛起，和平与发展、合作与共赢已成为时代发展的主流与世界各国人民的共同期盼。但与此同时，当今世界仍面临着诸多风险和严峻挑战，其中，西方发达资本主义国家推行霸权主义与强权政治，是世界和平与发展的最严重威胁。实施意识形态的强势渗透、促使社会主义国家发生"和平演变"，是西方发达资本主义国家推行霸权主义与强权政治的重要手段，也是多样化社会思潮对当代中国大学生产生影响的重要原因。

（一）"和平演变"战略的由来

自从 1917 年世界上第一个社会主义国家建立以来，西方发达资本主义国家一直没有放弃过推翻无产阶级政权、颠覆社会主义制度的图谋。它们先是试图通过武力和战争来征服与消灭社会主义国家，但在付出巨大代价却招致惨痛失败后，它们开始由"武力征服"转向"和平演变"，即在不放弃武力、保持强大武力威慑的前提下，通过武力以外的其他手段，使社会主义国家悄然地演变为资本主义国家，从而实现资本主义的一统天下。

1946 年 2 月，乔治·凯南给美国国务院发回一份长达 8000 字的电报，并于 1947 年 1 月，以这份电报为基础写成了《苏联行动的根源》一文，最早提出"和平演变"构想。他认为社会主义与资本主义之间两种社会制度的矛盾不可调和，建议美国采取对抗的政策，通过对苏联长期的、坚定的"遏制"，削弱苏联的实力，促使苏联内部朝着美国所希望的方向演变，明确提出美国对苏政策的最主要方面就是"长期、耐心、坚定和警惕地对俄国扩张倾向的遏制"。[①] 此后，美国国务卿杜勒斯又提出了"和平解放"政策，主张通过强大的外部压力，迫使苏联、中国等社会主义国家内部发生"和平演变"，主要手段有：一是通过强大的外部压力迫使社会主义国家内部发生"解放"。杜勒斯认为，强大的外部压力包括军事与武力威慑，是促进社会主义国家内部发生"和平演变"的重要条件。二是通过意识形态渗透和政治颠覆活动加速社会主义国家的内部"解放"。通过意识形态渗透促进社会主义国家的宣传或精神压力，是杜勒斯"和平解放"政策的重要手段。杜勒斯还主张建立政治"特别工作组"，帮助、支持、配合社会主义国家的反对派，从事对社会主义国家的各种颠覆活动。

由于杜勒斯的"和平解放"政策在实践中非但没有"解放"社会主义

---

① ［美］乔治·凯南：《苏联行动的根源》，《外交》季刊 1947 年 7 月号。

国家，反而使美国深深地陷入越南战争而一时难以自拔，因此被肯尼迪批评为"空话和幻想"。肯尼迪提出了"和平"战略，这一战略有两个鲜明特点：一是极为重视意识形态渗透，二是更加重视制定实现"和平演变"战略的具体举措以及实行这些措施的具体计划。肯尼迪主张充分利用经济文化交流与人员往来，利用和加深"铁幕出现的任何裂缝……培养自由的种子"，加强对社会主义国家的意识形态渗透，以促成社会主义国家的"和平演变"。自肯尼迪后，西方的"和平演变"战略逐渐从理论层面转化为具体的举措和实践的行动。里根、布什先后提出了"政治攻势"和"超越遏制"战略，里根认为，在两种不同的社会制度斗争中，"最终的决定性因素不是核弹和火箭，而是意志和思想的较量"，美国的目标是"促进世界的民主革命"，"按照美国的理想去影响事态的发展"。美国一家战略机构明确提出，打好一场"无硝烟的'新的世界大战'"，"最重要的是要搞攻心战"，要"将70%的力气用于攻心战"。①

总体而言，西方的"和平演变"战略既具有形态化、系统化的理论体系，又含有一系列针对性强的实践举措，它以军事威胁为后盾，以经济和科技实力为基础，以意识形态渗透与政治颠覆为主要手段，以援诱变、以压促变、诱压兼施，以达"不战而屈人之兵"之目的。其中，实施意识形态渗透，同社会主义国家在意识形态领域打一场"没有硝烟的世界战争"是"和平演变"战略的最重要手段。

(二)"和平演变"战略的主要手段

1. 军事威慑

西方发达资本主义国家一直对军事手段青睐有加，如尼克松曾强调和平变革的一个先决条件是军事遏制，布什也宣称军事威慑是美国防务

---

① 参阅龚云：《西方敌对势力的意识形态渗透的冲击和影响》，http：//marxism.org.cn/blog/u/101/archives/2012/1164.html。

战略的核心。只不过赤裸裸的武力干涉与军事侵略，既会陷西方发达资本主义国家于不义，又会因受侵略者的英勇反抗而使侵略者损失惨重，因此，在赤裸裸的武力干涉与军事侵略遭受严重挫败后，西方发达资本主义国家变得更为"聪明"与狡猾，它们先后推出了"和平演变"战略与"新干涉主义"。"和平演变"战略绝不意味着西方发达资本主义国家放弃了武力干涉与军事侵略，相反武力干涉与军事侵略是它们实施"和平演变"战略的坚强后盾，如果相关国家"不听话"，甚至与它们搞对抗，那么它们会毫不犹豫地进行武力干涉与军事侵略。只不过它们的武力干涉与军事侵略不再像过去那样赤裸裸了，而是打着"人道主义"的旗号，借用"民主""人权"等口号，披上"合法""正当"的外衣而已。从科索沃危机，到向海地出兵、轰炸南联盟，再到出兵伊拉克、阿富汗等事件，都是西方发达资本主义国家发动的武力干涉与军事侵略。

2. 经济诱压

经济诱压是"萝卜加大棒"政策在经济领域的具体实施，"萝卜"主要包括给以最惠国待遇和经济援助，"大棒"主要包括实施经济封锁和经济制裁。全球化时代，西方"和平演变"战略明显加强了经济手段的运用。"天下没有免费的午餐"，西方经济援助往往附加了诸如改善"人权"状况、改善政治犯待遇、向自由市场化过渡、向政治多元化变革等条件，经济援助只是诱饵，目的是要使受援国"听话"。"听话"的就"援助"，"不听话"的就不援助甚至给予制裁，且"援助"的多少往往根据在多大程度上"听话"来加以确定。1989 年，西方发达资本主义国家就以经济援助为诱饵，成功诱使波兰、匈牙利等国投向了资本主义的怀抱。而对于那些"不听话"的国家，西方发达资本主义国家则会对它们进行严厉的经济制裁，迫使它们接受西方的民主政治制度模式与价值观念。仅 20 世纪 80 年代，美国就曾对波兰、利比亚、南非、巴拿马等国实行经济制裁，两度取消给予罗马尼亚的最惠国待遇，对尼加拉瓜实行全面贸易禁运，而美国对这些国家进行经济制裁的最主要理由是它们"不搞改革"与"违反人权",实质上就是它们"不听话"。

3."人权"干涉

抽象的"人权"与"民主"是西方价值观的核心内容,打着"人权"旗号以干涉别国内政是西方"和平演变"的利器。1977年卡特就任美国总统后,正式打出了"人权外交"旗号,声称要对东欧和苏联提出人权挑战。1981年里根上任后,更是将"人权"同对外政治渗透和颠覆活动紧密结合起来。在全球化时代,西方发达资本主义国家先后炮制了"新干涉主义""合理干涉主义""新国际主义""民族国家终结论""国家主权有限论""人权高于主权"等理论观点,为它们利用人权问题干涉别国内政奠定了理论基础。美国不仅不反省自己国内暴力充斥、贫富悬殊、种族歧视等糟糕的人权状况,反而以"人权卫士""人权判官"自居,在人权问题上搞双重标准,动不动就对其他国家的人权问题说三道四、无端指责,有时甚至以人权为借口对主权国家悍然发动侵略战争,其真实目的并不是关心人权问题,而是利用人权问题推行霸权主义与强权政治,粗暴干涉他国内政。长期以来,西方资产阶级在"人权高于主权"的旗号下,究竟都干了些什么呢? 1999年,以美国为首的北约,未经联合国安理会授权,就悍然发动了"科索沃战争",对主权国家南联盟进行了持续78天的轰炸,造成数万贫民伤亡。2001年,美国以"反恐"为名,纠结多国出兵阿富汗,造成数十万阿富汗贫民伤亡,数百万人无家可归。2003年,美国更是以莫须有的借口,不顾联合国和国际社会的强烈反对,纠集盟国发动了伊拉克战争,造成一百多万伊拉克贫民丧生,近五百万难民流离失所。2011年,美国又纠集北约盟友,不顾国际社会的抗议,对利比亚发动战争,导致数万利比亚贫民伤亡。叙利亚爆发内战以来,美国为叙利亚反政府武装提供"直接军事援助",逼迫阿萨德政府下台,内战造成大量民众死伤或流离失所。西方资产阶级就是这样一面高喊"人权""博爱",一面发动战争,肆意剥夺他国人民生命权的。对于美国"人权外交"的实质,美国相关学者、专家也曾作过一针见血的评价，如劳伦斯·肖普指出："人权运动给美国对外政策添了道义方面的内容。这有助于树立一种为美国在越战后重建霸权所迫切需要的仁慈、正直和正义的形象，有助于使美国卷入和平干涉世界各地的政治斗争合法化。简言之，人权运动可以使美国摆脱越战后处于守势的地位，开始采取进攻的姿态。"①阿瑟·施莱辛格指出："促进人权绝不是美国外交政策的最高目标。当国家安全和促进人权发生冲突时，国家安全必然放在压倒一切的地位。"②戴维·福塞希(David P. Forsythe)也指出："因为人权的双重标准，不仅使美国的安全政策受到损害，同时也给美国外交政策的声誉以重大打击。"③

4. 培植亲西方势力

借国际学术交流、文化交流与人员往来之机，拉拢、培植一批亲西方势力，是西方"和平演变"的重要手法。在这方面，西方发达资本主义国家可谓"煞费苦心"、颇具"耐心"、舍得"下本钱"。它们以留学生和访问学者为重点工作对象，反复向他们灌输"民主""自由""人权"等西方价值观念，希冀他们成为亲西方、反共反社会主义的重要势力。1982 年，里根发表了"促进民主化运动"的演说。1983 年，美国国会通过了"全国争取民主赠款法"。1984 年，美国国会专门成立了"全国争取民主基金会"(NED)，该组织的宗旨是促进"人权"和"民主化"活动，主要任务是以"维护民主""促进人权"为名，支持、扶植社会主义国家内部的"民主力量"。后来的实践证明，美国投入的"本钱"获得了"丰厚"回报，这批反共反社会主义的亲西方势力在苏联"和平演变"过程中

---

① [美]劳伦斯·肖普：《卡特总统与美国政坛内幕：八十年代权利和政治》，时事出版社 1980 年版，第 154~155 页。

② 黄宏：《美国的民主与人权真相》，中共中央党校出版社 1992 年版，第 98页。

③ [美]戴维·福塞希：《美国人权外交的回顾和展望》，《政治学季刊》1990年第 3 期，第 25 页。

起到了至关重要的作用，有少数人甚至混入了苏共领导集团，成为其核心成员，雅科夫列夫就是这批亲西方势力的代表人物之一，据他自己供述，他是苏共二十大以后去美国的，正是在美国期间，他的世界观、人生观、价值观开始发生了转变，"头脑里已经扎下了关于人的自由的思想"，"思想问题上已经向右转了"，不再相信社会主义，并最终蜕变成一个顽固而极端的反马克思主义者和反共分子。①

5. 意识形态渗透

意识形态渗透是西方"和平演变"的最重要手段。西方意识形态渗透主要是通过文化扩张与价值观推销等方式来进行的。

1929 年，英国军事理论家利德尔·哈特提出"大战略"概念；1948 年，美国学者汉斯·摩根索发表《国家间政治》一书；1973 年，美国国防大学战略研究所所长约翰·M. 柯林斯发表论著《大战略》；1980 年，美国乔治敦大学战略与国际研究中心主任 R. S. 克莱因发表《80 年代世界权力趋势及美国外交政策》。这些论著均强调文化在综合国力中的重要地位和作用。1990 年，美国哈佛大学科学和国际事务中心主任兼行政管理学教授小约瑟夫明确将国家实力分为硬实力与软实力两大类，硬实力分为基本资源、经济力量和科技力量，软实力分为国家凝聚力、文化被普遍接受的程度和参与国际机构程度。他认为，软实力与硬实力同样重要。2002 年，美国学者克拉克·S. 贾吉在美国《政策评论》发表《美国的文化霸权：21 世纪主宰全球的希望所在?》一文，进一步明确提出了"文化实力"的概念。可见，西方发达资本主义国家从 20 世纪以来一直都很重视文化软实力及其在对外扩张中的作用，全球化时代它们更是凭借自身拥有的世界话语主导权与强大的思想文化宣传资源，特别是影响广泛而迅速的互联网、高功率高覆盖率的广播和卫星电视、影视制

---

① ［苏］雅科夫列夫：《一杯苦酒：俄罗斯的布尔什维主义和改革运动》，新华出版社 1999 年版，第 20~22 页。

作方面的先进技术和雄厚人才队伍，将西方的文化理念、政治思想、道德观念和价值准则等巧妙地融入各种文化产品中，在全世界大肆进行文化扩张、话语与意识形态产品倾销，影响与支配着非西方国家文化产品的生产与发展，对社会主义意识形态进行解构。世界各地到处充斥着的西方文化产品，既给西方发达资本主义国家带来了巨大的商业利润，也使得西方意识形态渗透能够"随风潜入夜，润物细无声"，从而给广大发展中国家特别是社会主义国家的文化产业发展与意识形态建设带来了严重冲击。

6. 政治颠覆

政治上颠覆他国政权、扶植亲西方势力上台执政，是西方发达资本主义国家"和平演变"的目标诉求。其主要手法是运用各种手段，拉拢及吸引相关国家持不同政见的反对派、"政治避难者"、留学生与访问学者，先想方设法使他们接受西方意识形态与价值观念，然后通过他们的"现身说法"去推销西方意识形态与价值观念，搞乱相关国家的民心，在相关国家煽动骚乱、制造混乱和危机、以乱促变、乱中取胜。美国国务卿舒尔茨曾强调，共产党国家民主化的一个重要因素是其内部势力的发展，要求美国政府应当支持与利用这些内部势力来促成共产党国家民主的出现。美国驻匈牙利大使马·帕尔梅也曾建议，西方应趁一些东欧共产党正在讨论民主和法制的有利时机，加强与东欧国家一些持反对意见的派别的联系。俄罗斯《共青团真理报》称，美国国家民主基金会仅2010年一年就花费278.3万美元在全俄境内资助数十个项目，用以培养俄罗斯的青年反对派领导人。俄罗斯《观点报》称，目前美国有1.5万多非政府组织在世界其他国家从事活动，许多间谍都是以这类机构作为掩护。埃及《金字塔报》公布了美国对埃及的一些主要非政府组织资助的具体金额，如国际共和研究所2200万美元，全国民主研究院1800万美元，自由之家400万美元等。该报称，这些组织虽然美其名曰"非政府组织"，但实质上是有深厚的政府背景的。美国"全国民主研究院"

在埃及革命期间一直帮助埃及一些反对派起草政党纲领，制定选举战略以及为候选人编写训练手册等。美国还为有些国家的反政府组织与武装提供各种形式的援助，支持它们用武力手段推翻现有政权，建立亲美政权。如 1985 年，美国国会通过了向"尼加拉瓜民主阵线"和"革命民主联盟"等反政府组织提供 2700 万美元"非军事援助"的议案，紧跟着第二年，美国国会又通过了向尼加拉瓜反政府武装提供 1 亿美元的军事援助和经济援助的议案。可以说，很多国家的政治动荡都是在西方发达资本主义国家的直接或间接操控下发生的。

(三)西方发达国家对我国实施"和平演变"战略的主要手段

苏联解体、东欧剧变后，社会主义中国被某些西方敌对势力视为"最后一个眼中钉"，成为西方"和平演变"的重点"关照对象"，为了促使中国"和平演变"，西方敌对势力可谓使尽浑身解数。

1. 军事威慑

美国总统奥巴马上台后，高调宣布"重返亚太"，推出"亚太再平衡"战略。这一战略，除了在经济、外交上对中国进行压制、孤立外，最为重要的内容是强化美国在亚太地区的军事存在，保持对中国强大的军事威慑。根据计划，美国将以"空海一体战""离岸控制站""网络战"等为指导，以战区导弹防御形态为主体，加大在亚太地区的军力投入，强化在冲绳、关岛等军事基地的军事部署，不断强化同日本、韩国、澳大利亚等国之间的军事同盟关系，通过一系列军事演习，向中国"秀肌肉"；通过"拉偏架"，怂恿、支持日本、越南、菲律宾等国同中国争夺海上和陆地的主权，鼓励这些国家明目张胆地和中国对着干，意图使中国"四面树敌"、疲于应付。美国两任国务卿与国防部长、太平洋舰队司令均表态，钓鱼岛适合《美日安保条约》范围，公开支持日本右翼势力；炮制南海仲裁案，借口"航行自由"，频繁派军舰在我国南海"秀肌肉"；有意挑起中国与印度的矛盾，有位美国海军上将曾直白地说：美国和印度都认为中国是战略威胁，两国对中国的战略意图有着共同的理解，尽管我们并不公开讨论这个问题。

可见，美国实施"亚太再平衡"战略的重要目的就是为了反华、制华，通过军事威慑以遏制中国崛起，最大限度地压缩中国的战略利益空间。对此，澳大利亚著名学者休·怀特于 2011 年 11 月在《华尔街日报》上发表了题为《奥巴马主义》的文章，该文称，美国要同中国进行一场冷战的战略已见端倪，可以与杜鲁门主义相媲美。

2. 经济制裁与遏制

1989 年之后，西方发达资本主义国家就曾集中对中国举起了经济制裁的大棒。6 月 5 日，美国总统布什宣布对中国实施制裁，主要措施有：(1)暂停一切武器销售和商业性出口。(2)暂停两国军事领导人之间的互访。6 月 20 日，布什又下令：(1)美国将要求世界银行和国际货币基金组织等国际贷款机构，推迟向中国提供考虑中的新贷款。(2)美国政府官员中断与中国政府官员所进行的助理部长级以上人员接触。英国、日本、丹麦、瑞典、联邦德国、比利时、加拿大也相继宣布了制裁中国的决定，西方发达资本主义国家控制的关贸总协定(世贸组织前身)、世界银行以及欧共体也宣布对华实施制裁，有日本参加的七国首脑会议(后来加上俄罗斯，称八国集团)则发表了中止对华高层接触及延缓世界银行贷款等制裁的声明。

2008 年金融危机爆发后，美国等西方发达资本主义国家经济严重衰退，但与此同时，中国经济却一枝独秀。为了在经济上制约中国、维护美国的全球霸主地位，2011 年 11 月 12 日，亚太经合组织(APEC)檀香山会议期间，美国提出在 APEC 框架外启动未邀请中国参加的"跨太平洋伙伴关系"(TPP)谈判并宣布了 TPP 协定的框架。该谈判成为美国"亚太再平衡战略"的经济核心并被奥巴马称为"迄今最雄心勃勃并将为整个地区提供潜在榜样的贸易协定"，短时间内谈判成员国迅速增加至12 个(美国、日本、加拿大、墨西哥、澳大利亚、新西兰、智利、秘鲁、越南、马来西亚、文莱、新加坡）。2014 年 11 月 10 日至 11 日，APEC 会议在北京举行，会议期间，美国公然集结来华访问的上述 12 个国家领导人在美国驻华大使馆召开小会，为其倡导的 TPP 作"动力建设"。美国的战略意图就是借助 TPP 在经济上主导与控制亚太地区，并刻意将中国拒之门外，遏制中国的发展势头。

3. 利用人权问题干涉我国内政

美国前国务卿沃伦·克里斯托弗明确表示：对中国，"我们的政策将是设法通过鼓励伟大国家的经济和政治自由化势力，来促进中国从共产主义向民主的和平演变"。美国经济学家、地缘政治学家威廉·恩道尔也曾坦率地指出："美国采取的是鲜为人知的武器，利用'人权'、'民主'作为 21 世纪版的鸦片战争的武器，迫使中国敞开自己，接受美国的超级大国统治。"①近年来，美国国会通过了一系列议案。这些议案的共同特征是：要么完全无视事实，"闭着眼说瞎话"，无端指责我国人权状况；要么借口"人权"问题，粗暴干涉我国内政。

4. 培植亲西方势力

西方发达资本主义国家专门设立了各种"基金会"、"研究会"、"培训中心"等各类机构，通过邀请中国境内的"异见人士"访问西方，资助中国境内反党反社会主义的个人和团体，支持中国境外各种反华反共势力等多种手段，极力培植"亲西代理人"，散播"自由种子"。如，在中国学术界享有较高"知名度"的某民间研究所，因其经常发表一些攻击社会主义公有制、反对我国既定的基本国策等方面的报告与文章，受到了我国广大有良知的学者和网民的一致反对，但是 2012 年初，美国一个基金会却给该所创始人颁发了一个大奖，公开对其表示支持。

---

① 参阅龚云：《西方敌对势力的意识形态渗透的冲击和影响》，http://marxism. org. cn/blog/u/101/archives/2012/1164. html。

5. 意识形态渗透

西方发达资本主义国家把意识形态渗透和价值观推销提升到重要的战略高度，利用经济全球化之机，凭借经济、科技、人才、资金等方面优势，对我国意识形态渗透的力度越来越大、组织越来越周密、手法越来越多样，通过非政府组织，运用互联网等现代传媒手段，利用经济、外交、宗教等多种途径，多管齐下，对我国进行意识形态输出，期待中国版的"戈尔巴乔夫"能够出现，期待中国的经济现代化会带来政治制度的西方式变革。1999年6月，美国重要智库兰德公司向美国政府建议，对华战略首先就是要中国在意识形态方面西方化，使之失去与美国对抗的可能性。

西方社会思潮是西方对华意识形态渗透的重要载体。新自由主义推行"华盛顿共识"，宣扬自由化、市场化、私有化，传播西方价值观念，把社会主义制度抹黑成"专制制度"，攻击中国共产党领导的人民民主政权"压制民主""违反人权"；普世价值论把西方的"民主、自由、人权、法治、平等、博爱"说成是"人类社会共同追求的普世价值"，意图颠覆社会主义政权，推行西式民主；宪政主义极力推销西方宪政民主模式；消费主义通过西方奢靡的物质享受、琳琅满目的物质商品，推销西方生活方式和价值观念；生态主义牵强附会地把雾霾与社会主义制度联系起来，利用生态问题攻击社会主义制度。应该说，上述种种西方社会思潮对我国主流意识形态建设带来了很大干扰。

但是，改革开放后，一些人对于渗入我国的种种西方社会思潮不能加以正确的分析、鉴别和批判，始而感到新鲜、新奇，继而"一窝蜂地盲目推崇"。对于这种现象，邓小平感到"不能容忍"，表示坚决反对，他指出："现在有些同志对于西方各种哲学的、经济学的、社会政治的和文学艺术的思潮，不分析、不鉴别、不批判，而是一窝蜂地盲目推崇。对于西方学术文化的介绍如此混乱，以至连一些在西方国家也认为低级庸俗或有害的书籍、电影、音乐、舞蹈以及录像、录音，这几年也输入不少。这种用西方资产阶级没落文化来腐蚀青年的状况，再也不能容忍了。"①习近平总书记在《在全国党校工作会议上的讲话》中也明确指出："国内外各种敌对势力，总是企图让我们党改旗易帜、改名换姓，其要害就是企图让我们丢掉对马克思主义的信仰，丢掉对社会主义、共产主义的信念。而我们有些人甚至党内有的同志却没有看清这里面暗藏的玄机，认为西方'普世价值'经过了几百年，为什么不能认同？西方一些政治话语为什么不能借用？接受了我们也不会有什么大的损失，为什么非要拧着来？有的人奉西方理论、西方话语为金科玉律，不知不觉成了西方资本主义意识形态的吹鼓手。"②"马克思主义就是我们共产党人的'真经'，'真经'没念好，总想着'西天取经'，就要贻误大事！"③中国社会科学院前院长陈奎元将邓小平指出的这种现象称之为"另一种教条主义"："当前，在意识形态领域要反对两种迷信、两种教条主义。一种是空谈坚持马克思主义……不是将马克思主义理论当作实践的指南，而是视同宗教的信条……另一种教条主义，是迷信西方发达国家反映资产阶级主流意识形态的思想理论，把西方某些资产阶级学派的理论甚至把发达资本主义国家的政策主张奉作教条。"④

　　那么，当下中国是否存在"一窝蜂地盲目推崇"西方社会思潮的"西化"现象呢？对此，陈奎元给予了明确回答："这种倾向在意识形态领域以及经济社会变革中的影响力正在上升……理论工作者早有质疑，党的领导人也有告诫，但是至今还未引起思想理论界应有的反响，没有进行认真的鉴别，有的甚至还充作理论创新的成果，向思想、政治、经济

---

①　《邓小平文选》第 3 卷，人民出版社 1993 年版，第 44 页。

②　习近平：《在全国党校工作会议上的讲话》，《求是》2016 年第 9 期，第 5 页。

③　习近平：《在全国党校工作会议上的讲话》，《求是》2016 年第 9 期，第 8 页。

④　陈奎元：《繁荣发展中国特色的哲学社会科学》，《人民日报》2004 年 4 月 20 日。

和文化教育等各个领域渗透。"①陈奎元的回答是符合客观事实的，当前我国意识形态领域的情况较为复杂，形势较为严峻，马克思主义与反马克思主义之间的斗争不仅从未停止而且呈逐渐增强之势，右的势力越来越猖獗，肆无忌惮地把矛头指向中国共产党及其领袖、社会主义制度、马克思主义者与爱国主义者，经济学、政治学、社会学等哲学社会科学学科"西化"现象较为严重，正如习近平总书记所指出的："也有一些同志对马克思主义理解不深、理解不透，在运用马克思主义立场、观点、方法上功力不足、高水平成果不多，在建设以马克思主义为指导的学科体系、学术体系、话语体系上功力不足、高水平成果不多。社会上也存在一些模糊甚至错误的认识。有的认为马克思主义已经过时，中国现在搞的不是马克思主义；有的说马克思主义只是一种意识形态说教，没有学术上的学理性和系统性。实际工作中，在有的领域中马克思主义被边缘化、空泛化、标签化，在一些学科中'失语'、教材中'失踪'、论坛上'失声'。这种状况必须引起我们高度重视。"②如，在经济学领域，吴易风指出，在邓小平发表上述讲话的时候，盲目推崇西方经济学的学者还没有公开宣称自私自利是人的本性，但是，"今天，则公开宣称西方经济学关于自私自利是人的本性这一'经济人'假设是科学的、正确的，是有'生物学根据'的，说是生物学已经找到了'自私基因'；当时，他们还没有公开宣称生产资料私有制符合人的本性，今天，则公开宣称只有生产资料私有制才符合人的自私本性，生产资料公有制是违反人性的"。③有些高校在课程设置中，西方经济学的课时已明显超过马克思主义经济学的课时；博士点、硕士点的招生考试中，西方经济学分值超

① 陈奎元：《繁荣发展中国特色的哲学社会科学》，《人民日报》2004年4月20日。

② 习近平：《在哲学社会科学工作座谈会上的讲话》，《人民日报》2016年5月19日，第2版。

③ 吴易风：《马克思主义经济学和新自由主义经济学》（序言），中国经济出版社2006年版，第5页。

过一半以上，有的达到三分之二甚至五分之四；教师的科研考核和职称评定以在西方发达国家的期刊上发表的论文数量作为最重要的考核标准和评定依据；人才引进以欧美等西方发达国家毕业的经济学博士和博士后为重点，重"海龟"、轻"土鳖"现象严重；一些教师在教学中放弃了对西方经济学的批判性借鉴，讲求所谓原汁原味的"客观讲授"；本科生、硕士生、博士生普遍缺乏马克思主义政治经济学的基本原理和方法论常识。又如，在政治学领域，有学者将西方政治学理论美化、夸大化、绝对化、"普世化"，要求中国"照葫芦画瓢"，照搬照抄西方政治学理论观点、分析模式和话语体系，以是否信奉和运用西方政治学理论作为评判是否"有学问"、是否"思想解放"的重要标准，或在教材选编和参考书目的推荐上采用"西主中辅"或"西主马辅"的布局，或用"时髦"的、"高深"的、晦涩难懂的西方概念及话语故弄玄虚、装势吓人，或公开鼓吹西方资本主义民主政治制度具有"普世性"等。

　　邓小平曾提醒人们，"一窝蜂地盲目推崇"西方社会思潮者正在试图边缘化马克思主义，他们不仅拒绝马克思主义者的批评和帮助，而且"抵抗批评的气势很盛。批评不多，却常被称为'围攻'，被说成是'打棍子'。其实倒是批评者被围攻，而被批评者却往往受到同情和保护"。① 马克思主义者"被围攻"是马克思主义被边缘化的集中体现。中国社会科学院院长王伟光于2013年专门撰文强调，要"及时支持那些因为坚持真理而被围攻的同志"，他指出："面对攻击党和政府、否定社会主义制度的言论，我们的理论工作者、宣传思想文化工作者，要以高度的责任感，以实际行动进行有力回击，当冲锋陷阵的战士。各级党委及宣传思想文化部门，要对错误言论开展旗帜鲜明的批评，及时支持那些因为坚持真理而被围攻的同志。"②但是，令人始料不及的是，王伟光本人很快就遭到了围攻。2014年9月23日，王伟光在《红旗文稿》上发

---

①　《邓小平文选》第3卷，人民出版社1993年版，第46页。

②　王伟光：《牢牢掌握意识形态工作领导权管理权话语权》，《人民日报》2013年10月8日。

表了一篇题为《坚持人民民主专政，并不输理》的文章。这篇文章，以马克思主义国家与无产阶级专政学说为理论依据，运用马克思主义的阶级观点与阶级分析方法，深入、深刻、有理、有据、系统分析了人民民主专政的实质、基本观点、历史形成与现实价值。文章发表后，有些门户网站以标题《社科院院长：国内阶级斗争是不可能熄灭的》加以转载，众多"公知"展开了对王伟光的围攻，他们"只准州官放火，不准百姓点灯"，只准自己成天热衷于搞阶级斗争却不准别人讲阶级斗争，故意把王伟光运用的马克思主义科学的阶级观点、阶级分析方法同"阶级斗争为纲"混淆起来，给王伟光扣上了"复辟以阶级斗争为纲""文革复辟""反动权威""走资派"等大帽子，斥责王伟光为"姚文元重生""鼓动底层造反""幽灵""纳粹"，威胁王伟光会"死得很惨""应该绞刑""强烈要求中央追究他的政治责任"，等等。2015年初，时任教育部长袁贵仁在教育部学习贯彻《关于进一步加强和改进新形势下高校宣传思想工作的意见》(以下简称《意见》)座谈会上强调，高校教师必须守好政治底线、法律底线、道德底线，加强对西方原版教材的使用管理，绝不能让传播西方价值观念的教材进入我们的课堂；决不允许各种攻击诽谤党的领导、抹黑社会主义的言论在大学课堂出现；决不允许各种违反宪法和法律的言论在大学课堂蔓延；决不允许教师在课堂上发牢骚、泄怨气，把各种不良情绪传导给学生。袁贵仁的讲话，旨在进一步贯彻落实《意见》精神，从加强和改进高校宣传思想工作、坚持"立德树人"的角度，针对当前我国高校意识形态领域存在的突出问题，要求高校教师树立正确的政治方向、培育应有的政治意识与大局意识，无疑是必要的，但招致了一些人的激烈反对，他们对袁贵仁讲话中的"守好三个底线""一个绝不能""三个决不允许"进行片面性解读与任意性解构，把学术研究与价值取向、宣传思想工作绝对对立起来，片面强调"学术研究无禁区"而忽视"课堂讲授有纪律"，指责袁贵仁的讲话妨害了学者研究的学术独立精神与价值中立立场，是对西方文明成果的无知排斥，是对批评与建议的粗暴野蛮打压，等等。凡此种种现象，不能不引起我们的高度警惕。

6. 政治颠覆

西方敌对势力往往以政府为后盾、以基金会等各类非政府组织为平台、以社会热点难点重点问题为突破口，在我国制造各种社会动荡事件，对我国进行政治颠覆与"颜色革命"，其政治颠覆的主要手段和基本步骤有：由基金会等非政府组织资助亲西方的组织与个人，通过他们推销西式民主与价值观，攻击我国的政党制度、政治制度与主流意识形态，搞乱人们的思想；由基金会等非政府组织资助恐怖组织、民族分裂组织、"民运"组织、"邪教"组织等反政府组织，并对这些组织的骨干成员进行专门培训；利用社会热点难点重点问题，挑起人们不满，煽动人们闹事，制造社会动荡；由政府出面发出各种呼吁、声明、抗议，乃至警告、制裁，对我国政府施加压力，以压促变。美国民主基金会就是这样一个专门进行政治颠覆的组织，中国更是其主攻对象。

尤其值得警惕的是，自美国前国务卿杜勒斯放言，将对中国的"和平演变"的希望寄托在第三代、第四代人身上以来，西方发达资本主义国家一直将青年一代特别是大学生作为意识形态渗透的重点对象。美国新闻出版署的文件中说："美国应向中国正在成长的年轻一代灌输美国的价值观念，这比向他们传授科学知识更重要。"①兰德公司的报告也说："让受过西方生活方式熏陶的中国留学生回国，其威力将远远胜过派几十万军队过去。"②美国新闻出版署的高官也曾经露骨地表示："美国应向中国正在成长的年轻一代灌输美国的基本价值观念，这是比传授科学知识本身更为重要的任务。"美国共和党参议员赫尔姆斯1987年在美国国会会议上赤裸裸地说："现在是告诉中华人民共和国当局的时候了：这里没有免费的午餐(资助中国留学生)。慈善固然是一个因素，

---

① 金鑫：《中国问题报告》，中国社会科学出版社2000年版，第50页。
② 金鑫：《中国问题报告》，中国社会科学出版社2000年版，第49页。

但绝不是首要因素。我们是怀有明确的外交政策目的的。我们的目标是让在美国的外国留学生接受作为美国立国之本的自由、民主原则的熏陶。"[1]1951 年，以颠覆别国政权为能事的美国中央情报局在其极机密的《行事手册》中，处心积虑地研究制定了专门对付中国的方案。该方案的内容几经增补至今已达 10 项，该方案的前 3 条，均是针对如何从思想信仰、道德操守和毅力意志等方面损毁我国青年人的内容。其中第 1 条讲："要尽量用物质来引诱和败坏他们的青年，鼓励他们藐视、鄙视并进一步公开反对他们原来所受的思想教育，特别是共产主义信条。替他们制造对色情奔放的兴趣和机会，进而鼓励他们进行性的滥交。让他们不以肤浅、虚荣为羞耻。一定要毁掉他们强调的刻苦耐劳精神。"第 2 与第 3 条则是："要尽一切可能做好宣传工作，包括电影、书籍、电视、无线电波……核心是传播宗教。只要他们向往我们的衣、食、住、行、娱乐和教育方式，就是成功的一半。""想尽一切办法让中国的青少年向往美国的生活方式，要把他们青少年的注意力从他们以政府为中心的传统中引过来，让他们的头脑集中于体育、表演、色情书刊、享乐、游戏、犯罪性电影和宗教迷信。"[2]西方发达资本主义国家的意识形态渗透，是多样化社会思潮对当代中国大学生思想行为发生影响的重要原因。

二、多样复杂的国内形势

目前，我国的国内形势总体状况良好，社会主义经济建设、政治建设、思想文化建设、社会建设、生态文明建设都取得了长足进步，社会主义公有制的优越性充分显现，中国特色社会主义民主政治制度日益完

---

[1] 参阅龚云：《西方敌对势力的意识形态渗透的冲击和影响》，http：//marxism. org. cn/blog/u/101/archives/2012/1164. html。

[2] 参阅张传文：《绝不能让杜勒斯的预言变成现实》，《协商论坛》2005 年第 3 期，第 18 页。

善，社会主义先进思想文化不断发展繁荣，社会总体和谐稳定。但与此同时，我国经济、政治与思想文化等方面的发展日益多样化，一些社会问题与社会矛盾日益凸显，中华民族伟大复兴仍面临着诸多严峻挑战。这种多样而严峻的国内形势，在一定意义上，为多样化社会思潮在我国高校校园的"滋生"提供了"内部土壤"。

(一)多样的国内形势

在我国社会主义初级阶段，虽然社会主义公有制在所有制结构与国民经济发展中仍居于主体地位，起着主导作用，但社会主义公有制的实现形式日益多样化，新的经济成分不断涌现，社会阶层与人们的利益需求也随之日益多样化；虽然马列主义、毛泽东思想与中国特色社会主义理论体系、习近平新时代中国特色社会主义思想在意识形态领域仍居于主导地位、起着引领作用，但多样化思想文化之间的交流日益频繁、交锋日益激烈，人们的社会心理与价值取向也随之日益多样化。互联网与自媒体等现代传媒的"横空出世"，打破了主流媒体和主流意识形态在思想信息获取、加工、传播等方面的优势地位，多样化社会思潮日益活跃。

1. 社会阶级阶层多样化

改革开放以来，我国所有制结构、产业结构与经济运行方式发生了一系列重大变化。以公有制为主体、多种经济成分并存的所有制结构取代了单一公有制结构，个体经济、私营经济、"三资"企业大量涌现，承包制、股份制、租赁制等新形式不断出现；第一产业从业人员比重逐步下降，第二、第三产业从业人员比重逐渐上升，一些新兴产业开始兴起；社会主义市场经济体制逐步取代了计划经济体制，市场在资源配置中所起的作用越来越大，由辅助性作用逐步上升为基础性作用乃至决定性作用，市场化成为社会阶级阶层分化的重要推手，推动着不同所有制、不同行业、不同区域间的人员频繁流动与阶级阶层的分化整合，一些既有阶级阶层发生裂变，一些新的社会阶级阶层正逐渐形成。

针对我国社会阶级阶层的分化，有学者把"当代中国人"划分为"十大阶层"与"五大等级"。"十大阶层"包括：国家与社会管理者阶层(拥有组织资源)，经理人员阶层(拥有文化资源或组织资源)，私营企业主阶层(拥有经济资源)，专业技术人员阶层(拥有文化资源)，办事人员阶层(拥有少量文化资源或组织资源)，个体工商户阶层(拥有少量经济资源)，商业服务人员阶层(拥有很少量的三种资源)，产业工人阶层(拥有很少量的三种资源)，农业劳动者阶层(拥有很少量的三种资源)，城乡无业、失业和半失业人员阶层(基本没有三种资源)。"五大等级"包括：社会上层(高层领导干部、大企业经理人员、高级专业人员、大私营企业主)、中上层(中低层领导干部、大企业中层管理人员、中小企业经理人员、中级专业技术人员、中等私营企业主)、中中层(初级专业技术人员、小企业主、办事人员、个体工商户、中高级技工、农业经营大户)、中下层(个体劳动者、一般商业服务业人员、工人、农民)、底层(生活处于贫困状态并缺乏就业保障的工人、农民和无业、失业、半失业者)。[①] 社会阶级阶层发生的分化，必然导致各"阶层""等级"之间在经济状况、政治地位、文化素质、价值观念、思想品德、精神追求、政治态度、政治信仰和行为方式等方面的差异与变动、矛盾与冲突，必然导致意识形态领域的斗争日益尖锐与复杂、各种思想理论观点之间的碰撞交锋日益频繁与激烈，于是多样化社会思潮应运而生。

2. 利益需求多样化

马克思曾强调指出："人们为之奋斗的一切，都同他们的利益有关。"[②]"利益是人们基于一定生产基础上获得的社会内容和特性的需要，这种需要随着历史的发展和时代的进步不断更新。……由于需要(利

---

① 陆学艺：《当代中国社会阶层研究报告》，社会科学文献出版社 2002 年版，第 1~23 页。

② 《马克思恩格斯全集》第 1 卷，人民出版社 1995 年版，第 187 页。

益)是导致人们行为的起点并贯穿始终的主线,因而,利益成为政治生活中的一条基本准则和政治发展的重要追求。"①多样化社会思潮的生成演变是多样化利益需求的集中反映。

虽然社会主义初级阶段广大人民群众的根本利益是一致的,但随着社会主义市场经济的发展,社会结构、组织形式、经济成分、就业方式、分配方式的日益多样化,社会阶级阶层的不断分化裂变,利益格局也随之发生了深刻调整,利益主体日益多样化,利益关系日益复杂化,利益诉求被不断释放,利益冲突时有发生;虽然社会总体上和谐稳定,但社会保障、收入分配、教育、医疗、就业、住房、食品安全、环境保护等事关群众切身利益的问题仍较为突出;虽然广大人民群众的物质文化生活水平不断提高、物质文化生活需求不断得到满足,但利益调节与保障机制尚不够健全,仍在一定程度上存在着部分群众利益受损的情况,不同利益群体之间存在着一定的利益差别,人们对利益诉求尚存在褊狭性理解,一些利益既得群体总希望在现有基础上获取更大利益,而一些利益受损群体则希望得到关怀与补偿。如,一些先富起来的、拥有丰厚经济资源的"经济精英",把自己视为先进生产力的代表,认为自己为经济社会的发展立下了汗马功劳,不再仅满足于经济地位的提升与经济资源的拥有,开始与一些"政治精英"与"文化精英"相勾连,谋求政治资源与文化资源,呼吁党和政府应给予他们相匹配的政治身份、政治地位与政治待遇;一些拥有丰厚组织资源的"政治精英",看着身边一个个富起来的"富人"、一个个声名鹊起的"名人",心态慢慢失衡,开始以自身所拥有的组织资源为资本,与"经济精英"和"文化精英"展开各种形式的交换;一些拥有丰厚文化资源的"文化精英",也不再甘于寂寞和平淡,不愿潜心求学,而是信奉"拿谁钱、谁给钱,就替谁说话",为了名利而甘愿充当某些利益群体的代言人。又如,一些产业工

---

① 张明军、陈明:《中国特色社会主义政治发展的实践前提与创新逻辑》,《新华文摘》2014 年第 14 期,第 6~7 页。

人曾经为我国工业基础的建立、国防事业的发展、国民经济的繁荣做出过重要贡献，但改革开放后，由于产业结构的调整、企业经营的不善以及自身原因，下岗失业，从事一些临时的不稳定工作，仅靠失业保险金、下岗基本生活费、"买断工龄"补偿费等维持生活，甚至借债度日；一些农民为了支持国家的基础设施建设、经济社会发展，出让了自己经营的土地而成为无地少地农民，由于我国征地补偿制度的缺陷、就业保障体制的缺失、社会保障水平的偏低等原因，他们生活艰难。这些下岗失业工人、无地少地农民迫切希望得到党和政府的关注和关怀，渴望"走进春天里"，过上好日子，等等。在这种现实境遇下，一旦有"风吹草动"，社会各阶级阶层、各利益群体便纷纷表达自己的利益诉求、利益主张，代表不同阶级阶层利益的专家、学者们也是"你方唱罢我登场"，于是多样化社会思潮层出不穷、此起彼伏，令人眼花缭乱、应接不暇。

3. 思想文化多样化

改革开放以来，随着经济结构与政治生活的多样化，对外思想文化交流的日益频繁与加深，我国思想文化的发展也日益多样化。先进文化与落后文化、健康文化与腐朽文化、高雅文化与低俗文化、科学文化与非科学文化、马克思主义文化与非马克思主义文化、民族文化与外来文化、东方文化与西方文化、传统文化与现代文化、主流文化与亚文化、官方文化与民间文化、精英文化与草根文化等多种文化，在我国同时并存，相互激荡、交流、交融、交锋、交战，并对不同的阶级阶层、利益群体发生着程度不同的影响。如，西方势力及其代言人，往往致力于扩大非马克思主义文化、腐朽落后文化、外来文化特别是西方文化的影响，极力削弱马克思主义文化、主流文化、先进文化、中华优秀传统文化的影响；而党员、团员等先进群体则大力弘扬马克思主义文化、主流文化、先进文化、红色文化、科学文化，创造性地传承中华优秀传统文化。那些经济上先富起来、生活质量高的"精英"阶层，较易受到现代文化、精英文化的影响；而那些为生计奔波、为一日三餐发愁的下岗失业工人、无地少地农民，则较易受到民间文化、草根文化的影响。思想文化发展的多样化，既有积极作用，也有消极作用。一方面，思想文化发展的多样化，是人类社会长期健康可持续发展的前提，是一个社会思想文化繁荣的重要标识与真实反映，可以为主流思想文化与主流意识形态建设提供丰富的养料和素材，有利于人们解放思想，增强人们的思想文化鉴别力与鉴赏力；另一方面，思想文化发展的多样化，也促成了多样化社会思潮的生成、演变，在一定程度上消解了主流思想文化与主流意识形态的影响，对主流思想文化与主流意识形态建设提出了严峻挑战。

4. 社会心理多样化

社会心理是人们对社会生产方式与运行状况的主观反映，主要表现为社会认知、社会认同、社会情感、社会意志、社会行为等基本形式，是社会变迁和社会现实的"风向标"和"晴雨表"。在社会主义市场经济条件下，一方面，当代中国民众的权利意识、主体意识、独立意识开始觉醒，自主性、能动性、创造性明显增强，开始主动对一些普遍性、根本性的社会问题特别是事关切身利益的现实问题进行独立性思考，并就自身的需求、诉求、愿望、情感、态度等主动发声；另一方面，由于社会的转型、经济的转轨、利益格局的调整、体制机制不完善造成的失误和负面影响，以及西方思想文化和价值观念的冲击，这些又在一定程度上造成了当代中国社会心理的起起伏伏、流变不定、震荡失衡、无奈无序，人们的压力感、焦虑感、冷漠感、不信任感与浮躁心理、功利心态日益增强。有学者把当代中国不良的社会心态概括为八种，即浮躁、喧嚣、忽悠、炒作、炫富、哭穷、暴戾、冷漠。[1] 由于利益主体多样化，

---

[1] 夏学銮：《当代中国八种不良社会心态》，《人民论坛》2011 年第 4 期（下），第 49~50 页。

各利益主体之间的利益差别、利益需求的满足程度与"发声"的受重视程度各不相同，因此，各阶级阶层与利益群体的社会心理存在着很大差异性，即使是同一阶级阶层与利益群体内部的不同派别、不同成员之间的社会心理也存在着很大的差异性。当代中国社会心理具有鲜明的多样性，而社会发展速度的加快、个人生存发展压力的加大、社会地位与身份的变化，更使多样化的社会心理日趋复杂。一般来说，利益既得者群体容易产生满足感、优越感、幸福感、公正感、稳定感等社会心理，而利益受损者群体则容易产生挫败感、困惑感、矛盾感、浮躁感、焦虑感、迷茫感、不公正感、被剥夺感、不满情绪、激愤绝望等社会心理。在当代中国，忧患意识、创新意识、诚信意识、权利意识、公正意识、竞争意识、进取意识、奉献意识、集体意识、宽容意识、开放意识、自信乐观与自私意识、交易意识、欺骗意识、娱乐意识、忽悠意识、炫富意识、哭穷意识、拜物意识、攀比意识、怀旧意识、媚俗意识、依赖意识、从众意识、悲观意识等同时并存，社会心理中的进步因素与落后因素、理性因素与非理性因素兼而有之，社会心理的矛盾与张力明显增强。多样化社会思潮善于迎合多样化社会心理，以寻求自己的生长空间。

5. 价值取向多样化

价值取向，是指人们在一定价值观的支配下，在面对或处理各种矛盾、冲突、关系时所持的基本价值立场、价值态度及其外在表现，涉及价值认知、价值情感、价值评判、价值选择等多方面因素，是一个"认知—内化—外化—再认知—再内化—再外化"的循环往复过程，既具有一定的可变性、可塑性，又具有一定的稳定性、规律性；既受到价值主体的自我意识、思维方式、心理状态、情绪情感、利益需求的影响，又受到外部的社会环境、家庭状况、教育背景的影响。计划经济时代，人们的主体意识、独立意识相对薄弱，价值观领域一元主导有余、多样并存不足。现代社会，人们的主体意识逐渐被唤醒，思想观念得到了极大解放,价值取向上具有明显的开放性、独立性、自主性、功利性,社会价值观念逐步由过去的一元主导转变为一元主导下的多样并存。价值取向多样化与社会思潮多样化是一种相互影响、相互制约的关系。多样化价值取向是多样化社会思潮得以生成、传播并发生影响的必要条件、重要原因,而多样化社会思潮的传播又加剧了价值取向的多样化。

(二)复杂的国内形势

党的十一届三中全会以来,中国特色社会主义事业取得了巨大成就,生产力快速发展,人民生活水平大幅提高,综合国力与世界影响力大大增强。但与此同时,中国特色社会主义事业也面临着严峻挑战。西方发达资本主义国家利用资本输出与扩张,不仅对我国进行经济掠夺、政治干涉、技术封锁,而且大肆向我国输入西方思想意识、价值观念与生活方式,有些人因此患上了西方依赖症、西方盲从症,经济上宣扬新自由主义,主张市场化、私有化、自由化;科学技术上忽视独立创新、中国智造;政治上主张照搬西方民主政治模式;思想上否定马克思主义、毛泽东思想与中国特色社会主义理论体系,宣扬各种西方思想理论体系与价值观念。我国的改革也已经进入攻坚期和深水区,剩下的都是难啃的硬骨头,一些社会问题与社会矛盾也日益凸显。这些日益凸显的社会问题与社会矛盾,是老百姓心生怀疑、不满、怨气的重要原因,是群体性、偶发性、突发性事件发生的深层根源,也是有些人"非马崇西"或"非中崇西"的重要借口,既对社会和谐稳定提出了严峻挑战,也给国内外敌对势力与敌对分子提供了"口实",是多样化社会思潮发生影响的重要诱因。

改革开放后,我国较为突出的社会问题与社会矛盾主要有社会不公、贫富差距、环境污染、食品安全、贪污腐败、社会保障,以及上学难、住房难、就业难、养老难等。这些问题,既是老百姓街谈巷议的热门话题,也是学术界、思想理论界关注的重点问题。

在各种评论中,有四种现象应引起重视:

第一种现象是：有些人把上述社会问题与社会矛盾进行"淡化"处理、"合理化"论证，企图以此麻痹与误导党和政府，激化社会矛盾，为最终实现"和平演变"预埋"隐形炸弹"。如，对于贪污腐败问题，应当清醒地看到，我国当前的腐败问题应该说是较为严重的，且"腐败活动向一些关键领域、社会领域扩散，高中级干部违纪违法现象严重，一些腐败分子集政治蜕变、经济腐败、生活腐化于一身，案件类型多样化，作案手段日趋复杂，呈现出隐蔽化、智能化的特点"。① "一棵参天大树，若任蛀虫繁衍啃咬，最终必定逐渐枯萎；一个国家或政党，若任腐败毒瘤蔓延，最终也难免趋于衰亡。"②贪污腐败已对我国的经济社会发展造成了严重危害，不仅在经济上干扰了社会主义市场经济的健康发展与正常运行，扰乱了市场资源的正常分配与合理流动，侵害了公众利益，而且在政治上严重损害了党在人民群众心目中的形象，严重损害了政府的公信力，严重损害了社会公平，严重阻碍了中国特色社会主义民主政治制度的改革、发展与完善，同时在思想文化上严重败坏了社会风气、伦理道德。如果对贪污腐败问题不给予高度重视，不对之始终保持高压态势，就会导致亡党亡国的恶果。但是，有些人却对贪污腐败问题给出了这样的解读："改革要利用腐败和贿赂，以便减少权力转移和再分配的障碍。腐败和贿赂成为权力和利益转移及再分配的一个可行的途径和桥梁，是改革过程得以顺利进行的润滑剂，在这方面的花费，实际上是走向市场经济的买路钱，构成改革的成本费。"③又如，关于贫富差距问题，应当清醒地认识到，我国贫富差距过大已是不争的事实。"从城乡之间看，城乡居民收入比从 1978 年的 2.36∶1，扩大到 2009 年的

① 中共中央宣传部理论局编：《七个怎么看》，学习出版社、人民出版社2010 年版，第 108 页。

② 中共中央宣传部理论局编：《七个怎么看》，学习出版社、人民出版社2010 年版，第 104 页。

③ 《中国经济学家骇人听闻的语录大全》，《人民网》强国论坛，2005 年 12 月2 日帖子。

3.33：1；从区域之间看，东西部地区城镇和农村居民收入差距较大，2009 年浙江、贵州城镇人均可支配收入分别为 24611 元、12862.53 元，农村居民人均纯收入分别为 10007 元、3000 余元；从不同群体之间看，高收入阶层财富增长较快，中国已成为世界第二大奢侈品消费国，而另一方面，我国绝对贫困人口超过 4000 万人，低收入群体还有 2.7 亿人"，① "行业差距大，在银行、证券、保险等单位工作的人年收入一般不低于 10 万元，而从事农林牧副渔业的人也就 2 万元多一点，相差近 5 倍。……一些垄断行业收入畸高、'天价工资'频频出现，一些领域'灰色收入'、'隐性收入'甚至非法收入大量存在"。② 北京大学中国社会学调查中心发布的《中国民生发展报告 2014》指出，中国处于顶端的 1%富人家庭占有全国 1/3 以上的财产，而底端的 25%家庭仅拥有中国财产总量的 1%左右。"国际上通常把基尼系数作为衡量收入差距的重要指标，一般认为，当基尼系数处于 0.4~0.5 时，表示收入差距过大，超过 0.5 则意味着出现两极分化。"③改革开放后，我国的基尼系数始终在 0.47 以上。邓小平曾经强调："如果导致两极分化，改革就算失败了。"④贫富差距过大与社会主义的本质不符，严重危害人民群众的切身利益和改革发展稳定的大局。因此，高度重视、切实解决贫富差距问题，是发挥社会主义优越性、让全体人民共享改革发展成果、维护社会公平正义、促进社会和谐稳定的迫切要求。但是，有些人却对贫富差距问题给出了这样的解读："中国的贫富差距大吗？中国的贫富差距还不够大，只有拉开差距，社会才能进步，和谐社会才能有希望"，"为了达到改革的目标，必须牺牲一代人，这一代人就是 3000 万老工人。8

---

① 中共中央宣传部理论局编：《七个怎么看》，学习出版社、人民出版社 2010 年版，第 89 页。

② 中共中央宣传部理论局编：《理性看 齐心办——理论热点面对面·2013》，学习出版社、人民出版社 2013 年版，第 18 页。

③ 中共中央宣传部理论局编：《七个怎么看》，学习出版社、人民出版社 2010 年版，第 89~90 页。

④ 《邓小平文选》第 3 卷，人民出版社 1993 年版，第 139 页。

亿多农民和下岗工人是中国巨大的财富，没有他们的辛苦哪有少数人的享乐，他们的存在和维持现在的状态是很有必要的"。①

　　第二种现象是：有些人将一些全球性、普遍性的社会问题与社会矛盾说成是中国特色社会主义的"专利品"和"必然产物"，企图从根本上否定中国特色社会主义制度，动摇人们对中国社会主义事业的信心，向人们暗示要解决这些社会问题与社会矛盾就必须改变社会主义制度，实行资本主义制度。如，腐败是一个全球性、普遍性问题，联合国毒品与犯罪问题办公室条约事务部主任约翰·桑德奇就曾提出，"腐败存在于每一个国家和地区"。② 腐败问题，不仅存在于发展中国家，也存在于发达国家；不仅存在于东方国家，也存在于西方国家；不仅存在于社会主义国家，也存在于资本主义国家，西方发达资本主义国家的腐败问题比我国更为严重，在这些国家频发的"政治献金"案就是明证。美国乔治梅森大学经济学教授卡洛斯·拉米雷斯（Carlos D. Ramirez）曾公开认为："世界上没有哪个国家是完全不存在腐败问题的"，"中国在过去十五年的发展与美国从十九世纪七十年代和二十世纪三四十年代的发展状况相似"、"中国的腐败程度远远低于美国，美国是中国的 7 到 9 倍，而当前中国的腐败并不比美国在 1920 年以后严重"。③ 正是为了应对共同面临的腐败问题，2005 年 12 月 14 日，国际社会共同制定了《联合国反腐败公约》，目前已有近 200 个公约缔约国，中国也是其中之一。但是，有些人却偏偏说："要想彻底清除腐败，我们就不得不搞清腐败产生的根源在哪里？有人说这个问题很清楚，腐败的根源就在社会主义制度里，在共产党一党专制里，通过不断改革、改制，实行西方多党制，就会消灭腐败。"④又如，贫富差距也是一个全球性、普遍性问题，美国

---

　　① 《中国经济学家骇人听闻的语录大全》，《人民网》强国论坛，2005 年 12 月 2 日帖子。

　　② http：//www.chinanews.com/fz/2013/12-09/5594156.shtml。

　　③ http：//bbs.tiexue.net/post2_6388494_1.html。

　　④ http：//theory.people.com.cn/GB/49150/49152/3885580.html。

加州伯克利大学教授 Emmanuel Saez 的最新研究表明，美国最富有的 10%群体的收入占美国个人总收入的比例在 20 世纪 70 年代以后开始陡升，虽然在亚洲金融危机和次贷危机期间有所回落，但目前比例已接近 1927 年大萧条前的水平，这意味着目前美国 10%的最富裕阶层掌握了约一半的国民收入。更令人吃惊的是，在 2009—2010 年的复苏期，美国新增财富中的 93%被 1%的最富有人群收入囊中。① 2014 年 10 月 17 日，美国联邦储备委员会主席珍妮特·耶伦也发出警告，认为美国贫富差距正在日益扩大，目前已经逼近最近 100 年来的最高水平。② 为了有效防控共同面临的贫富差距问题，国际社会制定了用于判断收入分配公平程度的基尼系数。有些人却将贫富差距和收入悬殊归咎于社会主义制度，宣称："首先是旧体制没有改革到位，而旧体制的特征就是一切都是公权；其次是国有垄断、政府管制的问题"，必须"使垄断行业实现市场化"，彻底实现"国退民进"，③ 等等。

第三种现象是：有些人企图通过对上述社会问题与社会矛盾进行片面性、"夸大化"、"严重化"解读，借此攻击我国的改革开放事业。如，关于腐败问题，中国共产党一直高度重视反腐败斗争，特别是党的十八以来反腐败斗争的广度、深度与力度可谓前所未有。习近平总书记反复强调："党风廉政建设和反腐败斗争是一项长期的、复杂的、艰巨的任务。反腐倡廉必须常抓不懈，拒腐防变必须警钟长鸣，关键就在'常'、'长'二字，一个是要经常抓，一个是要长期抓。我们要坚定决心，有腐必反、有贪必肃，不断铲除腐败现象滋生蔓延的土壤，以实际成效取信于民"，④ "要坚持'老虎'、'苍蝇'一起打，既坚决查处领导干部违纪违法案件，又切实解决发生在群众身边的不正之风和腐败问题"，

---

①　http：//finance. sina. com. cn/stock/usstock/c/20120324/003811667038. shtml。

②　http：//news. 163. com/14/1019/02/A8SU6EEE00014AED. html。

③　中国社会科学院政治学研究所课题组：《当代中国意识形态领域的知识分子和"舆论精英"研究》，《理论研究动态》2009 年第 6 期，第 65 页。

④　《习近平谈治国理政》，外文出版社 2014 年版，第 386 页。

"要加强对权力运行的制约和监督，把权力关进制度的笼子里，形成不敢腐的惩戒机制、不能腐的防范机制、不易腐的保障机制"。① 为了加强反腐败斗争的国际合作，中国还积极推动 2014 年亚太经合组织（APEC）第 26 届部长级会议通过了《北京反腐败宣言》，成立 APEC 反腐执法合作网络，旨在推动亚太各国加强追逃追赃等方面的合作，携手打击跨国（境）腐败行为。在党和政府的高度重视下，我国反腐败斗争成效显著。党的十八大以来，共拿下 440 名省军级以上党员干部和其他中管干部，处分 150 多万人，追回外逃人员 3400 多人，其中包括周永康、薄熙来、徐才厚、郭伯雄、令计划、孙政才等一批曾被认为是"铁帽子王"的人物，以及 43 名十八届中共中央委员、候补中央委员，9 名中央纪委委员，群众对反腐败工作成效的满意度平稳上升。但是，有些人却对党中央的反腐败决心、反腐败勇气、反腐败举措、反腐败成果视而不见，说什么"反腐败像雷阵雨，雷声大，雨点小，刮一阵风就拉倒""反腐败是越反越腐""反腐败斗争只是一种排除政治异己的手段"等。又如，关于贫富差距问题，从党的十五大提出"坚持效率优先、兼顾公平的原则"，到党的十六大提出"初次分配注重效率，再分配注重公平"，再到党的十七大提出"初次分配和再分配都要处理好效率和公平的关系，再分配更加注重公平"、党的十八大提出"初次分配和再分配都要兼顾效率和公平、再分配更加注重公平"、党的十九大提出"坚持按劳分配原则，完善按要素分配的体制机制，促进收入分配更合理、更有序"等，充分说明党中央一直以来都高度重视贫富差距问题。为了解决贫富差距问题，我国政府采取了诸如连续多年提高最低工资标准、取消农业税、实施西部大开发等区域协调发展战略，建立世界上覆盖人口最多的社会保障网，连续提高个税起征点，实行有利于减轻中低收入群体税负的税率结构等多种举措。习近平总书记执政以来，更是致力于推进精准扶贫精准脱贫，共减少贫困人口 6000 多万。我国的基尼系数

① 《习近平谈治国理政》，外文出版社 2014 年版，第 388 页。

从 2008 年以后，开始逐年下降。可是，有些人却对这些成效视而不见，说什么"中国的贫富差距在世界上是最严重的"，并由此歪曲中国现在搞的已经不再是社会主义而是"资本社会主义"或"国家资本主义"。

　　第四种现象是：有些人对上述社会问题与社会矛盾进行片面性、选择性解读，企图误导国家政策与发展方向。如关于"先富与共富"，有些人片面强调邓小平的"让一部分人、一部分地区先富起来"思想，忽视或有意淡化邓小平的"共同富裕"思想。面对贫富差距不断拉大的社会现实，他们仍不遗余力地鼓吹贫富悬殊是经济社会发展过程中不可避免的现象，主张如果现阶段就把主要精力放在解决贫富悬殊问题上，会影响市场的资源配置效率和整体福利的增长速度，会损害发展。这种看法实质上是对邓小平理论的片面性、选择性解读。邓小平既强调"让一部分人、一部分地区先富起来"，更强调"共同富裕"，认为"先富"是手段、"共富"才是目的，他指出："我们提倡一部分地区先富裕起来，是为了激励和带动其他地区也富裕起来，并且使先富裕起来的地区帮助落后的地区更好地发展。提倡人民中有一部分人先富裕起来，也是同样的道理"，① "社会主义财富属于人民，社会主义的致富是全民共同致富。社会主义原则，第一是发展生产，第二是共同致富。我们允许一部分人先好起来，一部分地区先好起来，目的是更快地实现共同富裕"，② 由此出发，邓小平把实现共同富裕、防止两极分化确立为社会主义的本质和根本原则、评判改革成败的衡量标准，多次强调："社会主义的本质，是解放生产力，发展生产力，消灭剥削，消除两极分化，最终达到共同富裕"，③ "一个公有制占主体，一个共同富裕，这是我们所必须坚持的社会主义的根本原则"，④ "社会主义与资本主义不同的特点就是共

---

① 《邓小平文选》第 3 卷，人民出版社 1993 年版，第 111 页。
② 《邓小平文选》第 3 卷，人民出版社 1993 年版，第 172 页。
③ 《邓小平文选》第 3 卷，人民出版社 1993 年版，第 373 页。
④ 《邓小平文选》第 3 卷，人民出版社 1993 年版，第 111 页。

同富裕，不搞两极分化"。① 对于邓小平的"先富与共富"思想，我们必须完整、全面地加以把握，并结合现实加以灵活运用。如果说在改革开放初期，强调"先富"，有利于克服"平均主义"思想的影响，打破"大锅饭"，有利于解放和发展生产力的话，那么在一些人已经迅速地先富了起来、一些深层次矛盾日益凸显、贫富差距已逼近社会容忍线的现实境遇下，如果还只是一味强调"先富"而忽视"共富"的话，不仅不是科学发展，而且会从根本上断送中国特色社会主义事业的发展。对于片面的"先富"论，有学者曾给予一针见血的批判："在中国，完成一部分人先富起来的任务所花的时间极短，而完成先富带后富、实现共同富裕的任务却遥遥无期。一些为财富、为资本辩护的精英们常常以分配问题复杂为借口，预言需要等待很长很长的时间才能解决分配公平的问题，要大家忍耐再忍耐，这真是奇怪的逻辑。要知道邓小平同志早就多次要求适时解决贫富差距扩大的问题，并警告说两极分化趋势将导致改革失败的危险后果。"②

"别有用心者"对凸显的社会问题与社会矛盾的"别有用心"的解读，向当代大学生传递了负能量，直接影响甚至误导了大学生对当下中国现实社会的判断，给他们确立科学的世界观、人生观、价值观与培育良好的社会心态造成了很大的负面影响，在很大程度上带来了他们的思想混乱，这是多样化社会思潮对当代大学生思想行为发生影响的重要原因。

三、高校主流意识形态建设存在的不足

多样化社会思潮对当代大学生的思想和行为产生了较为广泛的影响，这与我国高校主流意识形态建设存在的不足有很大关系。

---

① 《邓小平文选》第 3 卷，人民出版社 1993 年版，第 123 页。
② 刘国光：《谈谈国富与民富、先富与共富的一些问题》，《中国流通经济》2012 年第 1 期，第 5 页。

（一）领导思想上不够重视

思想战线能否坚持正确的政治方向和政治立场，领导是关键。针对"一窝蜂地盲目推崇"西方社会思潮现象，邓小平认为，思想战线上领导的软弱涣散状况是导致这种现象的首要原因。他不仅强调"领导上的软弱涣散状态仍然存在"，指出："前年党中央召开了思想战线问题的座谈会，批评了某些资产阶级自由化倾向和领导上的软弱涣散现象，那个会收到了一些效果，但没有完全解决问题。领导上的软弱涣散状态仍然存在"，① 而且列举了"领导上的软弱涣散状态"的种种表现，如"无论在理论界或文艺界，主流还是好的或比较好的，搞精神污染的人只是少数。问题是对这少数人的错误言行缺乏有力的批评和必要的制止措施"，② "有些同志对精神污染不闻不问，采取自由主义的态度，甚至认为是生动活泼，是'双百'方针的体现。有些同志明知不对，但是不愿或不敢进行批评，怕伤了和气"。③ 邓小平的剖析，一下子抓住了问题的关键。正是由于某些领导对违背四项基本原则的各种错误倾向睁只眼闭只眼，听之任之，姑息迁就，不敢理直气壮地进行批评、斗争，甚至对某些错误思想产生共鸣，或明或暗地默许和支持，才致使"一窝蜂地盲目推崇"西方社会思潮之风愈演愈烈。

邓小平对思想战线上"领导上的软弱涣散状态"现象的严厉批评，对当前我国高校意识形态建设仍具有重要的警醒作用，因为当前我国高校意识形态领域仍然不同程度地存在这种现象，具体表现为：有的高校领导思想麻痹、意识淡漠，并没有严格贯彻落实党的意识形态建设要求，不是旗帜鲜明、高度自觉地坚持用马克思主义主流意识形态占领高校思想文化阵地，而是对上级部门的指示与政策文件口头上重视、实际上敷衍塞责甚至阳奉阴违，对课堂教学缺乏必要的监管，对哲学社会科

---

① 《邓小平文选》第 3 卷，人民出版社 1993 年版，第 40 页。
② 《邓小平文选》第 3 卷，人民出版社 1993 年版，第 44 页。
③ 《邓小平文选》第 3 卷，人民出版社 1993 年版，第 45 页。

学学术研讨会、报告会等宣传思想阵地缺乏必要的管理，对人才聘用引进和学术交流等政治把关不严；有的高校领导面对西方资产阶级意识形态的强势渗透，不敢主动接招、积极应对、针锋相对，系统组织相关力量进行持之以恒的有效反击，而是或充耳不闻、视而不见、听之任之或消极应对、被动应付、一批了之或退却怯阵、退避三舍；有的高校领导，把马克思主义理论学科、马克思主义学院、高校思想政治理论课建设与大学生思想政治教育当成形式主义与表面文章，口头上高喊重视，实际上却不给予必要的经费支持、资金保证、政策扶持；有的高校领导，片面理解邓小平的"不争论"思想，不敢同各种错误思想展开针锋相对的斗争，等等。如，对于"普世价值论"，相关争论已经持续了七八年时间，虽然《政治学研究》与《思想理论教育导刊》两刊早在2008年就在京联合召开了"普世价值"问题学术研讨会，并刊发了系列文章，系统而深刻地阐释了"普世价值论"的基本主张、缘起缘由、理论实质，明确指出"普世价值"不是一个纯学术问题而是一种西方资产阶级意识形态渗透手段，中央相关部门也已对"普世价值论"进行了明确批判，作出了正式结论，但是许多高校仍没有专门组织力量系统批判"普世价值论"，一些高校在意识形态领域对"普世价值论"总体上处于一种回避交锋、集体失语的状态，缺乏统一果断的行动与公开鲜明的批驳，一些教师"袖手旁观"，甚至有少数教师或明或暗地支持与赞许"普世价值论"，导致马克思主义立场坚定的教师在那里孤军奋战，结果致使"普世价值论"者气焰日益嚣张，大学生的思想困惑、思想混乱至今仍没有得到有效解答、有效疏导，仍有一部分大学生不能正确科学认识"普世价值论"。又如，新自由主义一度在我国高校校园呈泛滥之势，有些高校经济学的教育方针与培养目标实行所谓的"双轨制"，即马克思主义经济学与宣扬新自由主义的西方经济学并重并行；有些高校经济学专业的招生、招聘、绩效考核、职称评审以宣扬新自由主义的西方经济学为主要标准和依据来选定必读书目、设计考卷内容、规定刊发刊物；有些高校将宣扬新自由主义的西方经济学理论书籍作为主要教材、学生的重点阅读书目；有些高校专门开设了宣扬新自由主义的课程；有些高校教师在课堂上对新自由主义理论观点与论据典、大加推崇，而对马克思主义经济学理论却轻描淡写，一扫而过，等等。上述现象的出现，与有些高校领导思想上不够重视有很大关系。

(二) 队伍建设相对薄弱

队伍建设是意识形态建设的关键、根本保证和长远大计。中华人民共和国成立特别是改革开放以来，我国高校意识形态队伍建设取得了较大成绩，相关培训体系逐步建立并不断完善，多层次、多渠道的培训格局逐步形成，培训措施得力有效，培训形式丰富多样，培训效果较为明显，科学的资格标准与准入制度正逐步推行，有效的激励和保障机制正逐步完善，高校意识形态工作者的知识结构不断完善，马克思主义理论素养不断提升，实践能力、政治意识、责任意识、阵地意识和底线意识不断增强，能够在政治原则、政治立场与政治方向上始终与党中央保持高度一致，一批学术带头人正发挥重要的引领作用，一支方向正确、立场坚定、思维开阔、理论水平高、实践能力强的中青年学术骨干队伍正逐步建立。但在看到成绩的同时，我们也必须承认，我国高校意识形态队伍建设与形势的发展、党和人民的要求仍有着不小的差距，正面临着各种各样的困难与挑战。虽然中共中央办公厅、国务院、中宣部、教育部已专门就此先后下发了《关于进一步加强和改进大学生思想政治教育的意见》《关于进一步加强和改进高等学校思想政治理论课的意见》《关于进一步加强和改进新形势下高校宣传思想工作的意见》《普通高等学校思想政治理论课教师队伍培养规划（2013—2017 年）》《高校思想政治理论课教师队伍建设专项工作总体方案》等文件，要求各级党委、政府、高校党政部门切实加强和改进高校意识形态工作与队伍建设，改善高校意识形态工作者的待遇，对高校意识形态工作者的评优表彰、岗位聘用（职务评聘）、科研立项、国内外学习进修和物质待遇等方面给予政策扶持，要落实高校意识形态工作的人员编制、经费投入和教学科研条件，为高校意识形态工作创造良好的工作环境。但由于意识形态工作与队伍建设，在增强高校的影响力、提高高校的知名度、凸显高校领导的政绩等方面，成效没有其他热门学科的学科建设来得快速、直接和明显，因此，有些高校并没有认真贯彻落实相关文件精神；有些立场坚定、知识渊博、功底深厚的老一辈马克思主义者已退休或将要退休；中青年马克思主义者普遍反映，他们的研究成果上学术刊物难、争取研究课题和项目难，在职称评审、绩效工资评选中处于劣势，普遍感到徘徊、彷徨、苦闷，很难安下心来，坐得住"冷板凳"，潜心研究马克思主义理论。由于待遇差、地位差、研究条件差等方面原因，有些人另谋出路，马克思主义理论研究和教学队伍人才流失现象时有发生。虽然国家非常重视马克思主义理论学科建设，2005 年 12 月，国务院学位委员会、教育部专门颁发了《关于调整增设马克思主义理论一级学科及所属二级学科的通知》，将马克思主义理论调整增设为一级学科，但马克思主义理论在社会科学领域中的地位仍有待提高，本科生源大多是调剂而来的，硕士、博士生源大多是跨专业报考的，毕业生就业较为困难。

队伍建设的相对薄弱，直接导致了高校意识形态工作队伍的整体素质不高，表现为：有些教师特别是中青年教师的马克思主义理论功底不够扎实，"不读马列，不懂马列，但是在宣讲与发展马列"；有些教师缺乏必要的政治锻炼和政治经验，缺乏应有的政治敏锐性与政治鉴别力，马克思主义信仰不够坚定，不敢理直气壮地宣讲马克思主义，不敢同各种错误思潮展开旗帜鲜明的斗争；有些教师信奉拜金主义，耐不住寂寞，坐不住冷板凳，只想着如何赚钱，热衷于"扬名立万"，在各种媒体上包装、炒作和宣扬自己，热衷于跑关系、要项目、拉赞助；有些教师信奉功利主义，热衷于投机取巧、走捷径，用"炒现饭"、"移花接术"等急功近利的手段多出快出"成果"，甚至为了名利而不惜铤而走险、抄袭剽窃；有少数教师在重大原则和大是大非问题上认识模糊，鼓吹、颂扬西方民主政治制度与价值观，散布各种反党、反社会主义、反马克思主义言论，挑战政治底线和法律红线；有少数教师把个人生活上的不如意和牢骚带到了课堂上，在大学生中传播负能量。凡此种种，给大学生的健康成长带来了很大的负面影响。

(三)阵地建设不够牢固

阵地建设是高校意识形态建设的重要载体与抓手，是高校意识形态活动开展的重要依托，是联结高校意识形态建设各要素的重要枢纽，是把高校意识形态建设落到实处的重要保障，是构建高校意识形态建设长效机制的前提基础。关于意识形态阵地的重要性，李先念曾指出："意识形态这个阵地丢了，社会主义阵地就会丧失。苏联、东欧的前车之覆，可以为鉴。因此，意识形态这个阵地，一定要牢牢掌握在忠于马克思主义者的手中。"①江泽民也曾指出："思想文化阵地，马克思主义、无产阶级的思想不去占领，各种非马克思主义、非无产阶级的思想甚至反马克思主义的思想就会去占领。"②胡锦涛曾强调："意识形态领域历来是敌对势力同我们激烈争夺的重要阵地，如果这个阵地出了问题，就可能导致社会动乱甚至丧失政权。"③习近平总书记也强调："我们的同志一定要增强阵地意识。宣传思想阵地，我们不去占领，人家就会去占领。""宣传思想部门承担着十分重要的职责，必须守土有责、守土负责、守土尽责。"④

巩固已有阵地、抢占新阵地是新时期加强高校意识形态建设的必然要求。现阶段，我国高校意识形态阵地建设虽然已经取得了较大成果，但仍不够牢固，表现为：①一些老阵地丢失。校园广播、校报、宣传栏曾是高校意识形态建设的重要阵地，但随着互联网等新媒体的出现、大学生信息获取方式的转变，有些高校在"现在大学生谁还听

---

① http：//theory. people. com. cn/n/2013/0903/c148980-22783848. html。

② 《江泽民文选》第3卷，人民出版社2006年版，第97页。

③ 《十六大以来重要文献选编》中，中央文献出版社2006年版，第318页。

④ 《习近平在全国宣传思想工作会议上强调　胸怀大局把握大势着眼大事努力把宣传思想工作做得更好》，《人民日报》2013年8月21日，第1版。

广播、谁还看报纸"等想法的支配下，逐渐放松、放弃了对校园广播、校报等老阵地的管理与建设。②忽视隐形阵地。有些高校把意识形态工作看成思想政治理论课教师与思想政治教育者的"专利"，不注重"全员育人"、"全方位育人"，没有很好地将意识形态教育融入智育、体育、美育中，没有很好地将意识形态教育延伸至各专业的教学中、课堂上。③未能积极抢占新阵地。当今时代，网络、社团、公寓等新阵地正对大学生的心理发展、价值取向、政治立场、道德观念、行为方式发生着越来越大的影响，大学生人人是网民，"低头族"、"手指一族"在大学校园内随处可见，各种社会思潮、思想理论观点充斥于大学生普遍使用的微博、微信上，各种大学生社团如雨后春笋般纷纷涌现，但有些高校却忽视了对这些新阵地的有效管理与抢占。④阵地建设投入不足。有些高校领导"阵地意识"薄弱，对于意识形态阵地建设没有给予必要的经费支持、政策支持、人员保障、场所空间。⑤阵地建设水平参差不齐。一些领导重视、经费充足的高校，对于意识形态阵地建设投入较多，意识形态阵地建设较为牢固，而一些领导不重视、资源紧张的高校，对于意识形态阵地建设投入不足，意识形态阵地建设不够牢固。

阵地建设不够牢固，给多样化社会思潮在高校校园的传播提供了可乘之机。

(四) 内容形式陈旧单一

面对国内外形势的深刻变化、时代发展的日新月异、人们思想观念的多样化发展，特别是多样化社会思潮的严峻挑战，马克思主义主流意识形态的强大功能与现实价值要得以充分发挥，就必须在内容与形式上，以更加开放的胸怀与姿态，充分体现时代精神、主动解答时代课题、主动回应时代诉求、积极应对时代挑战，发现新问题、形成新成果、实现新发展、彰显新魅力。但是，目前我国高校意识形态建设的内容与形式还没有完全达到上述要求，尚显得相对陈旧与单一。有些高校教师在新变化面前反应迟钝，在新成果面前怀疑彷徨，在新挑战面前张皇失措、怨天尤人，缺乏运用马克思主义立场观点方法分析现实社会、解答现实问题、解读现实诉求、探寻现实答案的勇气和自觉性，只会教条式地死守、照搬马克思主义条条框框；有些教师只会讲空话、套话、大话，不能运用深入浅出的语言、丰富多彩的形式、生动鲜活的事例、灵活有效的方法来向大学生宣讲马克思主义；有些教师在教学科研工作中，未能坚持理论联系实际，既不能运用马克思主义立场观点方法深刻分析与科学解答大学生提出和关心的重大理论问题和实际问题，以及他们在成长成才过程中必须面对和深入思考的新问题，深刻剖析在当代大学生中已产生较大影响的社会思潮，也不能及时将自己的教学经验与科研体会进行总结、凝练、深化、提升；有些教师面对多样化社会思潮不断提出的"新战略"、不断开发的"新武器"、不断开辟的"新战场"，没有积极探索应对的新机制、新途径、新方法，只会"自说自话"、"照本宣科"、因循守旧，有少数教师几年、十几年甚至几十年的教学工作都沿用同样的教案、教学方法。此次调研中，有5299人认为，"目前高校思想政治理论课的内容脱离大学生生活实际"，占46.7%；有6144人表示，"不太喜欢目前高校的思想政治教育形式"，占54.1%。

内容与形式上的陈旧单一、机械呆板，削弱了马克思主义的吸引力、说服力、引领力、整合力。

(五) 管理机制不够健全完善

所谓意识形态建设管理机制，是指管理者通过计划、组织、协调、控制等管理手段，科学配置、有效整合、合理使用各种资源，以实现意识形态建设各要素的良性互动，保证意识形态建设的顺利运转。高校意识形态建设是一个由人力资源、介体资源、环境资源、课程资源、网络资源、文献资源等要素所构成的有机系统。只有有效整合各种资源，使它们在各司其职、各负其责的基础上协调配合、优化组合，才能使高校意识形态建设取得事半功倍的良效。因此，构建健全完善的管理机制，是高校意识形态建设顺利开展的必然要求和重要保障。

改革开放以来，我国高校意识形态建设管理机制正逐步健全完善，"以人为本"的管理理念逐步确立，管理力量日益增强，资源配置逐步合理优化，但仍存在着诸多不健全、不完善的方面，表现为：有些高校仍存在着重行为管理、轻思想疏导，重教书育人与管理育人、轻服务育人与环境育人，重他教他律、轻自教自律，重理论灌输、轻实践教育，重知识教育、轻思想教育，重表面文章、轻实际效果，重社会功能、轻个人需求，重显性教育、轻隐性渗透，重硬件资源、轻软件资源等种种不正确的管理理念；有些高校未能将计划、组织、指挥、协调、控制等意识形态建设的基本管理手段协调好、配合好、统一好，制订了计划却又不认真落实，出现了矛盾却又得不到及时解决，强调认真执行却又缺乏公正有效的测评调控与奖惩机制等；有些高校党委办公室、校长办公室、组织部、宣传部、学工部、教务处、后勤处、各二级学院特别是马克思主义学院等机构及其工作人员，不能相互支持、相互配合、"心往一处想、劲往一处使"，未能形成强大的管理合力；有些高校存在着重集中、轻民主，重人治、轻法治，封闭性强、开放性弱等弊端。此次调研中，有 5583 人认为目前高校的意识形态建设管理模式存在着"僵化、滞后"的弊端，占 49.2%。

管理机制的不健全、不完善，导致各种资源间的相互冲突、各种力量间的相互抵消，使得高校意识形态建设各种资源未能实现系统配置、优化组合、功能互补，从而无法形成高校意识形态建设的合力，影响了高校意识形态建设的实际效果。

(六)方法的针对性、创新性不强

富有针对性、实效性的"方法"是实现意识形态建设目标、完成意识形态建设任务的"桥"或"船"。新时代我国高校意识形态建设方法的针对性、创新性有待进一步增强。

1. 方法的针对性不强

意识形态建设方法具有鲜明的目的性，服务于意识形态建设目标。有利于实现意识形态建设目标的方法，就是具有针对性的好方法，就应该受重视、被运用；反之，不利于实现意识形态建设目标的方法，就应该被舍弃。我国高校"是党领导下的高校，是中国特色社会主义高校"，办好我国高校必须"坚持以马克思主义为指导，全面贯彻党的教育方针"，要"坚持不懈传播马克思主义科学理论"、"坚持不懈培育和弘扬社会主义核心价值观"、"坚持不懈促进高校和谐稳定"。① 为此，就必须采取富有针对性的方法。但是由于种种原因或误解，有些人只推崇、热衷运用一些看似"时髦"的西式教育方法，而将一些揭示和反映意识形态建设规律与思想政治教育规律，富有针对性的马克思主义教育方法如理论灌输法、阶级分析法、历史分析法、具体分析法等视为过时无用。

2. 方法的创新性不强

意识形态建设方法必须要随着客观环境与受教育者的身心发展特点的变化而与时俱进。意识形态建设方法能否与时俱进，在很大程度上影响着意识形态建设的实际效果。目前我国高校意识形态建设方法总体上创新性不强，表现为：一些高校教师忽视学生的身心发展特点、情绪情感心理变化、利益需求，未能采用各种主体性教育方法将马克思主义理论讲深、讲透、讲活，未能做到"晓之以理"、"辅之以形"、"动之以情"、"导之以行"，未能有效将学生吸引到教育教学过程中来，少数教师仍主要采用我讲你听、我打你通的单向灌输方式，方法的主体性不强；一些高校教师未能高度重视、熟练掌握、充分运用互联网特别是新

---

① 《习近平在全国高校思想政治工作会议上强调：把思想政治工作贯穿教育教学全过程 开创我国高等教育事业发展新局面》，《人民日报》2016 年 12 月 9 日，第 1 版。

媒体、自媒体等现代技术手段，未能主动地、积极地探索富有时代气息的教育方法，方法的时代性不强；一些高校教师未能"贴近生活、贴近实际、贴近大学生"，将鲜活的思想、知识、信息资料与生活体验、实践经验、理论创新成果，及时注入教育内容中，未能针对时代与社会发展中出现的新情况、新问题，摸索适宜的新方法、新手段，方法的新颖性不强；一些高校教师往往只着眼于解决已经发生的或当下存在的思想问题，缺乏对将要发生的思想问题的超前性预判并采取相应的对策，方法的预判性不强；一些高校教师未能综合地、灵活地"多管齐下"，方法的系统性不强。

方法的针对性、创新性不强，严重影响了高校意识形态建设的实效性与马克思主义主流意识形态的吸引力，使得多样化社会思潮得以"乘虚而入"。

四、当代大学生的身心发展特点

目前高校就读的大学生基本为"90后"，他们的身心发展具有身体发育已基本完成，已具备成年人的体格与种种生理功能，心理上已较为成熟但又尚未完全成熟，世界观、人生观、价值观正处于确立的关键期，但又尚未完全确立，仍具有较强的可塑性等共性特征，又具有鲜明的多样性、自主性、求新性、矛盾性等新时代大学生的鲜明特征。这些特征的形成，是国内外社会环境、时代发展、家庭与学校教育共同作用的结果。这些特征，如果能被高校思想政治工作者充分认识、科学引导、合理利用，就能促进当代大学生的成长成才，但如果为错误社会思潮传播者加以利用，则会干扰当代大学生的成长成才。

(一)多样性

当代大学生成长于中国经济、政治、思想文化快速发展繁荣且日益多样的时代，加之他们教育背景、生活经历、家庭出身、爱好需求、性格特点等方面的差异，造成了他们身心发展的多样性。如，当代大学生的家庭出身具有多样性。相关学者对北京市大学生的抽样调查显示："大学生的家庭来源比例与当代中国社会人员结构分布基本一致"，来自工人、农民家庭的占了大多数，占 44.7%，来自国家与社会管理人员家庭的占 12.4%，来自教师与科技人员家庭的占 10.7%，来自个体户家庭的占 6.4%，来自私营企业主家庭的占 2.7%，来自一般干部和办事人员家庭的占 14.9%，来自下岗职工家庭的占 3.5%，来自自由职业者家庭的占 2.8%，来自其他家庭出身的占 2%。[①] 又如，当代大学生的利益需求具有多样性。大学生的利益需求与关注视角往往与其家庭出身有很大关联，来自农民和下岗工人家庭的大学生，从父母那里获得的学习生活经费较少，生活较为节俭甚至艰难，有很多人是靠助学贷款和勤工俭学完成大学学业的，尽快赚到钱、赚取更多的钱以改善自身生活条件是他们最为迫切的需求，因此，他们中很大一部分人往往一毕业就择业，且把待遇的好坏、工资的高低作为择业的首要标准；而来自富裕阶层的大学生，学习、生活条件优越，无后顾之忧，进一步深造、提升自身素质是他们的主要目标，因此，他们毕业后并不急于择业，而是选择出国留学、考研，将来择业时重点考虑的也往往是兴趣爱好、专业对口、发展平台、发展环境、发展前途等因素。

当代大学生身心发展的多样性主要表现为：他们的经济来源、生存状况与关注视角的差异性，社会心态与思想观念上的多样性。

从经济来源、生存状况看，出身于不同家庭的大学生往往有着很大的差异性。来自工人、农民和下岗职工等失业人员家庭的大学生经济来源较少、消费水平较低，而来自国家和社会管理人员、教师和科技人员、一般干部和办事人员、个体户、私营企业主等五种家庭的大学生的经济来源较多、消费水平较高，其中来自私营企业主家庭的大学生的经

---

① 李志英：《当代中国社会阶层分化与大学生思想动向调查》（上），《中国党政干部论坛》2006 年第 4 期，第 51 页。

济来源最多、消费水平最高。经济来源与消费支出的悬殊，造成了大学生生活方式的不同，来自国家与社会管理人员、私营企业主家庭的大学生高档消费品拥有率相对较高；来自工人、农民和失业人员家庭的大学生吃饭、穿衣等方面的标准相对较低。经济来源、生存状况的不同，导致了当代大学生在学习目的、生活方式、理想信念等方面的差异。

从关注视角看，出身于不同家庭的大学生往往也有着很大的差异性。来自农民家庭的大学生，往往对"三农"问题、"农民增收问题"最为关注；来自工人家庭的大学生，往往对"安全生产"问题最为关注；来自公务员、事业单位职工、国有企业工人家庭的大学生，往往对"社会保障""社会福利"等问题最为关注；来自个体户、私营企业主家庭的大学生，往往对"依法治国""社会治安""财产保护"等问题最为关注，等等。

当代大学生的社会心态具有多样性。相关学者的调查结果显示，来自私营企业主家庭的大学生的思想情绪显示了比较多的消极因素。问卷中绝大部分正倾向选择中，他们的评价都比较低，在一些负倾向的选择中，他们的比例又是最高的；来自工人和农民家庭的大学生的思想情绪呈现了更多的健康因素，与来自私营企业主家庭的被调查者相反，在正倾向选择中，他们的选择比例是最高的，在负倾向选择中，他们的选择比例又是最低的。来自私营企业主、个体户和自由职业者家庭的大学生的社会心理总体上相对消极，而来自国家和社会管理人员、一般干部和办事人员家庭的大学生的社会心理总体上相对积极，来自工人和农民家庭的大学生的社会心理总体上最积极，一些"官二代"、"富二代"不同程度上存在着优越感、满足感、炫耀心理，而一些贫困生则不同程度上存在着不公正感、自卑心理、不满情绪。

当代大学生身心发展的多样性，使多样化社会思潮有了"可用之处"，它们大都注重选择一些能够满足当代大学生多样性的利益需求与社会心理、能够吸引当代大学生眼球的思想观点作为传导的重点内容，大都惯于利用自身系统的思想理论体系相对于大学生的思想文化理论水平的"势位差"，从社会心理与思想观念上对大学生发起双向度冲击。

(二) 自主性

进入大学后，没有父母的呵护，没有中学的严格管理，学习、生活上的各种问题都需要自己独立面对与处理，加之年龄的增长与身体的迅速发育，思维能力的增强与旺盛的精力，大学生感到自己已长大成人，开始把自己视为成人，且要求别人也把自己当做成人看待，希望能够平等地享有各项"成人"权利，主体意识迅速觉醒，自主性明显增强。这一点在当代大学生身上表现得尤为明显。他们在学习、生活上有着较为明确的自我定位与自我目标、较多的自我选择机会、较强的独立思考能力、很强的自尊心与自信心，注重自我评判与自我分析，追求自主独立，不再迷信书本，不再盲从老师等各种权威，不再满足于接受各种现成答案与结论，习惯于根据自己的见闻、体验、感受与经验来决定对他人经验、结论的取舍，希望通过与老师、同学间平等的交流、探讨、争论与碰撞来获取知识、形成结论，并敢于主动就各种现实问题公开发表自己的见解、主张，公开提出自己的看法。

当代大学生身心发展的鲜明的自主性特征，是与时代的发展紧密联系的，当今中国时代发展具有市场化与网络化两大特征。

在市场经济条件下，各经济主体"自主经营，自负盈亏"，在生产经营上具有很大的自主性与独立性，生产什么、生产多少完全由自己决定，当然，风险和后果也由自己承担。市场经济条件下，各经济主体在生产、经营、销售、管理、决定等方面的高度自主性，对当代大学生产生着深深的影响，使得当代大学生的自主性大大增强。获取利润的最大化是各市场经济主体的共同追求，求利性是市场经济的重要特征。有些市场经济主体忽视了社会主义市场经济与资本主义市场经济的本质区别，片面强调经济效益而忽视社会效益，只追求个人利益、局部利益、眼前利益而忽视国家、民族的整体利益与长远利益，甚至有少数人不惜采取违法犯罪手段来满足个人私欲；商品之间以价值量为基础、实行等价交换是市场经济的基本法则，等价性是市场经济的本质特征，但是，有些人却将市场经济的等价性法则由经济领域延伸至政治领域、道德领域、生活领域，在处理个人与他人、个人与集体、个人与社会的关系上也搞"等价交换"，不仅在精力、金钱上的付出搞"等价交换"，而且在友情、爱情、亲情等情感上的付出也搞"等价交换"，"对方付出多少，我就付出多少"、"给钱就办事，不给钱就不办事"、"给多少钱，就办多少事"；市场经济是通过各经济主体的竞争来实现资源的自由流动与优化配置的，竞争性是市场经济的另一重要特征，但有些人为了应对市场经济的激烈竞争、获取"超额利润"，而不择手段，不惜采取各种损人利己、损公肥私的不正当竞争手段。市场经济的求利性、等价性、竞争性特征，也给当代大学生的身心发展带来了很大的负面影响，在很大程度上抵消了高校主流意识形态教育的正面效应，为多样化社会思潮在高校校园的传播提供了便利条件。

网络由于具有虚拟性、匿名性、隐蔽性、便捷性、交互性等特征，对渴望自主与独立的当代大学生有着强烈的吸引力。网络已成为当代大学生学习与生活必不可少的手段与工具。百度等搜索引擎可以帮助他们解决各种难题，期刊网、网上图书馆等网络数字库可以帮助他们查阅、搜集、收藏各种学习资料，QQ、人人网、校友网、校园网等可以满足他们的情感交流需求，淘宝、京东等可以满足他们的购物需求，微信、微博、BBS 等可以满足他们的发布信息、展示自我需求，等等。"秀才不出门，淘尽天下物"、"秀才不出门，便知天下事"、"有困难找度娘"，网络似乎可以提供他们所需要的一切，他们的生活似乎已越来越离不开网络，"可以断水、断粮，但不能断网"。在虚拟空间中他们的自主性得到了极大的张扬与增强。但网络的虚拟性、匿名性、隐蔽性，也易于使他们在享受自由、自主、自在、自为的同时而忽视了自律与责任，易于受到无政府主义、新自由主义等思潮的影响。同时网络上铺天盖地、良莠不齐的思想信息，也使得他们无所适从、不知所措，一时间难以辨别各种思想信息的真与假、对与错、是与非、善与恶，弱化了他们的判断力与选择力，也使得他们易于受到多样化社会思潮的影响。

　　自主性是人区别于动物的本质特征之一，自主性增强是当代大学生整体素质提升的重要标志。但是，在市场经济与网络化的大环境中，有些大学生不懂得"己所不欲，勿施于人"、① "己欲立而立人，己欲达而达人"②的道理，过于强调自主性，看问题、办事情一切以自我为中心，只考虑自己的利益需求和心理感受，理想信念淡薄，集体主义、大局观念、整体意识、合作意识、奉献意识减弱，使自主性偏离正确的轨道，向着自我性、自私性、片面强调个人的"绝对自由"的错误方向演化，从而易于为新自由主义、无政府主义、极端个人主义、拜金主义、功利主义、消费主义、享乐主义等社会思潮所影响。

(三) 求新性

　　当今时代是一个创新的时代，创新已成为经济社会发展的主要驱动力，成为一个民族发展与进步的灵魂。在此时代背景下，我国高等教育日益重视塑造大学生的创新理念，并通过多种形式锻造大学生的创新能力。加之，大学生正处于一个对新生事物兴趣浓厚的年龄阶段，因此，当代大学生的身心发展具有鲜明的求新性特征。他们富有强烈的好奇心，不安于现状，对新事物、新现象、新问题、新思想反应灵敏，表现出了强烈的探求欲望与体验心理；他们富有质疑精神，不再盲从权威，不再拘泥于传统，不愿循规蹈矩，敢于打破常规与条条框框，善于另辟蹊径、"不走寻常路"；他们头脑灵活，观察力敏锐，善于接纳新事物、新观点，勇于尝试新方法，敢于进行新体验，喜欢探索新规律；他们拥有丰富的想象力，联想能力强，善于机动灵活地随机应变。本次调研中，有 8306 人表示"敢于尝试有创新性质的工作"，占 73.2%，有 6952人表示"看到别人的创新成果，自己也想进行创新"，占 61.3%，有

---

　　①　《论语·卫灵公》。
　　②　《论语·雍也》。

8759人表示"想参加各类创新大赛"，占77.2%，有4459人表示"参加过各类创新大赛"，占39.3%。创新精神与创新能力对当代大学生的成长成才起着重要的促进作用。

但也有少部分大学生逆反心理较为严重，对求新、创新的认识片面、极端，情感激烈、心理偏激、个性张扬、思想"前卫"，将猎奇、赶时髦、标新立异、特立独行、行为另类、追求刺激等同于求新、创新，把遵纪守法视为循规蹈矩而加以鄙视，把传统与前人经验一概视为"老古董"而不屑一顾，把坚定的理想信念与执着精神视为愚蠢而加以嘲笑，把父母与老师的关心、呵护、教育视为对自己的不尊重、不信任而厌烦、反感、抵制、抵触，把主流意识形态教育视为"洗脑"而盲目抵制，甚至有少数学生抱有"老师提倡的，我们偏要反对；老师反对的，我们偏要赞成"、"越是让我们信的，我们越不信；越是不让我们信的，我们越要信"等极端想法，对主流意识形态倡导的鼓倒掌、喝倒彩，对主流意识形态反对的"赌气式"地表示认同、欢迎，对新奇的多样化社会思潮表现出浓厚兴趣。

家庭出身的多样性、生活环境的改变、叛逆性的心理特征、标新立异的行为方式、成长的压力与挑战、青春期的困惑、对独立与被认可的渴盼，使得当代大学生在面对开放的、多样化的思想文化时，往往对主流意识形态表现出一定程度的抗拒与排斥，而对以反权威、反传统面目出现的多样化社会思潮表现出浓厚兴趣。多样化社会思潮往往迎合大学生反主流、反中心、反传统、反权威的思维方式与社会心理，高扬起"异端旗帜"，利用"批判性"手段，将自身塑造成"反主流"的"主流"，试图以此赢得大学生的顺从。如果缺乏必要的引导，当代大学生极易对多样化社会思潮产生误解与错觉，将它们当成一种独立与创新而加以推崇，当成是一种流行与时髦而加以跟风。据调查，有相当一部分大学生之所以对多样化社会思潮感兴趣，或是由于他们觉得某社会思潮的理论观点新颖，或是由于他们感觉某社会思潮的犀利言辞很刺激，或仅仅是由于他们对某社会思潮感到好奇。

（四）矛盾性

改革开放以后，我国进入了一个"黄金发展期"，但随着改革开放的日益深入、社会的快速转型，我国也逐渐进入了一个"矛盾凸显期"，新旧生活方式、生产方式、价值观念相互碰撞与冲突，各阶级阶层、利益群体间的非直接利益冲突增多。生长于改革开放后、正处于心理断乳期的当代大学生的身心发展，具有鲜明的矛盾性，主要表现为：

一是"身""心"发展的矛盾性。当代大学生的身体与生理发育已基本成熟，但心理发展尚没有完全成熟或曰"假性成熟"，心理承受能力与心理调控能力相对较差，心理依赖性仍较强。部分大学生心理上不成熟，较为脆弱，一旦出现挂科、受委屈、受冤枉、人际关系不和谐、失恋、考研就业失败等挫折，就容易出现心理失衡，容易产生心理问题，甚至会出现心理疾病，导致心理崩溃。

二是物质需求满足与精神需求满足之间的矛盾性。一方面，当代大学生成长于改革开放成效显著、生产力快速发展、经济繁荣、物质富庶、衣食无忧的时代，绝大多数为独生子女，他们往往承载着一个家庭乃至一个家族的希望和未来，"望子成龙""望女成凤"，家长们为了他们的成长，尽其所能地提供各种优越的物质条件、优厚的教育资源，因此，当代大学生的物质生活条件较为优越；但另一方面，家长们的付出往往只是"一厢情愿"地从自己的主观愿望出发，按自己的设想来对孩子们进行打造，而忽略了孩子们快乐不快乐、感不感兴趣，忽视了孩子们到底需要什么、到底想干什么。为了孩子的安全，家长们往往对他（她）严加看管，使得当代大学生的童年生活空间较为狭窄。等到上了中小学后，在应试教育体制下，长辈们往往只关心他们的学习成绩，而对他们的心理是否健康、人格是否健全、道德是否完满则缺乏关注，学校教育往往重"知书"教育而缺乏"达礼"教育、重知识灌输而轻人文熏陶。因此，当代大学生在精神上又较为孤单、寂寞、贫乏。

三是理想与现实之间的矛盾性。当代大学生正处于爱幻想、敢做梦的年龄，他们对未来有着美好的憧憬，期盼能取得优异的学习成绩，获得一份纯洁而美好的爱情，找到一份称心如意的工作，拿上一份满意的工资薪酬，住上宽敞明亮的房子，过上体面的生活，但当今时代，人们的学习、工作、生活压力日益加大，以往"天子骄子"们的"60分万岁"、包分配工作随着我国大学的扩招，大学生数量的激增，国家政策的调整而不复存在，社会对人才的要求越来越高，就业形势越来越严峻和残酷，恋爱、结婚、住房、生育、医疗等生活成本大幅上升。面对现实境遇，有些大学生发出了"理想很丰满，现实很骨感"的感叹。

四是智商与情商之间的矛盾性。当代大学生智商高，很聪明，头脑灵活，有着敏锐的观察力、丰富的想象力，思维能力、记忆能力、创新能力、应变能力强，但又大多缺乏生活阅历、生活体验，社会经验和分辨能力差，自我意识强，群体意识和合作意识相对较弱，同时他们既没有经历过战争年代炮火的考验，也没有体验过经济困难时期物质匮乏的痛苦，因此，他们的意志力相对薄弱，心理承受、情绪情感控制、自我反省完善、人际关系处理、矛盾冲突化解、社会环境适应等方面能力相对较弱。

五是思想与行为之间的矛盾性。当代大学生思想上渴望自由独立，厌倦、反感外界的干预与监督，关注社会问题，渴望成才，向往成功，但是他们在经济上又依赖父母，学习、生活上的自主能力、自律能力相对较差，缺乏必要的政治素质与社会经验，对社会存有一定的戒备与恐惧心理，急功近利，幻想"一夜暴富""一夜成名""天上掉馅饼"，缺乏脚踏实地、努力奋斗的精神。他们做的往往和他们想的、说的并不一致。此次调研中，有10949人表示"应该诚实"，占96.5%，但同时又有7469人承认"自己曾经作过弊"，占65.8%。

此外，当代大学生的身心发展还具有心理上迅速走向成熟，但又尚未完全成熟；思维上活跃灵活，肯动脑筋，求知欲望强，但又具有片面性、绝对性、极端性；情绪情感上丰富、奔放、自尊、自信、敏感、好奇，渴望被人理解，但波动性大、不稳定、易冲动、好胜心与虚荣心强，一旦遇有挫折与困难易于变得失望、消极、悲观与自卑，不太愿意向别人袒露心声。

多样化社会思潮往往利用当代大学生心理上的不成熟、思维上的片面性、思想上的单纯幼稚、情绪情感上的波动、压力感的增强，采取符合当代大学生"胃口"的"戏说""恶搞""调侃"等"新""奇""特"表述方式，尽可能地对现实问题做出与大学生的思想观念、兴趣爱好、利益需求相一致的理论阐释，以吸引他们的注意力，增强他们的认同感。

第六章　引领高校校园多样化
社会思潮的有效路径

　　加强马克思主义主流意识形态对多样化社会思潮的引领是党中央为应对国内外形势发展而做出的重大战略部署。高度重视多样化社会思潮对当代大学生所产生的复杂性影响，积极探索以马克思主义主流意识形态引领高校校园多样化社会思潮的有效路径，对于高校意识形态建设具有重大的现实意义。

一、坚持马克思主义在高校意识形态领域的指导地位

　　习近平总书记多次强调："坚持以马克思主义为指导，是当代中国哲学社会科学区别于其他哲学社会科学的根本标志，必须旗帜鲜明加以坚持。"①"马克思主义是我们立党立国的根本指导思想。背离或放弃马克思主义，我们党就会失去灵魂、迷失方向。在坚持马克思主义指导地位这一根本问题上，我们必须坚定不移，任何时候任何情况下都不能有丝毫动摇。"②"马克思列宁主义、毛泽东思想一定不能丢，丢了就丧失

---

　　①　习近平：《在哲学社会科学工作座谈会上的讲话》，《人民日报》2016 年 5 月 19 日，第 2 版。
　　②　习近平：《在庆祝中国共产党成立 95 周年大会上的讲话》，《人民日报》2016 年 7 月 2 日第 2 版。

根本。"①"马克思主义是我们党的指导思想，共产主义是我们党的远大理想。没有马克思主义信仰、共产主义理想，就没有中国共产党，就没有中国特色社会主义。"②"我们共产党人的本，就是对马克思主义的信仰，对中国特色社会主义和共产主义的信念，对党和人民的忠诚。我们要固的本，就是坚定这份信仰、坚定这份信念、坚定这份忠诚。世界社会主义实践的曲折历程告诉我们，马克思主义政党一旦放弃马克思主义信仰、社会主义和共产主义信念，就会土崩瓦解。"③如果没有占主导的思想基础，多样、多层、多变的社会思潮就会结构失衡、混乱无序。马克思主义是我国社会主义意识形态的灵魂，是多样化社会思潮和谐有序发展的"主心骨"。引领当前我国高校校园多样化社会思潮，必须坚持马克思主义的指导地位。

（一）为什么要坚持马克思主义在高校意识形态领域的指导地位

坚持马克思主义在高校意识形态领域的指导地位，是由马克思主义的理论特征所决定的，是人民的选择、历史的选择，是国内外形势发展的迫切要求，是由我国大学的性质所决定的。

一是由马克思主义自身的理论特征所决定的。马克思主义作为一个思想理论体系，具有如下鲜明特征：

其一，科学性。苏联解体、东欧剧变后，国际上一些人断言"马克思主义终结了"、"社会主义失败了"；国内也有一些人产生了"中国的红旗到底还能扛多久"的困惑，有些人认为"马克思主义已经过时"，有些人认为"马克思主义只是一种意识形态说教，没有学术上的学理性和系统性"，有些领域"马克思主义被边缘化、空泛化、标签化"，有些学

---

① 《习近平谈治国理政》，外文出版社 2014 年版，第 9 页。

② 习近平：《在全国党校工作会议上的讲话》，《求是》2016 年第 9 期，第 5 页。

③ 习近平：《在全国党校工作会议上的讲话》，《求是》2016 年第 9 期，第 5 页。

科马克思主义"失语""失踪""失声"。那么，马克思主义到底是不是真理呢？答案无疑是肯定的。马克思主义吸收传承了人类思想史上的一切优秀文明成果，科学揭示了世界发展的最普遍、最一般规律，是人类历史上迄今为止最科学、最先进的学说，也是人类文明史上不朽的思想丰碑。

"前途是光明的，道路是曲折的"，马克思主义的发展之路也是如此。随着世界社会主义运动陷入低谷，西方敌对势力借机宣扬马克思主义"失败论"，这一"失败"与资本主义的经济表面繁荣和意识形态暂时强势形成了强烈反差。有些人不信马列信鬼神，有些人认为马克思主义过时了、无用了，有些人对马克思主义产生"审美"疲劳，有些人把马克思主义当成调侃的对象。难道马克思主义真的过时、无用了吗？对此，邓小平坚定地说："最近，有的外国人议论，马克思主义是打不倒的。打不倒，并不是因为大本子多，而是因为马克思主义的真理颠扑不破。……我坚信，世界上赞成马克思主义的人会多起来的，因为马克思主义是科学。它运用历史唯物主义揭示了人类社会发展的规律。"[1]"一些国家出现严重曲折，社会主义好像被削弱了，但人民经受锻炼，从中吸收教训，将促使社会主义向着更加健康的方向发展。因此，不要惊慌失措，不要认为马克思主义就消失了，没用了，失败了。哪有这回事！"[2]今天，重温这些论断，我们由衷地佩服邓小平的远见卓识。历经时代的洗礼，马克思主义更加璀璨夺目，中国特色社会主义的大旗不仅没有倒下，反而高高飘扬于世界的上空。历史进入新时代，习近平总书记反复强调："马克思主义尽管诞生在一个半多世纪之前，但历史和现实都证明它是科学的理论，迄今依然有着强大生命力。马克思主义深刻揭示了自然界、人类社会、人类思维发展的普遍规律，为人类社会发展进步指明了方向"，"马克思主义揭示了事物的本质、内在联系及发展

---

① 《邓小平文选》第3卷，人民出版社1993年版，第382页。
② 《邓小平文选》第3卷，人民出版社1993年版，第383页。

规律，是'伟大的认识工具'，是人们观察世界、分析问题的有力思想武器"，[①]"马克思创建了唯物史观和剩余价值学说，揭示了人类社会发展的一般规律，揭示了资本主义运行的特殊规律，为人类指明了从必然王国向自由王国飞跃的途径，为人民指明了实现自由和解放的道路"。[②]

真理的魅力是抹杀不了的，马克思的真理魅力让世人为之折服。2008年爆发的国际金融危机再次印证了马克思主义的真理性，"马克思热"不可阻挡地出现于西方。英国的《卫报》《泰晤士报》《金融时报》，美国的《时代周刊》等，纷纷对"马克思"表现出极大关注。《资本论》在欧洲销量成倍增长。美欧民众打出了"马克思说对了！""读读马克思吧！"等标语。西方大学里，关于马克思主义理论的课程备受欢迎。"马克思夜校""读《资本论》小组"等以马克思主义为研究对象的西方学术组织的社会影响越来越大。

一些西方学者纷纷为马克思主义正名，主张"回到马克思"。美国学者海尔布隆纳表示，要探索人类社会发展前景，必须向马克思求教，人类社会至今仍然生活在马克思所阐明的发展规律之中。法国学者德里达强调，不能没有马克思，没有马克思，没有对马克思的回忆，没有马克思的遗产，也就没有将来，不去阅读且反复阅读和讨论马克思将永远都是一个错误。另一位法国学者保罗·郎之万把马克思主义辩证唯物主义称为一次巨大的革命。英国科学家贝尔纳认为，马克思、恩格斯创立的关于社会的新科学，是一个巨大的成就，可与伽利略对自然科学的贡献相比，或者可与达尔文对生物学的贡献相比。

一种思想理论体系对历史影响的深度和广度，同它所蕴涵的真理性成正比。随着岁月的流逝，不少风靡一时的理论学说已经失去了旧日的光环，可是，马克思主义却以其特有的理论魅力和思想力量征服了全世

---

①　习近平：《在哲学社会科学工作座谈会上的讲话》，《人民日报》2016年5月19日，第2版。

②　习近平：《在纪念马克思诞辰200周年大会上的讲话》，《人民日报》2018年5月5日，第2版。

界，日益显示出它的真理的光芒。从马克思主义诞生的那一天起，各种
反动势力每一次都宣称马克思主义"死亡"了，但总是一次又一次地再
度"声讨"它。这一切都表明，马克思主义经受住了时代的考验，其真
理性得到了世界上越来越多人的认同。

其二，实践性。马克思主义的真理性、价值性已为世界无产阶级革
命和社会主义运动的实践特别是中国社会主义革命、建设、改革的实践
所证明。人们之所以选择马克思主义，是因为马克思主义能够解决实际
问题，能够指导人们在实践中获取成功。毛泽东认为，马克思主义是一
种和实践紧密结合的思想理论体系，它之所以能够成为无产阶级及其政
党的指导思想和理论基础，根本原因就在于它与实践之间的不可分割的
亲密关系，并在实践中获得了证明，强调"马克思主义的哲学认为十分
重要的问题，不在于懂得了客观世界的规律性，因而能够解释世界，而
在于拿了这种对于客观规律性的认识去能动地改造世界"，① 认为马克
思、恩格斯、列宁、斯大林之所以能够提出他们的理论，除了他们的天
才条件之外，"主要地是他们亲自参加了当时的阶级斗争和科学实验的
实践"，② "由于实践，由于长期斗争的经验，经过马克思、恩格斯用科
学的方法把这种种经验总结起来，产生了马克思主义的理论"，③ 马克
思列宁主义的伟大力量在于"它是和各个国家具体的革命实践相联系
的"。④ "我们说马克思主义是对的，决不是因为马克思这个人是什么
'先哲'，而是因为他的理论，在我们的实践中，在我们的斗争中，证
明了是对的。"⑤习近平总书记强调："马克思主义不是书斋里的学问，
而是为了改变人民历史命运而创立的，是在人民求解放的实践中形成
的，也是在人民求解放的实践中丰富和发展的，为人民认识世界、改造

① 《毛泽东选集》第 1 卷，人民出版社 1991 年版，第 292 页。
② 《毛泽东选集》第 1 卷，人民出版社 1991 年版，第 287 页。
③ 《毛泽东选集》第 1 卷，人民出版社 1991 年版，第 288 页。
④ 《毛泽东选集》第 2 卷，人民出版社 1991 年版，第 534 页。
⑤ 《毛泽东选集》第 1 卷，人民出版社 1991 年版，第 111 页。

世界提供了强大精神力量。"①

马克思主义的真理性，不仅在于它的实事求是的理论力量，更在于它的改变世界的实践力量。马克思主义是黑暗中的指路明灯，照亮了历史万古长夜，引发了社会巨大变革。马克思主义的诞生使人类发展迎来了最壮观的日出，从此，四海翻腾云水怒，五洲震荡风雷激，国际共产主义运动风起云涌，浩浩荡荡。1871 年，被誉为"伟大社会革命曙光"的巴黎公社起义爆发。1917 年，俄国十月革命庄严宣告世界上第一个无产阶级专政国家的诞生，开辟了人类历史发展的新纪元。中国共产党人正是在马克思主义"真经""明灯"的指引下，找到了中华民族伟大复兴的"出路"。

唯有科学理论指导，方能精彩写就鸿篇巨制。"十月革命"一声炮响，给中国送来了马克思列宁主义。中国人找到了马克思列宁主义这个放之四海而皆准的普遍真理，中国革命的面貌从此焕然一新。中国共产党自诞生之日起，就把马克思主义镌刻在自己的旗帜上，不忘初心，砥砺前行，率领全体中国人民实现了由站起来、富起来到强起来的历史性飞跃，创造出人类历史发展的诸多奇迹，开辟了中国特色社会主义事业发展前所未有的光明前景。

马克思主义是"显微镜"，能够帮助我们透过现象看本质，消除各类微生物的侵蚀；马克思主义是"望远镜"，能够帮助我们准确把握历史大势，真正做到"任凭风浪起，稳坐钓鱼船"。马克思主义是我们认识世界、改造世界的科学思想理论武器。

其三，人民性。任何一种学说都有一个为什么人服务的问题。是否承认和尊重人民的历史地位，是否始终站在广大人民的立场上，是否代表最广大人民群众的最根本利益，是区分真假马克思主义的试金石。马克思、恩格斯公开宣称自己的理论是为工人阶级和劳苦大众服务的，将

---

① 习近平：《在纪念马克思诞辰 200 周年大会上的讲话》，《人民日报》2018年 5 月 5 日，第 2 版。

代表和维护最广大人民的根本利益作为自己全部理论的出发点和落脚点，将实现全人类解放和人的自由而全面发展作为毕生的价值追求，不谋求任何私利，不抱有任何偏见。

马克思、恩格斯反对人剥削人、人压迫人的不公平、不合理制度，谋求人民大众的幸福和解放。早在中学时，马克思就提出"为人民造福"的论断。恩格斯在《英国工人阶级状况》等早期文章中，也充满了对劳动人民的同情。在《共产党宣言》中，他们又指出："过去的一切运动都是少数人的或者为少数人谋利益的运动。无产阶级的运动是绝大多数人的、为绝大多数人谋利益的独立的运动。"①"共产党人始终代表整个运动的利益。"②马克思、恩格斯不仅确立和倡导了造福人民的价值观，也在颠沛流离的一生中践行着自己的价值追求；不仅以科学理论为人类解放事业做出了巨大贡献，而且以其伟大人格树立了追求人类幸福的光辉榜样。

中国共产党自诞生之日起，就将全心全意为人民服务写在自己的旗帜上。早在延安时期，毛泽东同志就明确提出，中国共产党是为人民谋利益的政党，它本身绝无私利可图。共产党所从事的一切工作，归根到底是为人民服务的。90多年来，中国共产党人始终毫不动摇地坚持自己的根本宗旨。历史进入新时代，习近平总书记庄严承诺：人民对美好生活的向往，就是我们的奋斗目标。他充分肯定，马克思主义"坚持实现人民解放、维护人民利益的立场，以实现人的自由而全面的发展和全人类解放为己任，反映了人类对理想社会的美好憧憬"。③"马克思主义博大精深，归根到底就是一句话，为人类求解放。在马克思之前，社会上占统治地位的理论都是为统治阶级服务的。马克思主义第一次站在人民的立场探求人类自由解放的道路，以科学的理论为最终建立一个没有

---

① 《马克思恩格斯选集》第1卷，人民出版社1995年版，第283页。
② 《马克思恩格斯选集》第1卷，人民出版社1995年版，第285页。
③ 习近平：《在哲学社会科学座谈会上的讲话》，《人民日报》2016年5月19日，第2版。

压迫、没有剥削、人人平等、人人自由的理想社会指明了方向。马克思主义之所以具有跨越国度、跨越时代的影响力，就是因为它植根人民之中，指明了依靠人民推动历史前进的人间正道。"①执政以来，他经常现身百姓中间，与百姓一起用餐，冒雨与工人聊天，到农民家中看谷仓、床铺、灶房、猪圈，致力于推进精准扶贫精准脱贫，减少贫困人口6000多万，一言一行总关情，习近平总书记的执政实践饱含着浓浓的为民爱民情怀。

人民性不仅是马克思主义的本质规定，也是马克思主义发展的生命力之源。诺贝尔文学奖获得者、德国著名作家海因里希·伯尔在谈到19世纪以来的历史巨变时说，没有工人运动，没有社会主义者，没有马克思，当今世界5/6的人口将依然还生活在半奴隶制的阴郁状态之中。正因为马克思主义鲜明地代表广大劳动人民的利益，所以它一经产生，就具有磁石般的吸引力，受到了世界各国人民的普遍拥护。迄今为止，还没有哪一种理论学说能够像马克思主义这样持续地鼓舞人民、深远地影响社会。

科学性和阶级性相统一是马克思主义的鲜明特征。恩格斯说过："科学越是毫无顾忌和大公无私，它就越符合工人的利益和愿望。"②历史上，也曾经有过种种同情、关注人民群众的思潮和学说，但从来没有一种理论像马克思主义那样，与各国工人阶级和广大劳动人民的命运如此紧密地联系在一起。马克思主义既揭示了社会历史发展的客观规律，又符合人民群众的根本利益，是合规律性与合目的性、科学性和价值性的统一。

其四，开放性。马克思主义绝不是什么先知先觉者布下的某种"福音"，也绝不是什么千古不变的"教义"，它是时代发展的产物，是人类文明发展的思想结晶。马克思主义诞生于改变世界的实践之中，又在改

---

①　习近平：《在纪念马克思诞辰200周年大会上的讲话》，《人民日报》2018年5月5日，第2版。

②　《马克思恩格斯选集》第4卷，人民出版社1995年版，第258页。

变世界的实践之中不断获得新的发展。马克思主义不是一个僵化的封闭的理论体系，而是一个发展的开放的理论体系。马克思主义的勃勃生机和强大生命力源于它深深根植于实践中反复接受检验，不断随着时代、实践和科学的发展而与时俱进。

马克思、恩格斯始终强调自己的理论不是教条而仅仅是行动的指南，必须随时随地都要以当时的历史条件为转移，从来不认为自己的理论穷尽了真理，神圣不可侵犯，他们带头修改、完善、批判甚至否定自己的理论。《共产党宣言》认为资本主义生产关系已经成为了生产力发展的桎梏。11 年之后，马克思根据自己的研究，在《〈政治经济学批判〉序言》中对这一观点进行了调整和修改，指出"无论哪一个社会形态，在它所能容纳的全部生产力发挥出来以前，是决不会灭亡的；而新的更高的生产关系，在它的物质存在条件在旧社会的胎胞里成熟以前，是决不会出现的"。① 列宁强调，马克思主义学说不是"教条"，而是"行动的指南"。② 中国共产党人始终坚持在实践中丰富和发展马克思主义。毛泽东认为，不应当把马克思主义"当作教条看待，而应当看作行动的指南"，③ 强调"马克思主义一定要向前发展，要随着实践的发展而发展，不能停滞不前。停止了，老是那么一套，它就没有生命了"，④ 他并率领全党全国人民闯出了一条具有中国特色的新民主主义、社会主义革命新路。邓小平强调："马克思主义理论从来不是教条，而是行动的指南。"⑤江泽民强调："马克思主义必定随着时代、实践和科学的发展而不断发展，不可能一成不变。"⑥胡锦涛强调："马克思主义只有与本国国情相结合、与时代发展同进步、与人民群众共命运，才能焕发出

---

① 《马克思恩格斯选集》第 2 卷，人民出版社 1995 年版，第 33 页。

② 《列宁全集》第 35 卷，人民出版社 1985 年版，第 219 页。

③ 《毛泽东选集》第 2 卷，人民出版社 1991 年版，第 533 页。

④ 《毛泽东文集》第 7 卷，人民出版社 1999 年版，第 281 页。

⑤ 《邓小平文选》第 3 卷，人民出版社 1993 年版，第 146 页。

⑥ 教育部社会科学研究与思想政治工作司组编：《马克思主义思想政治教育著作导读》，高等教育出版社 2001 年版，第 547 页。

强大的生命力、创造力、感召力。"①他们率领全党全国人民闯出了一条中国特色社会主义建设新路。历史进入新时代，习近平总书记强调："马克思一再告诫人们，马克思主义理论不是教条，而是行动指南，必须随着实践的变化而发展。一部马克思主义发展史就是马克思、恩格斯以及他们的后继者们不断根据时代、实践、认识发展而发展的历史，是不断吸收人类历史上一切优秀思想文化成果丰富自己的历史。因此，马克思主义能够永葆其美妙之青春，不断探索时代发展提出的新课题、回应人类社会面临的新挑战。"②

明者因时而变，知者随事而制。马克思主义只有与时代发展同进步，与人民群众共命运，才能焕发出强大的生命力、创造力、感召力。马克思主义是真理，但并没有穷尽真理，而是开辟了通向真理的道路。对待马克思主义，我们不能采取教条主义的态度，不顾历史条件和现实情况变化，拘泥于马克思主义经典作家在特定历史条件下、针对具体情况做出的某些个别论断和具体行动纲领。如果这样做，我们就会因为思想脱离实际而不能顺利前进，甚至出现失误。

"桐花万里丹山路，雏凤清于老凤声。"马克思主义是真理但没有结束真理，而是为我们探索和认识真理提供了科学方法。党的十八大以来，以习近平同志为核心的党中央坚持以马克思主义普遍原理为指导，运用马克思主义科学方法，解放思想、实事求是、与时俱进，紧密结合新的时代条件和实践要求，以全新的视野深化对共产党执政规律、社会主义建设规律、人类社会发展规律的认识，进行艰辛理论探索，取得重大理论创新成果，形成了习近平新时代中国特色社会主义思想，丰富和发展了马克思主义，这是对马克思主义理论品质的最好诠释。

---

① 胡锦涛：《高举中国特色社会主义伟大旗帜　为夺取全面建设小康社会新胜利而奋斗——在中国共产党第十七次全国代表大会上的报告》，人民出版社2007年版，第12页。

② 习近平：《在纪念马克思诞辰200周年大会上的讲话》，《人民日报》2018年5月5日，第2版。

二是国内外形势发展的迫切要求。从国际上看，世界范围内社会主义和资本主义在意识形态领域的斗争和较量将是长期的、复杂的，有时甚至是非常尖锐的，西方敌对势力正加紧对我国实施"和平演变"战略与"西化""分化"图谋，加紧对我国实施意识形态的强势渗透。马克思主义在意识形态的指导地位能否始终坚持与巩固，关系着国家和民族的前途与命运。从国内看，在人们思想活动的独立性、选择性、多变性、差异性明显增强的现实境遇下，我国意识形态领域各种"噪音"、"杂音"时有出现，各种非马克思主义、反马克思主义思潮有所滋长，如果不坚持与巩固马克思主义在意识形态领域的指导地位，各种非马克思主义、反马克思主义思潮就会占领思想文化阵地，就会来同我们争夺群众特别是青年一代，就会动摇中国特色社会主义的理论根基，就会动摇全党、全国人民团结统一的思想基础，就会导致思想混乱乃至社会动荡，就会危及社会主义的前途与命运。严峻而复杂的国内外形势对高校意识形态建设提出了新的要求。如何引导大学生正确认识当今世界错综复杂的形势，把握国际局势的发展变化和人类社会的发展趋势；如何引导大学生正确认识国情和社会主义建设的客观规律，增强在中国共产党领导下实现中华民族伟大复兴"中国梦"的自觉性和坚定性；如何引导大学生正确认识肩负的历史使命，努力成为德智体美全面发展的中国特色社会主义事业的建设者和接班人，是必须认真研究解决的重大而紧迫的课题。要解决好这一重大而紧迫的课题，就必须始终坚持马克思主义在高校意识形态领域的主导地位。

三是由我国大学的性质所决定的。大学是人生发展的重要阶段，是世界观、人生观、价值观形成的关键时期。大学是培养人才的地方，是青年人学习知识、增长才干、放飞梦想的地方。大学教育是培养人的事业，关系到学生的一生。立德树人是大学教育的根本目的和基本内容、中心环节和立身之本。

任何国家的大学教育都是为特定的经济基础和上层建筑服务的，对此，毛泽东曾经指出："就教育史的主要侧面说来，几千年来的教育，确是剥削阶级手中的工具，而社会主义教育乃是工人阶级手中的工具。"①社会主义是我国大学的根本性质，把握正确的办学方向是新时代我国大学教育的第一要求。习近平总书记明确指出："古今中外，关于教育和办学，思想流派繁多，理论观点各异，但在教育必须培养社会发展所需要的人这一点上是有共识的。培养社会发展所需要的人，说具体了，就是培养社会发展、知识积累、文化传承、国家存续、制度运行所要求的人。所以，古今中外，每个国家都是按照自己的政治要求来培养人的，世界一流大学都是在服务自己国家发展中成长起来的。我国社会主义教育就是要培养社会主义建设者和接班人。"②

实现中华民族伟大复兴"中国梦"的历史使命，赋予我国大学教育的根本任务是"立德树人"，"努力培养担当民族复兴大任的时代新人，培养德智体美劳全面发展的社会主义建设者和接班人"。③ 为了实现这一根本任务，习近平总书记要求引导大学生"树立正确的世界观、人生观、价值观"，为什么呢？因为"掌握了这把总钥匙，再来看看社会万象、人生历程，一切是非、正误、主次，一切真假、善恶、美丑，自然就洞若观火、清澈明了，自然就能作出正确判断、作出正确选择"。④习近平总书记的要求明确而科学。世界观是个总开关，决定着人生观、价值观，大学生确立一生成长的正确方向的关键是树立科学的世界观。但是大学生的头脑中不会自发形成科学的世界观，而必须靠教育者的引导、马克思主义的理论武装。"青少年阶段是人生的'拔节孕穗期'，最

---

① 《毛泽东文集》第 7 卷，人民出版社 1999 年版，第 398 页。
② 习近平：《青年要自觉践行社会主义核心价值观——在北京大学师生座谈会上的讲话》，《人民日报》2014 年 5 月 5 日，第 2 版。
③ 习近平：《用新时代中国特色社会主义思想铸魂育人　贯彻党的教育方针落实立德树人根本任务》，《人民日报》2019 年 3 月 19 日，第 1 版。
④ 习近平：《青年要自觉践行社会主义核心价值观——在北京大学师生座谈会上的讲话》，《人民日报》2014 年 5 月 5 日，第 2 版。

需要精心引导和栽培。"①为此，习近平总书记强调："新时代贯彻党的教育方针，要坚持马克思主义指导地位，贯彻新时代中国特色社会主义思想，坚持社会主义办学方向，落实立德树人的根本任务，坚持教育为人民服务、为中国共产党治国理政服务、为巩固和发展中国特色社会主义制度服务、为改革开放和社会主义现代化建设服务。"②

(二) 怎样坚持马克思主义在高校意识形态领域的指导地位

坚持马克思主义在高校意识形态领域的指导地位，有许多工作要做，当前最为重要的是要加强高校马克思主义理论学科建设、马克思主义理论人才队伍建设、马克思主义学院建设与思想政治理论课建设。

1. 加强高校马克思主义理论学科建设

加强高校马克思主义理论学科建设，有利于加强马克思主义理论研究，夯实高校意识形态建设的理论基础，为其提供学理支撑，有利于加强高校意识形态队伍建设，有利于增强高校意识形态建设的实效性。对此，《中共中央宣传部、教育部关于进一步加强和改进高等学校思想政治理论课的意见》强调："学科建设是加强和改进思想政治理论课的基础。思想政治理论课教育教学所依托的学科是我国特有的一门政治性、科学性和实践性很强的学科，只能加强，不能削弱。"《中共中央宣传部、教育部关于进一步加强高等学校思想政治理论课教师队伍建设的意见》也强调要"大力加强马克思主义理论学科建设"。中共中央办公厅、国务院办公厅印发的《关于进一步加强和改进新形势下高校宣传思想工作的意见》也强调："要提升马克思主义理论学科的引领作用，实施马克思主义理论学科领航计划，改革马克

---

① 习近平：《用新时代中国特色社会主义思想铸魂育人　贯彻党的教育方针落实立德树人根本任务》，《人民日报》2019年3月19日，第1版。

② 习近平：《用新时代中国特色社会主义思想铸魂育人　贯彻党的教育方针落实立德树人根本任务》，《人民日报》2019年3月19日，第1版。

思主义理论学科评价方式。"上述相关文件规定，为高校马克思主义理论学科建设，提供了基本遵循。

一要以马克思主义统领学科建设。马克思主义是一切哲学社会科学研究的理论基础和重要保证，"高举中国特色社会主义伟大旗帜，用发展着的马克思主义指导学科建设，这是所有的哲学社会科学都必须坚持的重大原则，也是根据对哲学社会科学建设的规律性认识，取得的一条推进学科建设的基本经验"。① 相对于其他哲学社会科学，马克思主义理论学科与马克思主义之间的联系更为紧密，更应始终坚定不移地坚持用马克思主义指导学科建设。关于学科的设立依据，国务院学位委员会、教育部在《关于调整增设马克思主义理论一级学科及所属二级学科的通知》（以下简称《通知》）中指出："为了加强马克思主义理论体系研究、马克思主义发展史和马克思主义中国化研究、思想政治教育研究，推进党的思想理论建设和巩固马克思主义在高等学校教育教学中的指导地位，加强高校思想政治理论课建设、培养思想政治教育工作队伍，经专家论证，决定在《授予博士、硕士学位和培养研究生的学科、专业目录》中增设马克思主义理论一级学科及所属二级学科。"可见，马克思主义理论学科的设立依据，就是为了巩固马克思主义在高校意识形态领域的指导地位；关于学科的属性定位，《通知》指出："'马克思主义理论'就是一门从整体上研究马克思主义基本原理和科学体系的学科。它研究马克思主义基本原理及其形成和发展的历史，研究它在世界上的传播与发展，特别是研究马克思主义中国化的理论与实践，同时把马克思主义研究成果运用于马克思主义理论教育、思想政治教育和思想政治工作。"可见，马克思主义理论学科就是一门从整体上对马克思主义的理论体系与实践应用进行研究的学科；关于学科的培养目标，《通知》指出："在本科教育中，设立马克思主义基础专业，培养政治素质好、思

① 梅荣政：《改革开放以来马克思主义理论学科建设的历史过程和主要经验》，《思想理论教育导刊》2008 年第 11 期，第 10 页。

想品德优良、具有较好马克思主义基础知识的大学生。在研究生教育中，培养德智体全面发展、政治素质高、理论方向正确、具有比较高的马克思主义素养和理论功底，并能用马克思主义立场、观点和方法分析研究当代现实问题的硕士研究生和博士研究生。"可见，马克思主义理论学科是一门专门培养马克思主义人才的学科。《通知》的发布，在很大程度上澄清了疑问、解决了争议、明确了方向。但时至今日，马克思主义理论学科建设中仍存在着学科定位不明确、学科使命不清晰、学科研究范围模糊化等现象，这是非常不应该的。马克思主义理论学科要健康发展，就务必认真落实《通知》中的各项规定，坚决反对将马克思主义的真理性和革命性、马克思主义理论学科的科学性和意识形态性割裂开来或绝对对立起来，在学科建设中搞非意识形态化、去意识形态化，尤其是非马克思主义化的错误做法，始终坚持以马克思主义这一学科的内在之魂统领学科建设。

二要从马克思主义整体性特征出发加强学科建设。整体性是马克思主义理论研究及马克思主义理论学科建设的重要特征，也是加强马克思主义理论研究及马克思主义理论学科建设的生命线。中央设立马克思主义理论一级学科，就是为了从整体上推进马克思主义的理论研究、学科建设与实践应用。因此，准确把握马克思主义理论的整体性、马克思主义理论学科的整体性以及二者的相互关系，是加强马克思主义理论学科建设的必然要求。

整体性是马克思主义理论的根本属性、重要特征和精神实质。在马克思主义理论的形成和发展过程中，马克思主义哲学、马克思主义政治经济学、科学社会主义等内容并不是彼此分开的，而是始终密切地联系在一起，构成了一个完整的马克思主义理论体系。对这三个部分进行分门别类的研究，固然有助于深化对马克思主义理论的研究，但如果仅局限于此，则与马克思主义的整体性要求不符。列宁曾经说过："马克思主义的全部精神，它的整个体系，要求人们对每一个原理只是（α）历史地，（β）只是同其他原理联系起来，（γ）只是同具体的历史经验联系起来加以考察。"①《通知》也明确指出：马克思主义是科学的世界观和方法论，是反映客观世界特别是人类社会的本质和规律的科学真理。它既应该从哲学、政治经济学、科学社会主义等方面进行分门别类的研究，更应该进行整体性研究，完整地把握马克思主义的科学体系。我们既应该从马克思主义理论三个组成部分对其进行分门别类的研究，更应该站在整体性的高度上系统把握三个组成部分的内在统一和精神实质，通过整体性研究来完整、准确地把握马克思主义理论体系。

整体性是马克思主义理论学科的重要特征。为了推动对马克思主义理论的整体性研究，使人们完整、准确地理解和把握马克思主义理论体系，中央决定调整增设"马克思主义理论"一级学科，下设"马克思主义基本原理""马克思主义发展史""马克思主义中国化研究""国外马克思主义研究""思想政治教育""中国近现代史基本问题研究""党的建设"七个二级学科，以马克思主义的科学性和理论组成部分、理论研究领域的内在统一性为依据，马克思主义理论一级学科具有鲜明的整体性。这七个二级学科，既各有其独立性、特殊性和侧重点，对马克思主义理论及其中国化成果进行了理论性、实践性、历史性研究，又具有马克思主义理论学科的共同性、普遍性，并相互关联、有机统一，共同构成了完整系统的马克思主义理论一级学科。马克思主义理论的整体性和马克思主义理论学科的整体性相互递进、互为支撑。其中，马克思主义理论的整体性，居于较高层次，是马克思主义理论学科的整体性的理论基础和内在依据；马克思主义理论学科的整体性，居于较低层次，是马克思主义理论的整体性的本质要求和实质体现。两个层次的整体性，由高到低、由理论到实践、由学理到运用，共同实现了马克思主义立场、观点和方法的统一。②

马克思主义理论学科建设要明确学科定位、学科边界、学科使命，

---

① 《列宁全集》第47卷，人民出版社1990年版，第464页。

② 崔华前：《论思想政治教育学科建设的马克思主义旨归》，《高校理论战线》2009年第12期，第55~56页。

坚持正确方向，沿着科学之路前行，就必须从马克思主义理论的整体性、马克思主义理论学科的整体性以及二者的紧密联系出发，贯彻马克思主义整体性原则，注重七个二级学科之间的交叉融合、相互依托、相互支撑，重视马克思主义理论的系统性、整体性研究，用完整、准确的马克思主义科学理论体系武装受教育者的头脑，坚决反对各种人为肢解马克思主义的错误做法。

三要为高校思想政治理论课提供学理支撑。"马克思主义理论"一级学科建设同高校思想政治理论课改革密不可分，几个二级学科的设立同几门新课程的设置是直接相关或对应的。其中，"马克思主义基本原理"学科和"马克思主义基本原理概论"课相对应，"马克思主义发展史""中国近现代史基本问题研究"学科和"中国近现代史纲要"课相对应，"马克思主义中国化研究""党的建设"学科和"毛泽东思想和中国特色社会主义理论体系概论"课相对应，"思想政治教育"学科和"思想道德修养与法律基础"课相对应。当然，我们绝不能因为这种对应关系，就"把马克思主义理论一级学科建设归结为'思想政治理论课'建设，更不能把马克思主义理论一级学科学位授权点归结为思想政治理论课学科学位授权点。然而绝不能因此就忽视思想政治理论课在马克思主义理论一级学科建设中的地位……它的内容、功能、建设要求是渗透在马克思主义理论一级学科和二级学科之中的，缺少了它，马克思主义理论一级学科及所辖二级学科的科学内容、社会功能、理论特点就是不完整的"。①

马克思主义理论学科建设可以在课程定位、教材体系、教学内容、教学任务、教学研究、师资培养等方面为高校思想政治理论课提供全方位的学理支撑。其一，有助于从知识性与意识形态性的统一上科学把握"高校思想政治理论课"的定位和基本任务。高校思想政治理论课是知识性与意识形态性的高度统一，必须经由知识教育，发挥真理的力量、

① 梅荣政：《科学认识思想政治理论课的学科定位》，《思想理论教育导刊》2006 年第 5 期，第 33 页。

逻辑的力量、理性规范的力量，但是又不能囿于知识教育，而应将立德树人视为根本任务，片面强调其意识形态性而忽视其知识教育价值，或片面强调其科学含量、科学品位而忽视其思想教育价值的认识和做法，都会影响其有效开展。马克思主义理论学科是一个学术性和意识形态性高度统一的学科。一方面，它是一门学科，具有自己的理论基础、研究对象、基本范畴、基本规律等；另一方面，它的指导思想、主要内容、主要任务等均具有鲜明的意识形态性。加强马克思主义理论学科建设，必将有助于人们厘清知识性与意识形态性的关系，也必将有助于人们从知识性与意识形态性的统一上科学把握高校思想政治理论课的定位和基本任务。其二，有助于加强高校思想政治理论课队伍建设。马克思主义理论学科建设对高校思想政治理论课教师队伍建设可以起到支撑、带动和凝聚作用，既可以用马克思主义科学理论体系丰富高校思想政治理论课教师的知识体系，为他们的育人工作提供理论指导；又可以将不同专业、不同岗位的教师集合在马克思主义理论学科的旗帜下，为改进和加强课程建设这一共同目标而努力奋斗；还可以让高校思想政治理论课教师在"教"与"研"的良性互动中找到事业发展的支点，从而增强他们的归附感和成就感，增强他们加强和改进课程建设的主动性、能动性和创造性。其三，有助于增强高校思想政治理论课的实效性。马克思主义理论学科建设始终坚持以马克思主义为指导，着眼于用完整、准确的马克思主义科学理论体系武装人们的头脑，在对马克思主义科学理论体系的整体性研究和把握上要求更高，这必将有助于高校思想政治理论课教师真学、真懂、真信、真用马克思主义，以马克思主义科学真理不可抗拒的魅力吸引和说服追求真理的大学生；马克思主义理论学科建设重视基础研究，重视对人的思想品德形成发展转化规律、思想政治教育规律以及思想政治教育原则的揭示，致力于探寻科学合理的思想政治教育模式和切实有效的思想政治教育方法艺术，这必将有助于高校思想政治理论课教师在提高学术水平的基础上，讲出规律、讲出深度、讲出吸引力和感染力；马克思主义理论学科建设重视应用研究，关注在经济全球化、政治多极化、文化多元化、社会信息化、发展多样化的时代背景下的新矛盾、新变化、新特点，这必将有助于高校思想政治理论课教师读懂社会、读懂大学生，增强高校思想政治理论课的针对性与吸引力。①

马克思主义理论学科建设要发挥对高校思想政治理论课的学理支撑，就必须：其一，要把高校思想政治理论课纳入学科建设中。马克思主义理论学科建设要为高校思想政治理论课保驾护航。要利用学科优势，按照高校思想政治理论课的特殊要求，积极探索建设好高校思想政治理论课的课程体系、教材体系、教学体系、师资队伍的有效途径；要密切关注、深入研究教育教学中遇到的重大理论和实践问题，特别是大学生提出和关心的重大理论问题和实际问题以及他们在成长过程中必须面对和深入思考的新问题；要着力探讨"如何更有效地用马克思主义理论武装大学生头脑，引导大学生树立正确的世界观、人生观、价值观；如何广泛深入地进行爱国主义、集体主义、社会主义教育，引导大学生坚定中国特色社会主义信念"，② 以及如何针对大学生的思想特点提高高校思想政治理论课的针对性和实效性，增强高校思想政治理论课的吸引力、感染力、说服力等问题，并做出有深度、有创见、有说服力的解答，用以武装高校思想政治理论课教师；要及时总结高校思想政治理论课教学经验，深化对马克思主义理论的认识，并用深化了的认识进一步指导高校思想政治理论课教学实践。只有把高校思想政治理论课纳入学科建设中，才能建设好马克思主义理论学科，也才能充分发挥马克思主义理论学科建设对高校思想政治理论课的学理支撑功能，使高校思想政治理论课受惠于马克思主义理论学科的建设成果。其二，要加强硕士生、博士生培养工作。马克思主义理论学科的硕士生、博士生既要加强马克思主义基础理论的学习、研究，又要加强马克思主义应用理论的学

---

① 崔华前：《论思想政治教育学科建设对"基础"课的学理支撑》，《学术论坛》2008 年第 6 期，第 191~192 页。

② 中共中央文献研究室编：《十六大以来重要文献选编》中，中央文献出版社 2006 年版，第 634 页。

习、研究；既要加强理论学习，又要加强实践锻炼。加强硕士生、博士生培养工作的目的是提高他们的综合素质，使他们毕业后"既能从事教学、科研工作，又能从事党务、思想政治工作。就思想政治理论课教学而言，毕业生应当根据工作需要，很快便能担当、胜任所教课程，而且应能胜任多门课程的教学需要，成为思想政治理论课的教学骨干力量和学科带头人"。① 其三，要理顺学科管理体制。学科管理体制与硕士点、博士点建设关系密切。学科管理体制科学健全，就会促进硕士点、博士点建设；反之，就会阻碍硕士点、博士点建设。理顺学科管理体制，对于硕士点、博士点建设来说，是非常必要的。目前我国大多数高校设立的"马克思主义学院"，就是在这方面所做的有益探索。马克思主义学院这种管理体制的好处是："既办专业，建设硕士点、博士点，又领导全校公共思想政治理论课；教师既抓教学，又参加科学研究，结合教学搞科研，通过科研促进教学质量的提高。这种体制使教师发展有平台，提高有学科后盾，有利于队伍的稳定、素质的提高。"②当然，实行什么样的学科管理体制，不能搞"一刀切"、千篇一律，而应当从自身实际出发。只要是有利于硕士点、博士点建设，有利于学科建设，有利于高校思想政治理论课改革的学科管理体制，就是好体制。③

2. 加强高校马克思主义理论人才队伍建设

邓小平曾经指出："一个学校能不能为社会主义建设培养合格的人才，培养德智体全面发展、有社会主义觉悟的、有文化的劳动者，关键在教师。"④习近平总书记也强调："要实施哲学社会科学人才工程，着

---

① 张耀灿：《为思想政治理论课建设提供有力的学科支撑》，《学校党建与思想教育》2005 年第 11 期，第 10 页。

② 张耀灿：《为思想政治理论课建设提供有力的学科支撑》，《学校党建与思想教育》2005 年第 11 期，第 10 页。

③ 崔华前：《论思想政治教育学科建设对"基础"课的学理支撑》，《学术论坛》2008 年第 6 期，第 193 页。

④ 《邓小平文选》第 2 卷，人民出版社 1994 年版，第 108 页。

力发现、培养、集聚一批有深厚马克思主义理论素养、学贯中西的思想家和理论家，一批理论功底扎实、勇于开拓创新的学科带头人，一批年富力强、锐意进取的中青年学术骨干，构建种类齐全、梯队衔接的哲学社会科学人才体系。"①可见，人才队伍建设是学科发展与课程建设的关键、根本保证和长远大计。中华人民共和国成立特别是改革开放以来，我国马克思主义理论人才队伍建设取得了较大的成绩，但与形势的发展、党和人民的要求相比仍有着不小的差距，正面临着各种各样的困难，潜藏着青黄不接的隐忧。有些立场坚定、知识渊博、功底扎实的老一辈马克思主义学者已退休或很快将要退休，中青年马克思主义学者尚未完全成长起来。因此，加强人才队伍建设已成为马克思主义理论学科发展与思想政治理论课建设的当务之急，刻不容缓。我们可以通过在物质待遇、职务聘任、科研立项、国内外学习进修等方面给予政策扶持，为上学术刊物、进学术殿堂、进行学术交流提供便利，通过设立专项研究经费和专门研究机构、组织培训班和研修班、在职攻读学位、老学者的传帮带、中青年优秀人才的示范建设等措施，培养造就一支方向正确、立场坚定、思维开阔、理论水平高、实践能力强的高校马克思主义理论人才队伍。

高校马克思主义理论人才队伍是马克思主义理论和党的路线、方针、政策的宣讲者，社会主义意识形态和精神文明的传播者，大学生健康成长的指导者和引路人。高校意识形态建设的成败，关键在于马克思主义理论人才队伍质量的高低。一个合格的高校马克思主义理论人才必须具备扎实的马克思主义理论功底、较强的马克思主义应用能力和创新能力。

马克思主义理论功底即马克思主义理论素养、学术底子。夯实马克思主义理论功底，必须既要掌握马克思主义基本原理，又要掌握毛泽东

---

① 习近平：《在哲学社会科学工作座谈会上的讲话》，《人民日报》2016 年 5 月 19 日，第 2 版。

思想、中国特色社会主义理论体系特别是习近平新时代中国特色社会主义思想的理论精髓；既要对马克思主义理论进行分门别类的研究，更要对马克思主义理论进行整体性把握；既要从横向上把握马克思主义的理论品质、灵魂，又要从纵向上把握马列主义、毛泽东思想、邓小平理论、"三个代表"重要思想、科学发展观、习近平新时代中国特色社会主义思想的一脉相承性；既要加强马克思主义理论学习，又要注重结合教育教学实践深化对马克思主义理论的认识。

马克思主义应用能力是指运用马克思主义分析解决实际问题的能力。增强马克思主义应用能力，必须要坚持以马克思主义指导自己的教育教学实践，自觉划清马克思主义与各种非马克思主义、反马克思主义的界限，发挥马克思主义理论联系实际的优良学风，善于运用马克思主义的基本原理、立场、观点、方法分析解决教育教学实践中出现的各种问题，引导当代大学生科学分析与处理各种现实问题与社会思潮，坚定政治立场。

马克思主义创新能力是指对丰富、发展马克思主义有所贡献的能力。增强马克思主义创新能力，必须要以马克思主义为指导，创新自己的教育教学实践，勇于面对新境遇，敢于迎接新挑战，善于发现、解决新问题，科学认识当代大学生身心发展和思想政治教育的新特点、新规律，创新马克思主义理论教育教学的内容、载体、方法、手段与途径，以自己的创造性劳动促进当代大学生认同、践行马克思主义。

上述三个方面，由低到高，紧密关联，相互递进。提升马克思主义理论素养居于最低层次，是增强马克思主义应用能力、创新能力的前提、基础；增强马克思主义应用能力居于中间层次，是提升马克思主义理论素养的根本目的，是增强马克思主义创新能力的必然要求；增强马克思主义创新能力居于最高层次，是马克思主义理论素养不断提升、马克思主义应用能力不断增强合乎逻辑发展的必然结果，又反过来对马克思主义理论素养的进一步提升、马克思主义应用能力的进一步增强起积极的推动作用。

增强高校马克思主义理论人才的综合素养，必须做到：

一要加强培训工作。邓小平曾经指出："要研究如何提高教师的水平。前几年教师不敢教，责任不在他们。现在要敢于教，还要善于教。要做到这一点，就要加强师资培训工作"，① "要把师资培训列入规划，列入任务。只有老师教得好，学生才能学得好"。② 培训工作是增强高校马克思主义理论人才综合素养的重要途径。加强培训工作，要根据高校马克思主义理论人才所承担的工作任务、素养状况、现实条件，制订出包括培训目标、手段、方式、时间、课程等多方面内容的科学、明确、可操作的培训计划；要加强培训管理，狠抓培训计划的落实，制定和严格执行相应的培训制度，规范培训行为；要丰富培训形式，采取培训班和研修班、在职访学、脱产进修、攻读学位、名师指导、社会考察、学术交流等多种培训形式；要建构由中宣部、教育部负责培训学术带头人，各地宣传部门、教育部门负责培训本地学术骨干，各高校负责培训本校中青年骨干的多层次、多渠道的立体化培训网络。

二要加强高校马克思主义理论人才的自我教育。高校马克思主义理论人才综合素养的提升离不开他们的自我教育。高校马克思主义理论人才加强自我教育，必须要真学、真懂、真信、真用马克思主义，其中尤为关键的是掌握并运用研读马克思主义经典原著的科学方法论，做到：

一是认真读。马克思主义原著是无产阶级革命导师总结、凝练和提升实践经验而铸就的思想丰碑。其过滤了更多的个性成分，深刻揭示了自然界、人类社会和思维发展的最普遍、最一般规律；其历经历史长河的洗礼，已成为吸收融合世界各民族优秀文化成果的珍贵文化遗产，具有卓尔不群的跨时空价值；其蕴涵的思想内容博大精深，孕育的人文精神高尚明远，蕴藏的现实价值丰厚有用，有着历久弥新、常读常新的魅力。一个人的知识越完善、功底越深厚、视野越开阔、胸怀越宽广、境

① 《邓小平文选》第 2 卷，人民出版社 1994 年版，第 55 页。
② 《邓小平文选》第 2 卷，人民出版社 1994 年版，第 55 页。

界越高远、阅历越丰富、态度越端正、方法越对路、学习越刻苦、思考越深入，对其的理解就越科学、越准确、越深刻，从中获取的滋养就越肥沃，受到的启发就越有益，收获就越大，就越觉得其管用。其是马克思主义理论的本真、源头，历经无产阶级革命斗争实践的检验，凝聚着深刻的历史经验和科学的理论成果，是马克思主义理论学科发展的根本理论指导，是思想政治理论课建设的"蓝本"。

学习马克思主义原著、打好扎实的理论功底，是高校马克思主义理论人才搞好教学科研工作的关键一环。但是，由于拜金主义、功利主义、实用主义、享乐主义等价值观的消极影响，各种考核评估的压力，一些高校马克思主义教学科研工作者放松了自我要求，不重视学习马克思主义原著。他们中有的人认为，"马克思主义著作枯燥乏味、晦涩难懂"，"研读马克思主义原著太花功夫，不划算"，"马克思主义原著读不读无所谓"；有的人认为，研读马克思主义原著是刚入门者的基本要求，并由此出发把所有马克思主义原著的研读者皆视为刚入门者、功底不扎实者；有的人认为，马克思主义原著只要读个一两遍就行了，经常读、反复读只能说明研读者领悟力差；有的人热衷于扬名立万、抛头露面、自我标榜，精心设计把自己包装打造成名人，然后以此为资本捞取各种好处；有的人热衷于投机钻营，成天跑关系、拉赞助、要项目；有的人热衷于投机取巧，不愿辛苦付出，总想走捷径，凭借拼拼凑凑、剪剪裁裁、抄袭剽窃，利用和有些刊物编辑的熟络关系，希望多出成果、快出成果；有的人满足于一知半解、不求甚解，拿从网络上获得的只言片语等碎片化信息装门面、充脸面；有的人只读过几篇马克思主义文章，就自诩为马克思主义理论专家、大家，不断哗众取宠、卖弄炫耀，等等。一个高校马克思主义教学科研工作者，如果基础不牢，必然如"墙上芦苇"般"头重脚轻"，如"山间竹笋"般"嘴尖皮厚"，可能会一时如愿，但绝不会走得很远，最终的结局必然是不仅误人子弟、误国误民，到头来也会"机关算尽太聪明，反误了卿卿性命"。针对这种情况，习近平总书记明确指出："对马克思主义的学习和研究，不能采取浅尝辄止、蜻蜓点水的态度。有的人马克思主义经典著作没读几本，一知半解就哇啦哇啦发表意见，这是一种不负责任的态度，也有悖于科学精神。""马克思主义理论体系和知识体系博大精深……不下大气力、不下苦功夫是难以掌握真谛、融会贯通的。"①马克思主义原著是对自然界、人类社会、人类思维各个领域及各个方面认识的抽象的理论概括，是真正的不朽经典，要融会贯通地把握其真谛、精髓，必然要经历一个艰难的学习过程。毛泽东曾将《共产党宣言》看了不下一百遍，并经常、重点读一些马列主义著作。高校马克思主义理论人才学习马克思主义原著，必须要认真、刻苦，有一种追根溯源的求真精神，有一种不达目的决不罢休，为"求得真经"而甘愿经受"九九八十一难"的执着劲头，下死功夫、花大力气、坐冷板凳，广泛读、深入读、反复读、静心读、凝神读，将其读懂、读通、读深、读透。

二是完整读。马克思曾自认为，他的著作是一个艺术的整体。马克思主义本身历史和逻辑方面的严整性，马克思主义立场观点方法的高度统一性，中国化马克思主义研究对象和理论研究本身的综合性，决定了整体性是马克思主义的鲜明特征。

从高校思政课建设的视角看，马克思主义的整体性主要表现为马克思主义理论、马克思主义理论学科、高校思政课三个层次的整体性。马克思主义理论是一个由各部分内容组成的完整而严密的科学理论体系。马克思主义理论学科是一个系统性的一级学科，它由马克思主义基本原理、马克思主义发展史、马克思主义中国化研究、国外马克思主义、中国近现代史基本问题研究、思想政治教育、党的建设七个二级学科所构成，这七个二级学科虽各具特色，但又相互关联、密不可分。高校思政课在课程体系、课程目标、教学体系、教学方法等方面都具有鲜明的整体性，它主要由"马克思主义基本原理概论""毛泽东思想和中国特色社

---

① 习近平：《在哲学社会科学工作座谈会上的讲话》，《人民日报》2016年5月19日，第2版。

会主义理论体系概论""中国近现代史纲要""思想道德修养与法律基础"四门主干必修课程所构成，这四门课程不仅各自构成了一个完整的课程体系，而且相互之间功能互补、有机统一。这三个层次的整体性又相互关联、相互支撑、有机统一。

马克思主义的整体性要求学习马克思主义原著必须坚持整体性原则。一要整体性把握马克思主义思想理论内容。这并不是说不要对马克思主义哲学、马克思主义政治经济学、科学社会主义等内容进行专门性、深入性、精细性研究，正如书要一本一本读一样，马克思主义思想理论内容也要一部分一部分掌握，而是说在研究各部分、各章节内容时，要有整体意识，把它们放到马克思主义思想理论体系的整体中加以理解，注重从整体上把握它们以及它们之间的相互联系。二要整体性把握马克思主义世界观。列宁曾强调，马克思主义的世界观"完整而严密"。马克思主义从"现实的、具体的人"出发，提出了不同于以往一切旧哲学的实践观，科学解释了人类与自然界、主客体的关系，科学揭示了世界发展的最普遍规律，提供了一套完整的认识世界与改造世界的科学理论武器。学习马克思主义经典著作，必须对之加以完整把握。三要整体性把握马克思主义方法论。马克思主义认为，事物是普遍联系的，要用全面的观点看问题；事物是对立统一的，要用辩证的观点看问题；事物是变化发展的，要用发展的观点看问题，提供了认识世界和改造世界的根本方法。学习马克思主义原著，必须整体性把握马克思主义唯物辩证方法。四要整体性把握马克思主义的历史发展。任何一位革命导师的思想都有其发展的历史过程和历史轨迹，任何一部马克思主义经典著作都有其诞生的历史背景、历史条件和历史脉络。因此，学习马克思主义原著，必须考察其思想源流、时空环境，把革命导师在特定历史条件下的个别词句、个别结论与马克思主义普遍原理区分开来，把马克思转变成唯物主义者、共产主义者前后的思想区分开来，把握马克思主义思想确立、发展、成熟的完整历程。

三是读而思。古人云"学而不思则罔"，① 意思是说，如果光知道读书而不懂得思考，就会被表象所迷惑、蒙蔽，就不能深刻准确理解书中的涵义。习近平总书记强调："'为学之道，必本于思。''不深思则不能造于道，不深思而得者，其得易失。'"②在这里，习近平总书记借用古语，旨在强调"思"对于学习马克思主义原著的极端重要性。马克思主义原著逻辑思维极其严密、抽象程度很高，要把握其精髓，就必须在研读过程中勤于思考、独立思考、深入思考。

其一要勤于思考。研读马克思主义原著，不能偷懒，不能投机取巧，要养成思考的习惯。如《共产党宣言》是马克思、恩格斯在19世纪40年代科学探索的最高成果，其诞生不是一蹴而就的，而是一个渐进的历史过程。因此，学习《共产党宣言》，就需要思考马克思、恩格斯思想转变、转折、飞跃的历史进程，就需要思考《德谟克利特的自然哲学和伊壁鸠鲁的自然哲学的差别》《关于出版自由和公布等级会议记录的辩论》《法的历史学派的哲学宣言》《关于林木盗窃法的辩论》《摩塞尔记者的辩护》《〈黑格尔法哲学批判〉手稿》《论犹太人问题》《〈黑格尔法哲学〉批判导言》《1844年经济学哲学手稿》《关于费尔巴哈的提纲》《德意志意识形态》《哲学的贫困》《政治经济学批判大纲》《英国状况——评托马斯·卡莱尔的〈过去和现在〉》《共产主义原理》等论著的思想内容，它们之间的相互关系及其对《共产党宣言》的影响。如果偷懒、不勤于思考，落下了或没有深刻把握其中的任何一本论著，都不能读深读透《共产党宣言》这一袖珍版的马克思主义百科全书。

其二要独立思考。马克思主义原著有各种译本，对马克思主义的解释也多种多样。因此，学习马克思主义原著，必须要选择最好、最新的原著译本，尽量占有第一手的资料，读出其中的原汁原味，通过自己的独立思考以做出自己的独立评判。如《1844年经济学哲学手稿》（以下简

---

① 《论语·为政》。

② 习近平：《在哲学社会科学工作座谈会上的讲话》，《人民日报》2016年5月19日，第2版。

称《手稿》），是马克思正处于深受费尔巴哈人本主义思想影响阶段所写的，此时的马克思还没有储备科学解剖资本主义社会的完备经济学知识，借助的理论武器是抽象性和非科学性的费尔巴哈人道主义原则和方法。后来的马克思主义者、社会改良主义者、西方"马克思学"学者对《手稿》意见见仁见智甚至意见截然相反，各种解释、评述五花八门，令人眼花缭乱，一时难辨真伪。因此，必须结合当时马克思的思想发展水平，准确把握从1844年到1864年《资本论》第一卷的写作这20多年间马克思政治经济学思想的发展历程，来对《手稿》做出独立的思考、评判，才能准确地理解其中的"共产主义观"与"异化史观"，才不会误解、误读《手稿》，才不会盲从、盲信各种对《手稿》的解释。

其三要深入思考。学习马克思主义原著必须静下心来，钻进去，深刻领会其精神实质与思想精髓，而绝不能浅尝辄止、蜻蜓点水、一知半解、不懂装懂。要深入思考先读哪些原著、重点读哪些原著，哪些是第一手资料、哪些是第二手资料；要养成记读书笔记的习惯，及时把自己认为拍案叫绝的精彩内容，完整规范地记下来，这样既可以加深印象，又节省了以后查阅的时间；要养成写感想的习惯，及时把自己读原著的所思、所想、所感、所获写出来，这是自己的灵感、思想火花，如果不及时写出来，可能以后就写不出来了；每隔一段时间，要整理、总结、凝练自己的所读所思，将之转化成论文、著作，以进一步加深对原著的理解。

其四要读而信。"读"与"信"是相互联系、相互制约的两个环节。真信马克思主义，是真读马克思主义合乎逻辑发展的必然结果。只要认真研读马克思主义原著，就会被马克思主义的理论魅力与现实价值所折服、所感染。只有真信马克思主义，才会花功夫真正研读马克思主义原著。

毛泽东曾经指出："马克思列宁主义是从客观实际产生出来又在客观实际中获得了证明的最正确最科学最革命的真理。"[①]习近平总书记也

---

① 《毛泽东选集》第3卷，人民出版社1991年版，第817页。

强调:"马克思主义尽管诞生在一个半多世纪之前,但历史和现实都证明它是科学的理论,迄今依然有着强大生命力。马克思主义深刻揭示了自然界、人类社会、人类思维发展的普遍规律,为人类社会发展进步指明了方向;马克思主义坚持实现人民解放、维护人民利益的立场,以实现人的自由而全面的发展和全人类解放为己任,反映了人类对理想社会的美好憧憬。"①这些论述,都旨在强调马克思主义是科学性与意识形态性、真理性与价值性的统一,是认识世界与改造世界的科学武器。

习近平总书记强调:"我们党始终坚持共产主义远大理想,共产党员特别是党员领导干部要做共产主义远大理想和中国特色社会主义共同理想的坚定信仰者和忠实践行者。对马克思主义的信仰,对社会主义和共产主义的信念,是共产党人的政治灵魂,是共产党人经受住任何考验的精神支柱。"②"马克思主义是我们立党立国的根本指导思想。背离或放弃马克思主义,我们党就会失去灵魂、迷失方向。在坚持马克思主义指导地位这一根本问题上,我们必须坚定不移,任何时候任何情况下都不能有丝毫动摇。"③任何一个哲学社会科学工作者,都生活在一定的社会环境中,他们的思想行为都难免会受到一定的社会环境的影响,都必然具有意识形态性,都会有一个为谁讲话、为谁服务的问题。当代中国哲学社会科学工作者,都必须坚持为党服务、为人民服务的立场,都必须坚定信仰马克思主义。高校马克思主义理论人才作为"先进思想文化的传播者"、"党执政的坚定支持者"、"学生健康成长指导者和引路人",承担着培养"中国特色社会主义事业合格建设者和可靠接班人"的重任,更需解决为谁讲话、为谁服务的问题,更需怀着对马克思主义的

---

① 习近平:《在哲学社会科学工作座谈会上的讲话》,《人民日报》2016 年 5 月 19 日,第 2 版。

② 中共中央文献研究室编:《十八大以来重要文献选编》上,中央文献出版社 2014 年版,第 115 页。

③ 习近平:《在庆祝中国共产党成立 95 周年大会上的讲话》,《人民日报》2016 年 7 月 2 日,第 2 版。

坚定信仰去研读马克思主义原著。

　　马克思主义的本质是批判的、战斗的，批判战斗精神是马克思主义者的应有品质。能否坚定信仰马克思主义，决定着高校马克思主义理论人才为谁学习原著、从原著中学习什么、如何学习原著的问题。目前，在高校马克思主义教学科研工作者中，有的人打着"学术自由"的旗号，把自己打扮成一个搞"纯粹的学术研究"、具有"独立品格"的学者，把马克思主义当成一个纯粹的学派，借马克思主义的意识形态性来否定马克思主义的科学性、真理性，不愿研读马克思主义原著；有的人只是为了满足自身的利益需求及追求新奇、积攒炫耀的资本而学习马克思主义原著；有的人以各种"西式"理论为指导，试图从马克思主义原著中找到"西化"马克思主义的"作料"。这些人，只有"自由"而无学术，只有"独立"而无人格，只讲利益而不讲责任，是无法学好马克思主义原著的，究其原因都是由于缺乏对马克思主义的坚定信仰。

　　马克思不只是一个知识分子，还是世界无产阶级的革命导师；马克思主义不只是一个科学的思想理论体系，还是服务于劳苦大众的思想理论武器。高校马克思主义理论人才只有坚定信仰马克思主义，怀有对革命导师的感恩之心、崇敬之情，怀有探求马克思主义真理的激情、冲动，为党、为人民而学，为马克思主义理论学科发展与高校思政课建设而学，为立德树人而学，才能真正花功夫学习马克思主义原著，才能从马克思主义原著中学到真的马克思主义，也才能学好马克思主义原著。

　　其五是读而行。"行"与"读""信"相互关联、密不可分。真"行"马克思主义，是真"读"马克思主义原著的根本目的与归宿，是检验是否真"信"马克思主义的根本标准。如果不能真"行"马克思主义，那么真"读"马克思主义经典著作就没有任何实际意义，也不可能真"信"马克思主义。

　　实践性、革命性是马克思主义的鲜明特征。马克思主义理论形成、发展于无产阶级的革命斗争实践中，马克思主义理论的价值体现于、实现于无产阶级的革命斗争实践中。离开了无产阶级革命斗争实践，马克思主义既成为无源之水，又没有任何实际价值。马克思曾经指出："哲学家们只是用不同的方式解释世界，问题在于改变世界。"①毛泽东曾强调："读书是学习，使用也是学习，而且是更重要的学习。""如果有了正确的理论，只是把它空谈一阵，束之高阁，并不实行，那末，这种理论再好也是没有意义的。"②习近平总书记也强调："坚持以马克思主义为指导，最终要落实到怎么用上来。'凡贵通者，贵其能用之也。'"③马克思主义的本质特征决定了，研读马克思主义原著的根本目的是要从中寻求释疑解惑的理论武器和科学方法，并用之指导自身的实际工作，解答所遇到的实际问题。

"读"而不"行"，不是真"读"。目前，在马克思主义著作研读中，有的人只重视文本研究，不重视实际应用，"钻进去"却"出不来"；有的人脱离社会现实，自我封闭，"躲进小楼成一统"，超脱于具体的现实世界，陶醉于无聊的文字游戏，满足于纯粹的抽象思辨；有的人脱离人民群众，自娱自乐、自我陶醉、孤芳自赏、自视清高、高高在上。凡此种种，既会使学者本人迷失方向甚至走向马克思主义的对立面，也会使马克思主义"玄而又玄"，令人感到高不可攀、望而生畏，这都不是真"读"马克思主义原著，也学不好马克思主义原著。

高校马克思主义理论人才是进行马克思主义理论教育、传播马克思主义理论的主力军，学习马克思主义原著，必须要"读而行"。要从马克思主义原著中，寻求马克思主义基本原理与立场观点方法；要用马克思主义指导自己的教学科研工作，运用马克思主义基本原理与立场观点方法，对经济全球化、政治多极化、思想多样化、信息网络化时代需要解决的重大紧迫问题，对教学工作中所遇到的热点难点问题，对大学生所关心、关注的重点敏感问题，做出透彻性、有说服力的解答；要运用

---

① 《马克思恩格斯选集》第 1 卷，人民出版社 1995 年版，第 57 页。

② 《毛泽东选集》第 1 卷，人民出版社 1991 年版，第 181、292 页。

③ 习近平：《在哲学社会科学工作座谈会上的讲话》，《人民日报》2016 年 5 月 19 日，第 2 版。

马克思主义基本原理与立场观点方法，把高校思政课讲深、讲透，做到以理服学生，切实增强高校思政课的说服力和实效性；要理直气壮地宣讲马克思主义，旗帜鲜明地同各种非马克思主义、反马克思主义思潮展开斗争。①

三要健全完善保障机制。各高校应该为马克思主义理论人才队伍建设提供坚实、可靠、强大的组织保障、政策保障、物质保障与精神支撑，各级党委、政府要把提升高校马克思主义理论人才综合素养作为一项重要工作摆上议事日程，各组织部门、宣传部门、教育部门应相互支持、相互配合，高校党委要切实负责，要按照中央文件精神配备一名副书记和一名副校长主管此项工作，学校宣传部、教务处、马克思主义学院或思想政治理论课教学部要各负其责、相互配合；要在物质待遇、职务聘任、科研立项、国内外学习进修等方面充分考虑高校马克思主义理论人才的工作特点，在政策上予以扶持；要保证和加大经费投入，在每年的教育事业经费中安排一定的专项经费用于高校马克思主义理论人才培训与思想政治理论课建设，要购买马克思主义经典原著，订购马克思主义类学术期刊，组织专家编写相关辅读教材，及时向高校马克思主义理论人才传达党和政府的有关文件和政策，为他们系统学习马克思主义理论提供便利；要加大宣传力度，使各部门、各单位、各培训机构充分认识提升高校马克思主义理论人才综合素养的重大意义，对做得好的相关单位和个人要给予相应的物质与精神奖励。

3. 加强高校马克思主义学院建设

马克思主义学院是改革开放后出现的专门管理高校思想政治理论课建设的新机构。马克思主义学院的成立，有利于凝练高校思想政治理论课教师队伍，办好高校思想政治理论课。马克思主义学院建设的好坏，

---

① 崔华前：《高校思政课教师练好"看家本领"的方法论思考》，《高校思想政治理论课教学研究》2018 年第 5 期，第 117~121 页。

事关高校马克思主义理论学科与思想政治理论课建设的成败，事关中国特色社会主义事业能否实现代代相传。

习近平总书记高度重视马克思主义学院建设。2015 年 12 月 11 日，他在全国党校工作会议上强调："中央批准中央党校成立马克思主义学院，就是坚持党校姓'马'姓'共'之举。"①2018 年 5 月 2 日，他在北京大学考察时又一次强调："高校马克思主义学院就是要坚持'马院姓马，在马言马'的鲜明导向和办学原则，为巩固马克思主义在意识形态领域的指导地位，推动马克思主义进校园、进课堂、进学生头脑，发挥应有作用。"②习近平总书记的重要讲话，指明了马克思主义学院建设的意义、方向、原则和任务。

改革开放后，马克思主义学院建设成效显著。从数量看，从 1992 年北京大学成立第一家马克思主义学院至今，全国已经有 400 多家马克思主义学院；从质量上看，绝大多数马克思主义学院是直属学校领导的独立设置的二级机构，在马克思主义理论教育教学、研究阐释、人才培养等方面发挥了重要作用。但是也要看到，马克思主义学院建设与党和人民的要求仍存在一定差距，主要表现为：有些高校没有认真贯彻落实相关文件中关于马克思主义学院的机构设置、办公用房、教研用房、师生比、教师待遇等方面的明文规定。

为了进一步加强马克思主义学院建设，不断提升马克思主义学院建设的科学化、规范化、现代化水平，把马克思主义学院建成马克思主义理论教学、研究、宣传、人才培养的坚强阵地和开好思想政治理论课的坚强战斗堡垒，教育部专门印发了《高等学校马克思主义学院建设标准（2017 年本）》（以下简称《标准》），内容包括组织领导与管理、思想政治理论课教学、马克思主义理论学科建设、社会服务与社会影响、党的

---

① 习近平：《在全国党校工作会议上的讲话》，《求是》2016 年第 9 期，第 5 页。

② 习近平：《抓住培养社会主义建设者和接班人根本任务　努力建设中国特色世界一流大学》，《人民日报》2018 年 5 月 3 日，第 1 版。

建设与思想政治工作五个一级指标，其中组织领导与管理一级指标下包含领导责任、机构设置、工作机制、基础建设四个二级指标及其相关具体要求，思想政治理论课教学一级指标下包含教学组织、教学实施、教学改革、教学考评、师资配备五个二级指标及其相关具体要求，马克思主义理论学科建设一级指标下包含学科设置、科学研究、人才培养三个二级指标及其相关具体要求，社会服务与社会影响一级指标下包含决策咨询、理论宣讲两个二级指标及其相关具体要求，党的建设与思想政治工作一级指标下包含支部建设、师德师风、文化建设三个二级指标及其相关具体要求。该《标准》确定的指标科学合理、要求具体明确、措施切实可行。加强马克思主义学院建设，关键在于逐条落实《标准》中的相关规定。

健全管理机制必须加强党的领导。"办好中国的事情，关键在党。"①党的领导是马克思主义学院建设的根本保障。各级党委必须讲政治、抓落实，采取各种有效措施，切实解决制约马克思主义学院建设的突出问题，为马克思主义学院建设提供政策支持，真正把马克思主义学院当做重点学院加以建设；各级党委必须增强责任感，加强对马克思主义学院建设的统一领导，由主要领导牵头负责马克思主义学院建设。

4. 加强高校思想政治理论课建设

习近平总书记对思想政治理论课建设高度重视，强调："思想政治理论课是落实立德树人根本任务的关键课程。青少年阶段是人生的'拔节孕穗期'，最需要精心引导和栽培。我们办中国特色社会主义教育，就是要理直气壮开好思政课"，"思政课作用不可替代"，② 并就推动新时代思想政治理论课改革创新提出了"不断增强思政课的思想性、理论

　　① 习近平：《用新时代中国特色社会主义思想铸魂育人　贯彻党的教育方针落实立德树人根本任务》，《人民日报》2019 年 3 月 19 日，第 1 版。
　　② 习近平：《用新时代中国特色社会主义思想铸魂育人　贯彻党的教育方针落实立德树人根本任务》，《人民日报》2019 年 3 月 19 日，第 1 版。

性和亲和力、针对性"的总要求，与"八个相统一"即要坚持政治性和学
理性相统一、价值性和知识性相统一、建设性和批判性相统一、理论性
和实践性相统一、统一性和多样性相统一、主导性和主体性相统一、灌
输性和启发性相统一、显性教育和隐性教育相统一的具体要求。

新时代高校思想政治理论课既面临着新机遇，受到前所未有的重
视，又面临着新的教学对象、新的教学环境、新的教学目标、新的教学
任务、新的教学载体等新挑战，也存在着学生不愿听、不认真听等新问
题。因此，新时代高校思想政治理论课建设，必须善于抓住新机遇、主
动迎接新挑战、积极解决新问题，按照习近平总书记的指示要求，大力
推动课程改革创新。

一要更新教学理念。要"坚持主导性和主体性相统一，思政课教学
离不开教师的主导，同时要加大对学生的认知规律和接受特点的研究，
发挥学生主体性作用"，充分发挥教师与学生在教学过程中的积极性、
主动性、能动性；要培养新思维，"学会辩证唯物主义和历史唯物主
义，创新课堂教学，给学生深刻的学习体验，引导学生树立正确的理想
信念、学会正确的思维方法"；① 要不断更新知识结构，当今时代发展
日新月异，知识更新速度大大加快，思想政治理论课教师必须保持理论
敏感性，不断推陈出新、吐故纳新，学深学透新知识特别是习近平新时
代中国特色社会主义思想。

二要创新教学方法。要积极探索与当代大学生身心发展特点与思想
道德形成发展转化规律相适应的教学方法，综合性、灵活性运用案例
式、讨论式、参与式、互动式、体验式等多种教学方法，通过透彻的说
理、生动的案例、深厚的情感、高尚的人格、正直的行为，把思想政治
论课讲深、讲透、讲活；要坚持理论灌输与启发引导相统一，提升学
生发现问题、分析问题、思考问题的能力；要坚持显性教育和隐性教育

---

① 习近平：《用新时代中国特色社会主义思想铸魂育人　贯彻党的教育方针
落实立德树人根本任务》，《人民日报》2019 年 3 月 19 日，第 1 版。

相统一，充分挖掘隐性教育资源与课程资源，达到"润物细无声"的效果。

三要丰富教学形式。要把握网络媒体时代，"95后"大学生思想信息接受途径、获取方式、思维方式等方面高度依赖"互联网"、"大数据"、"云计算"、"手机APP"的新变化，积极运用各种网络新媒体教学手段，拓展线上学习资源，激发学生学习兴趣；要加强网站建设，积极开发融思想性、知识性、趣味性、服务性于一体的网络教学资源；要加强翻转课堂、慕课、金课、精品在线开放课程建设，丰富教学形式，开展生动活泼的网络教学活动。

四要拓展教学渠道。要"走出去"，加强实践教学，通过社会调查、生产劳动、志愿服务和勤工助学等多种形式，使学生在切实体验中提升思想道德境界；要"引进来"，把党政领导、行业精英、企业家、道德模范、英雄人物等，请进课堂，让他们用亲身经历和感人事迹教育引导学生；要"多互动"，让学生走上讲台，讲自己身边的故事、讲自己的体验感受，发挥同辈群体的正向效应。

二、尊重差异、包容多样

"尊重差异、包容多样"是以马克思主义引领高校校园多样化社会思潮的基本方针与必然要求。只有"尊重"，才有"引领"的可能；正是由于"差异"与"多样"的存在，才有"引领"的必要。最大限度地达成当代大学生的思想共识是"引领"的根本目标，能否形成大学生的思想共识是检验"引领"工作成功与否的根本标准，如果能够达成大学生的思想共识，就说明"引领"工作是成功的；反之，则说明"引领"工作是失败的。其中，"尊重差异、包容多样"是手段，最大限度地达成大学生的思想共识是目标，二者相互联系、相互作用。

（一）为什么要"尊重差异、包容多样"

"尊重差异、包容多样"，既是由马克思主义自身的理论特征与多样化社会思潮存在的客观性决定的，也是党的"百花齐放，百家争鸣"方针的具体运用。只有"尊重差异、包容多样"，才能减少思想冲突，增进社会认同，推动思想文化的发展繁荣。

马克思主义本身就是一种借鉴、吸收、融合世界各国先进文化成果而形成的先进文化形态，马克思主义理论本身就具有先进性、包容性的理论特征，正如列宁曾指出的："马克思主义这一革命无产阶级的思想体系赢得了世界历史性的意义，是因为它并没有抛弃资产阶级时代最宝贵的成就，相反却吸收和改造了两千多年来人类思想和文化发展中一切有价值的东西。只有在这个基础上，按照这个方向，在无产阶级专政（这是无产阶级反对一切剥削的最后的斗争）的实际经验的鼓舞下继续进行工作，才能认为是发展真正的无产阶级文化。"①马克思主义主流意识形态集中代表了我国最广大人民群众的根本利益，有机结合了我国社会各阶级阶层的共同愿望，最大限度地反映了我国社会各阶级阶层的多样化诉求，最具科学性、广泛性、感召力、亲和力和凝聚力。马克思主义主流意识形态在展示自身魅力时，并没有简单否定、粗暴排斥压制其他思想理论体系，也正因为如此，多样化社会思潮才得以在我国传播。对于多样化社会思潮来说，马克思主义主流意识形态既具有批判功能，更具有汲取、整合和引领功能。"尊重差异、包容多样"，是马克思主义主流意识形态先进性、包容性的题中应有之义，"从马克思主义发展的视角来看，善于包容、兼容并蓄，是马克思主义意识形态生成、发展和壮大的必然要求，是马克思主义意识形态具有强大生命力的直接体现"。②

---

① 《列宁选集》第 4 卷，人民出版社 1995 年版，第 299 页。
② 湖南省邓小平理论和"三个代表"重要思想研究中心：《用社会主义核心价值体系引领社会思潮》，《光明日报》2008 年 3 月 4 日。

在我国社会主义初级阶段，大学生的经济利益需求、政治理想抱负与思想道德素质具有鲜明的多样性、层次性。高校校园多样化社会思潮是我国社会政治经济文化多样化发展在高校校园的集中体现，适应了不同群体、不同层次大学生的多层次、多方面、多样化的精神文化需要，它们的存在有其客观必然性与深层次根源。如果我们不能"和而不同"，不能"尊重差异、包容多样"，不能坚持"弘扬主旋律"与"尊重多样化"的有机统一，在"多样"中立"主导"、寻共识，用"多样"滋养"主导"，用"主导""引领""多样"，而是简单取缔"多样"、搞纯粹单一的"主导""主流"，则必然违背客观规律，不仅会伤害"多样"，而且会危及"主导"，会使高校意识形态建设丧失吸引力和说服力，缺乏针对性和实效性，会使马克思主义主流意识形态成为一种高不可攀、"高处不胜寒"、令人望而生畏甚至排斥反感的"阳春白雪""自编自导""自弹自唱""孤芳自赏"的理论，从而丧失其在大学生中应有的广泛感召力和强大引领力。

"百花齐放，百家争鸣"是促进我国社会主义先进文化发展繁荣的基本方针。为了解决学术领域与文学艺术领域里的思想是非，1956年在中共中央政治局扩大会议上，毛泽东明确提出要实行"百花齐放、百家争鸣"的方针，即艺术问题上"百花齐放"，学术问题上"百家争鸣"。1957年在《关于正确处理人民内部矛盾的问题》一文中，毛泽东进一步明确指出："百花齐放，百家争鸣……是根据中国的具体情况提出来的，是在承认社会主义社会仍然存在着各种矛盾的基础上提出来的，是在国家需要迅速发展经济和文化的迫切要求上提出来的。百花齐放、百家争鸣的方针，是促进艺术发展和科学进步的方针，是促进我国的社会主义文化繁荣的方针。艺术上不同的形式和风格可以自由发展，科学上不同的学派可以自由争论。"①改革开放后，邓小平进一步强调了"百花齐放，百家争鸣"方针对于发展马克思主义的必要性，他指出："如果

---

①　《毛泽东文集》第7卷，人民出版社1999年版，第229页。

我们不注意，不搞'百花齐放，百家争鸣'，思想要僵死起来，马克思主义要衰退，只有搞'百花齐放，百家争鸣'，各种意见表达出来，进行争辩，才能真正发展马克思主义，发展辩证唯物主义。这一点，斯大林犯过错误，就是搞得太死了，搞得太单纯了。在苏联，马克思主义在一个时期衰退了。"①习近平总书记也强调坚持"为人民服务、为社会主义服务"、"百花齐放、百家争鸣"、"创造性转化、创新性发展"②的文化发展方针。对于高校校园多样化社会思潮，坚持"尊重差异、包容多样"，是党的"百花齐放，百家争鸣"方针在新时代高校意识形态建设中的具体运用。

当然，我们也必须认识到，"尊重差异、包容多样"绝不是在指导思想上搞多元化，而必须以坚持马克思主义指导地位不动摇为前提，以增强马克思主义主流意识形态的引领力为主旨。

(二) 怎样"尊重差异、包容多样"

"尊重差异、包容多样"可最大限度地达成当代大学生的思想共识，是一项系统工程。

1. 正确处理"一元主导"与"多样并存"的关系

一方面，马克思主义主流意识形态的"一元主导"，牵引着"多样化"社会思潮的流变方向，对"多样化"社会思潮有着强大的整合功能，导引着"多样化"社会思潮和谐有序的发展，决定着整个高校意识形态的发展走向。如果没有马克思主义主流意识形态的"一元主导"，整个高校意识形态的发展就会失去正确的方向，不知道往哪走，"多样化"社会思潮就会失控，像无头苍蝇似的瞎碰乱撞，从而陷入一种无序状

---

① 《邓小平文选》第 1 卷，人民出版社 1994 年版，第 272 页。

② 习近平：《决胜全面建成小康社会 夺取新时代中国特色社会主义伟大胜利——在中国共产党第十九次全国代表大会上的报告》，《人民日报》2017 年 10 月 28 日，第 1 版。

态，大学生就会产生思想混乱；另一方面，"多样化"社会思潮的有益成分可以为马克思主义发展提供滋养，"多样化"社会思潮的争鸣与论战，有利于当代大学生的思想解放和观念更新，有利于激发当代大学生的创造活力，有利于保持高校意识形态的蓬勃生机。仅有"主导"而无"多样"，高校意识形态建设就会孤掌难鸣，局面就会死气沉沉。正因如此，改革开放以来，中国共产党对于人民内部的思想矛盾始终坚持以民主的方式、协商的方式加以解决，从而既为"多样化"社会思潮的生成流变提供了宽松环境，又为马克思主义的创新发展提供了智慧和资源。可见，只有既坚持"一元主导"，又包容"多样"，以"主导"统摄"多样"，以"多样"滋养"主导"，才能在多样化社会思潮中确立马克思主义主导地位，寻求最大共识，才能以主导扩大共识，以共识巩固主导。借口"多样"以削弱、否定"主导"，或借口"主导"以强行取消"多样"，都是错误有害的。

2. 塑造"尊重""包容"的校园文化氛围

校园文化对大学生的社会心理、思维方式、处事态度、思想形成具有潜移默化的浸染、塑造、熏陶作用。"尊重""包容"的校园文化氛围，是"尊重差异、包容多样"最大限度地达成当代大学生思想共识的环境要求。

要塑造"尊重""包容"的校园文化氛围，就必须做到：

一要尊重社会思潮的差异性。高校意识形态建设要确立差异互补、多样共生的"和而不同"理念，摒弃"同于己者为是之，异于己者为非之"（《庄子·寓言》）的"斗异伐非"的思维方式，充分尊重社会思潮的多样性特点和合理性差异，积极吸收各种社会思潮中蕴含的一切合理成分与积极因素，大胆借鉴各种社会思潮在理论形式、表达方式与传播手段上的一切可取之处，不断增强马克思主义主流意识形态的包容度与引领力，以最大诚意、尽最大努力求和谐、寻共识。

二要尊重当代大学生思想状况的差异性。人的思想政治品德是"按照心理—思想—行为和习惯的程序，由简单到复杂、由低级到高级、由不稳定到稳定、由不完善到完善发展的"，① 是在社会实践基础上主客观因素交互作用、相互平衡、相互协调的结果。在当今多样化时代，大学生的思想道德状况具有鲜明的层次性、多样性、差异性。"尊重差异、包容多样"，就是要尊重当代大学生思想道德状况的差异性，既明确方向性、倡导先进性，又重视层次性和广泛性；既鼓励、推广、学习先进人物及其先进品德、先进事迹，又照顾到多数人的思想道德现实水平；既发掘、培育、倡导当代大学生中的"正能量"，又充分尊重不同家庭出身、不同认识水平的大学生的思想实际以及他们的各种正当无害的利益需求；既要求所有大学生学先进、赶先进，又充分尊重，依据不同群体、不同层次的大学生的思想实际，允许其提出不同层次的多样化要求；既鼓励大学生畅所欲言、完善自身、争取正当权益，又引导他们善于倾听他人声音、欣赏他人优点、尊重他人权利、履行自身义务。只有这样，才能广泛团结当代大学生，充分激发他们追求真、善、美的潜能，更好地用马克思主义主流意识形态引领高校校园多样化社会思潮，最大限度地达成当代大学生的思想共识。如果搞一刀切，用一个统一的标准去强制性要求所有大学生，则往往会"拔苗助长""欲速则不达"。

3. 以马克思主义立场观点方法具体分析、区别对待高校校园多样化社会思潮

"马克思主义的立场解决的是为什么人讲话、为什么人服务的价值观问题。坚持马克思主义立场，就要将最广大人民群众的根本利益作为分析、解决问题的根本立足点和出发点；马克思主义的观点解决的是关于自然、社会和思维的发展规律的根本认识的真理观问题，坚持马克思主义观点，就要坚持马克思主义关于整个世界特别是人类社会发展的一

---

① 邱伟光、张耀灿主编：《思想政治教育学原理》，高等教育出版社 1999 年版，第 94 页。

系列问题的真理性认识和科学性总结；马克思主义的方法解决的是如何认识世界和改造世界的方法论问题，坚持马克思主义方法，就要坚持辩证唯物主义和历史唯物主义的根本方法。马克思主义的世界观与方法论、真理性与价值性的高度统一，决定了马克思主义立场、观点与方法不容分割。……马克思主义的立场观点方法，是贯穿于马克思主义理论体系之中的'红线'和'纽带'，是马克思主义的精髓和灵魂之所在，是我们认识世界和改造世界的强大思想武器"，① 是"政治上军事上的望远镜和显微镜"。② 中国共产党一贯坚持应用马克思主义的立场观点方法来分析解决现实问题。早在新民主主义革命时期，毛泽东就要求党的理论工作者"真正领会马克思列宁主义的立场、观点和方法……并且应用了它去深刻地、科学地分析中国的实际问题"。③ 1978 年，邓小平在全军政治工作会议上强调，坚持马克思主义，"主要的是要用马克思主义的立场、观点、方法来分析问题，解决问题"。④ 江泽民也强调："我们学习理论，关键是要学会运用马克思主义的立场、观点、方法来观察和解决问题。"⑤胡锦涛明确指出："坚定理想信念，重要的就是要坚持用马克思主义的立场、观点、方法来认识世界，认识人类社会发展的客观规律。"⑥"高举毛泽东思想、邓小平理论、'三个代表'重要思想的旗帜，不断开创中国特色社会主义事业新局面，不断开创马克思主义在中国发展的新境界，最重要的是始终坚持贯穿这个科学思想体系的活的灵魂，始终坚持马克思主义的立场、观点和方法。"⑦习近平总书记也强调："马克思主义的中国化，就是把马克思主义基本原理同中国具体实

① 崔华前：《论马克思主义立场观点方法在政治学领域的实际应用》，《政治学研究》2012 年第 6 期，第 12 页。

② 《毛泽东选集》第 1 卷，人民出版社 1991 年版，第 212 页。

③ 《毛泽东选集》第 3 卷，人民出版社 1991 年版，第 814 页。

④ 《邓小平文选》第 2 卷，人民出版社 1994 年版，第 118 页。

⑤ 《江泽民文选》第 2 卷，人民出版社 2006 年版，第 286 页。

⑥ 《十六大以来重要文献选编》中，中央文献出版社 2006 年版，第 621 页。

⑦ 《十六大以来重要文献选编》上，中央文献出版社 2005 年版，第 645 页。

际和时代特征结合起来，运用马克思主义的立场、观点、方法研究和解决中国革命、建设、改革中的实际问题。"①"新干部、年轻干部尤其要抓好理论学习，通过坚持不懈学习，学会运用马克思主义立场、观点、方法观察和解决问题，坚定理想信念。"②2010年4月，习近平专门在《求是》杂志上发表为题为《深入学习中国特色社会主义理论体系 努力掌握马克思主义立场观点方法》一文，文中强调：马克思主义立场观点方法，贯穿于马克思列宁主义、毛泽东思想和中国特色社会主义理论体系之中，是马克思主义科学思想体系的精髓所在。党员领导干部只有努力学习和掌握马克思主义立场观点方法，才能从根本上不断提高自己的思想理论水平和辨别是非能力，增强认识世界和改造世界的能力，坚定中国特色社会主义信念和共产主义理想；才能全面、正确地理解和贯彻党的基本理论、基本路线、基本纲领、基本经验和各项方针政策，坚定不移地继续解放思想、坚持改革开放、推动科学发展、促进社会和谐，为夺取全面建设小康社会新胜利而奋斗；也才能不断改进工作作风和工作方法，增强工作的原则性、系统性、预见性、创造性，克服和避免摇摆性、片面性、盲目性，把自己的工作做得更好。因此，我们党郑重提出的党员领导干部要真学真懂真信真用中国特色社会主义理论体系的要求，既要求真学真懂真信真用这一理论体系的基本内容，又要求真学真懂真信真用贯穿其中的马克思主义立场观点方法。"掌握和运用马克思主义立场观点方法来研究和解决中国的实际问题，是以毛泽东同志为主要代表的中国共产党人留给我们的传家宝。"③我们应该保持发扬党的优良传统，坚持运用马克思主义立场观点方法来观察、分析当前我国高校校园多样化社会思潮。

那么，究竟如何运用马克思主义立场观点方法来观察、分析高校校

---

① 《十七大以来重要文献选编》上，中央文献出版社2009年版，第241页。

② 《习近平谈治国理政》，外文出版社2014年版，第154页。

③ 习近平：《深入学习中国特色社会主义理论体系 努力掌握马克思主义立场观点方法》，《求是》2010年第7期，第17页。

园多样化社会思潮呢？邓小平给我们做出了回答。对于"一窝蜂地盲目推崇"西方社会思潮现象，邓小平认为，消除这一现象的根本途径就是运用马克思主义分析、鉴别和批判西方社会思潮，他强调："我们要向资本主义发达国家学习先进的科学、技术、经营管理方法以及其他一切对我们有益的知识和文化，闭关自守、故步自封是愚蠢的。但是，属于文化领域的东西，一定要用马克思主义对它们的思想内容和表现方法进行分析、鉴别和批判。"①在此基础上，邓小平还以"人道主义"为例，对如何运用马克思主义立场观点方法分析、鉴别和批判西方社会思潮给予了说明："人道主义作为一个理论问题和道德问题，当然是可以和需要研究讨论的。但是人道主义有各式各样，我们应当进行马克思主义的分析，宣传和实行社会主义的人道主义（在革命年代我们叫革命人道主义），批评资产阶级的人道主义。"②可见，对于各种西方社会思潮，邓小平是站在人民的立场上，对它们进行了马克思主义的辩证分析与具体分析。习近平总书记也对如何学习和掌握马克思主义立场观点方法提出了总的要求，强调坚持马克思主义立场就是要"始终站在人民大众立场上，立党为公、执政为民，把服务群众、造福百姓作为最大责任"，学习和掌握马克思主义观点就是要学习和掌握"马克思主义关于人类社会发展规律及其历史趋势的基本观点，始终坚定中国特色社会主义信念和共产主义理想"，"马克思主义关于生产活动是人类社会存在和发展根本前提的观点，始终把发展作为党执政兴国的第一要务"，"社会主义经济政治文化社会协调发展的观点，把中国特色社会主义事业全面推向前进"，③"马克思主义关于人的全面发展的观点，在发展中始终坚持以人为本"，学习和掌握马克思主义方法必须学习和掌握"唯物辩证的思

---

① 《邓小平文选》第 3 卷，人民出版社 1993 年版，第 44 页。
② 《邓小平文选》第 3 卷，人民出版社 1993 年版，第 41 页。
③ 习近平：《深入学习中国特色社会主义理论体系　努力掌握马克思主义立场观点方法》，《求是》2010 年第 7 期，第 19、21、21、22 页。

想方法""实事求是的思想方法""群众路线的工作方法"。①

邓小平对待西方社会思潮的马克思主义立场观点方法、习近平关于学习和掌握马克思主义立场观点方法的总要求，对于我们今天观察、分析高校校园多样化社会思潮具有方法论指导意义。对于高校校园多样化社会思潮，我们既应该挖掘其中蕴涵的能够顺应时代发展潮流、有利于维护人民利益、有利于维护社会和谐稳定、有利于促进社会文明进步与大学生成长成才的积极因素，也必须认清它们中含有的各种损害人民利益、危害大学生成长成才的消极因素；既应该识别哪些社会思潮有利于维护人民利益与促进大学生成长成才，又必须认清哪些社会思潮损害了人民利益，危害了大学生成长成才；既应该发现某一社会思潮中蕴涵的积极因素，又必须认清其中含有的消极因素；既应该分清主要起积极作用的进步性社会思潮与主要起消极作用的落后性社会思潮，又应该认识到某些社会思潮是积极作用与消极作用并存的中间性思潮。在此基础上，我们还应该对高校校园多样化社会思潮加以区别对待。对于它们中蕴涵的积极因素，我们应该大胆借鉴、吸收；对于它们中含有的消极因素，我们应该坚决舍弃；对于有利于维护人民利益、促进大学生成长成才的各种进步性社会思潮，我们应该充分肯定、积极支持；对于各种反党、反人民、反社会主义、反马克思主义、违反国家法律法规的、损害人民利益与危害大学生成长成才的落后性社会思潮，我们必须与之作坚决的斗争，对之进行彻底的批判与揭露，遏制其滋长蔓延；对于各种中间性社会思潮，只要它们不反党、不反人民、不反社会主义、不反马克思主义，能够在国家法律法规允许的范围内传播，我们就应以宽广的胸怀，持"尊重"与"包容"的态度，允许它们的存在，采取协调的办法，对它们进行温和的、渐进式的引领，促使它们逐渐放弃消极因素与消极态度，充分发挥积极因素与积极态度，逐渐向马克思主义主流意识形态

①　习近平：《深入学习中国特色社会主义理论体系　努力掌握马克思主义立场观点方法》，《求是》2010年第7期，第22、23、24、24页。

233

靠拢和看齐。

4. 搭建有管控的社会思潮沟通交流平台

思想认识问题，只有坚持以理服人、民主讨论、平等交流，通过摆事实、讲道理，才能真正彻底地加以解决。思想共识的达成，仅靠简单的说教、粗暴的批判、强制的行政命令是无法实现的。关于如何解决思想认识问题，毛泽东曾经指出："我们主张有领导的自由，主张集中指导下的民主，这在任何意义上都不是说，人民内部的思想问题、是非的辨别问题，可以用强制的方法去解决。企图用行政命令的方法，用强制的方法解决思想问题，是非问题，不但没有效力，而且是有害的。我们不能用行政命令去消灭宗教，不能强制人们不信教。不能强制人们放弃唯心主义，也不能强制人们相信马克思主义。凡属于思想性质的问题，凡属于人民内部的争论问题，只能用民主的方法去解决，只能用讨论的方法、批评的方法、说服教育的方法去解决，而不能用强制的、压服的方法去解决。"①"我们曾经把解决人民内部矛盾的这种民主的方法，具体化为一个公式，叫做'团结——批评——团结'。讲详细一点，就是从团结的愿望出发，经过批评或者斗争使矛盾得到解决，从而在新的基础上达到新的团结。按照我们的经验，这是解决人民内部矛盾的一个正确的方法。"②"利用行政力量，强制推行一种风格，一种学派，禁止另一种风格，另一种学派，我们认为会有害于艺术和科学的发展。艺术和科学中的是非问题，应当通过艺术界科学界的自由讨论去解决，通过艺术和科学的实践去解决，而不应当采取简单的方法去解决。……对于科学上、艺术上的是非，应当保持慎重的态度，提倡自由讨论，不要轻率地作结论。我们认为，采取这种态度可以帮助科学和艺术得到比较顺利的发展。"③邓小平也曾指出："无论如何，思想理论问题的研究和讨论，

---

① 《毛泽东文集》第 7 卷，人民出版社 1999 年版，第 209 页。
② 《毛泽东文集》第 7 卷，人民出版社 1999 年版，第 210 页。
③ 《毛泽东文集》第 7 卷，人民出版社 1999 年版，第 229~230 页。

一定要坚决执行百花齐放、百家争鸣的方针，一定要坚决执行不抓辫子、不戴帽子、不打棍子的'三不主义'的方针，一定要坚决执行解放思想、破除迷信、一切从实际出发的方针。"①"过去那种简单片面、粗暴过火的所谓批判，以及残酷斗争、无情打击的处理方法，决不能重复。无论是开会发言、写文章，都要进行充分的说理和实事求是的科学分析。参加讨论和批评的人，首先要对讨论和批评的问题研究清楚，绝不能以偏概全，草木皆兵，不能以势压人，强词夺理。对有错误的同志，要采取与人为善的态度，给他们时间认真考虑，让他们进行合情合理、澄清论点和事实的答辩，尤其要欢迎和鼓励他们进行诚恳的自我批评。有了这种自我批评就好，不要揪住不放。批评或自我批评都要站在马克思主义立场上，不能站在'左'的立场上。"②江泽民也曾指出："百花齐放，百家争鸣，反映了哲学社会科学发展的一般规律，是繁荣和发展我国哲学社会科学的重要方针。要提倡理论创新和知识创新，鼓励大胆探索，形成有利于创新的生动活泼的局面，在实践中不断认识真理、服从真理、发展真理。要开展平等、健康、活泼和充分说理的学术争鸣，活跃学术空气。"③胡锦涛曾强调："做宣传群众、教育群众的工作，要讲究方式方法，善于摆事实、讲道理，努力做到深入浅出、以理服人，使群众能听得明白、听得进去，真正产生实际效果。"④习近平总书记也强调："要坚持百花齐放、百家争鸣的方针，发扬学术民主、艺术民主，营造积极健康、宽松和谐的氛围，提倡不同观点和学派充分讨论，提倡体裁、题材、形式、手段充分发展，推动观念、内容、风格、流派切磋互鉴。"⑤

---

① 《邓小平文选》第2卷，人民出版社1994年版，第183页。
② 《邓小平文选》第3卷，人民出版社1993年版，第47页。
③ 《江泽民文选》第3卷，人民出版社2006年版，第493页。
④ 《十六大以来重要文献选编》中，中央文献出版社2006年版，第317页。
⑤ 习近平：《坚持以人民为中心的创作导向　创作更多无愧于时代的优秀作品》，《人民日报》2014年10月16日，第1版。

　　大学生的思想认识问题，是属于人民内部矛盾的问题，也必须坚持以理服人、民主讨论、平等交流，注重摆事实、讲道理。大学生思想共识的达成，仅靠简单的说教、粗暴的批判、强制的行政命令是无法实现的。因此，我们必须搭建多样化社会思潮的沟通交流平台，让各种社会思潮都有机会平等地充分地阐释自己的思想理论观点、展示自己的意愿、表达自己的诉求，让所有大学生都有机会发言、发声。所谓真理越辩越明，这种多样化社会思潮之间的平等的观点沟通交流、思想交锋争鸣、学术探讨商榷，有利于马克思主义主流意识形态吸收、借鉴、融合它们的合理成分和积极因素，丰富与完善自身；有利于马克思主义主流意识形态在和多样化社会思潮的沟通交流中，彰显自身的优越性，通过展现和散发自身的真理魅力来吸引多样化社会思潮向自身靠拢；有利于增强大学生辨别是非的能力，引导他们准确区分、科学对待多样化社会思潮，使各种反动的、腐朽的、消极的、错误的、落后的社会思潮丧失生发的土壤和市场；有利于不同群体、不同层次的大学生找到利益契合点，缓解大学生群体的内部矛盾，消除大学生群体的"内耗"，从而最大限度地达成当代大学生的思想共识。

　　当然，这种社会思潮的沟通交流平台，绝不是放任自流的，而是有管控的，它只适用于愿意与马克思主义主流意识形态展开平等的、说理式的沟通交流的社会思潮，是以划清思想界限、澄清思想是非、区分思想观点为基础，以"学术无禁区，宣传有纪律"为前提的。在沟通交流中，决不允许有些人打着"沟通交流"的幌子，利用课堂、学术讲座、学术报告等形式公然向大学生传播各种反主流、反马克思主义思潮；决不允许一些反主流社会思潮者、反马克思主义者打着"沟通交流"的幌子，对马克思主义与马克思主义者进行嘲笑、讽刺、围攻；决不是无原则的"沟通交流"，决不是要与反主流、反马克思主义思潮及其传播者求对话、求合作、求和谐，因为这无异于"与虎谋皮"，而必须理直气壮地与之展开旗帜鲜明、毫不妥协、针锋相对的斗争。实际上，马克思主义总是在与反马克思主义思潮的斗争中，不断丰富与发展自身的。一部马克思主义的发展史，实际上就是一部同各种反马克思主义思潮斗争的历史。对于马克思主义这一通过斗争而发展自身的历史与趋势，毛泽东曾给予了总结与预测，他指出："马克思主义也是在斗争中发展起来的。马克思主义在开始的时候受过种种打击，被认为是毒草。现在它在世界上的许多地方还在继续受打击，还被认为是毒草。在社会主义国家里，马克思主义的地位不同了。但是就是在社会主义国家，还是有非马克思主义的思想存在，也有反马克思主义的思想存在。……马克思主义必须在斗争中才能发展，不但过去是这样，现在是这样，将来也必然还是这样。"①

5. 积极寻找共鸣点

马克思主义主流意识形态引领高校校园多样化社会思潮之所以具有现实可能性，是因为它们之间有共鸣点、有相通相融之处，能够引起当代大学生的思想共鸣与情感共鸣。如果它们相互之间风马牛不相及、毫不相干、根本对立、水火不容，如果马克思主义主流意识形态不能引起当代大学生的思想共鸣与情感共鸣，就谈不上什么"引领"。因此，用马克思主义主流意识形态引领高校校园多样化社会思潮，必须：一要积极寻找马克思主义主流意识形态与高校校园多样化社会思潮之间的共鸣点。马克思主义主流意识形态本身就是借鉴、吸收、融合了人类历史上各种合理的、进步的、积极的思想内容，而形成的一种迄今为止最科学的、最先进的思想理论，高校校园多样化社会思潮中也蕴涵着一些积极的、进步的思想内容，这决定了二者之间必然有共鸣点。有些社会思潮如民族主义思潮，虽然存在着片面与极端之处，但其中蕴涵的强烈的爱国情感等，与马克思主义主流意识形态之间就有共鸣点；有些社会思潮的思想观点，与社会主义核心价值观所倡导的"民主""自由""平等""公正""法治"等，也有着共鸣点，寻找到这些共鸣点，我们就能有针

---

① 《毛泽东文集》第 7 卷，人民出版社 1999 年版，第 230 页。

对性地做好"引领"工作。二要使马克思主义主流意识形态能够引起当代大学生的思想共鸣与情感共鸣。要充分挖掘与鼓励不同层次的大学生的"正能量"，增强当代大学生对马克思主义主流意识形态的认同感；高校意识形态建设要对大学生与时代的呼唤做出积极的话语回应、方法回应、内容回应，在话语上善于运用生动形象、亲切可人、"接地气"的为当代大学生所喜闻乐见、耳熟能详的概念及范畴，在方法上要使马克思主义主流意识形态走进校园，贴近当代大学生的学习生活实际，在内容上要善于从高校校园多样化社会思潮的争鸣与比较中汲取养分。只有这样，马克思主义主流意识形态才能引起当代大学生的思想共鸣与情感共鸣，才能为当代大学生所真心认同、自觉践行。

三、解决好"用什么引领"问题

解决好"用什么引领"问题关键是要科学解答如下两个问题：第一个问题是，用马克思主义还是用别的什么主义来"引领"？第二个问题是，要用什么样的马克思主义来"引领"？

关于第一个问题，虽然有少数人借口社会与时代的发展而先后提出了马克思主义"无用论""过时论""学派论""价值中立论""意识形态终结论""意识形态趋同论"等论调，宣称："马克思主义作为一种科学已经完成了历史使命，现在我们要寻求新的真理"，"在百家争鸣的范围里马克思主义最多只能是一家，没有居于一切之上的指导地位"，"的确，马克思主义必须发展。所谓发展，就是有的东西要否定，这是事实"，"在一个大学的环境里……没有任何思想可以作为正统思想不能突破"，试图削弱和否定马克思主义的指导地位与"引领"功能。但由于马克思主义自身的科学性与革命性，由于马克思主义自身强大的理论魅力与实践价值，由于我国社会主义革命、建设与改革事业的理论发展与实践过程、历史发展与现实需求，内在决定和有力证明了如果没有马克思主义就没有中国共产党、就没有中华人民共和国、就没有中国的独立与发展，也无法实现中华民族的伟大复兴，坚持用马克思主义来"引领"多样化社会思潮已成为绝大多数人的共识。

关于第二问题，关键在于：究竟是用教条式的、僵死的马克思主义来引领，还是用创新的、充满活力的马克思主义来引领呢？答案当然是用创新的、充满活力的马克思主义来引领。因为马克思主义本身就是一个开放与不断发展的科学理论体系，只有不断推进马克思主义的理论创新，才能增强马克思主义的"引领力"。

在实践中创新马克思主义必须做到：

一要确立问题意识。习近平总书记在《在哲学社会科学工作座谈会上的讲话》中反复强调："坚持问题导向是马克思主义的鲜明特点。问题是创新的起点，也是创新的动力源。""理论创新只能从问题开始。从某种意义上说，理论创新的过程就是发现问题、筛选问题、研究问题、解决问题的过程。马克思曾深刻指出：'主要的困难不是答案，而是问题。''问题就是时代的口号，是它表现自己精神状态的最实际的呼声。'"①问题本质上就是实践中的矛盾。问题意识源自哪里或曰怎样才能确立问题意识？问题意识源自一定主体实然与应然的矛盾，问题意识来自实践中，只有在实践中，人才能与现实世界发生交往和作用，才能产生和确立问题意识。"这是一个需要理论而且一定能够产生理论的时代，这是一个需要思想而且一定能够产生思想的时代。"②理论与思想都产生于发现、提出、分析、解决问题的逻辑过程中。当代中国正经历着的历史上最为广泛而深刻的社会变革，正进行着的人类历史上最为宏大而独特的实践创新，为高校思想政治教育者确立问题意识提供了前所未有的历史机遇与广阔空间。

二要加强现实问题研究。当前我国哲学社会科学工作者对于现实问

---

① 习近平：《在哲学社会科学工作座谈会上的讲话》，《人民日报》2016年5月19日，第2版。

② 习近平：《在哲学社会科学工作座谈会上的讲话》，《人民日报》2016年5月19日，第2版。

题在学术理念与研究方法上存在一些困惑与争议，如，学术研究的本质、目的和方式究竟是什么？怎样做学问、做什么样的学问？现实问题研究有无学术价值、有多大价值？基础理论研究和现实问题研究的关系？如何评价学者积极参与社会实践和政府工作？等等。又如，有人主张以旁观者的立场来对现实问题作批评揭示，有人主张在深入调研、理性分析的基础上，以积极的态度对现实问题提出建设性方案，有人主张以自身学术为解决现实问题提供理想图景，有人主张立足现实为解决现实问题作可行性努力，等等。实际上，正是现实生活中存在的大量十分鲜活、生动、有特色、有效果的做法，以及广大人民群众基于当地的历史文化、习俗传统、日常生活和价值追求而做出的创新实践，构成了当代中国社会和当今时代发展的真实场景，提供了当代中国哲学社会科学发展所需的取之不竭的思想源泉和研究资源。很多哲学社会科学工作者都在一定程度上存在与社会脱节，甚至落后于时代和社会的问题，因此，高校思想政治教育者应该走出书斋，走向社会，参与实践，从火热的当代中国社会变革与社会现实中发现真问题，寻找真资源，做出真学问。虽然基础理论研究和现实问题研究，在理论范式、行文表述等方面各有不同之处，各有所长、各有所难，但真学问、好学问做到最后，二者必然是相通的，王阳明、黄宗羲等学术大家的学术经历就是明证。认真扎实、坚持不懈地对现实问题进行研究，一定可以产生好成果，做出好学问。

三要增强理论自觉。所谓理论自觉，是指一定主体的理性自觉。增强理论自觉，既是党和人民对高校思想政治教育者的殷切期望，也是高校思想政治教育者自我砥砺研究能力、提升学术研究品质和成果质量的有效路径。高校思想政治教育者的理论自觉表现为工具理性和价值理性两方面。就工具理性而言，高校思想政治教育者要善于在提出问题、分析问题、解决问题、再提出再分析再解决问题的过程中，提升自身素质，推动马克思主义的发展。具体而言，即要积极思考我国社会变革和实践提出的许多尚无答案、急需创造性探索予以回答的大问题、真问题、新问题，积极总结中国特色社会主义的实践经验与各地的有益做法，积极分析中国特色社会主义经济、政治、文化、社会、生态文明以及党的执政能力建设等领域的现实问题，积极阐释习近平新时代中国特色社会主义思想，积极思考马克思主义理论学科的发展战略、话语体系建设、学术原创能力、训练培育体系、学术评价体系、管理体制和运行机制、人才队伍建设、学风等方面的现实问题，积极思考实际工作中遇到的重大理论和实践问题。就价值理性而言，所有的哲学社会科学工作者都有一个站在什么立场上、为什么人服务、为什么人讲话的问题。人民群众是历史的创造者，代表和维护人民利益，实现人的自由而全面的发展，是马克思主义的基本观点、基本立场与价值追求。高校思想政治教育者必须坚持以人民为中心的研究导向，以生动的人民实践为学术研究之源泉，以丰富的人民实践创造为学术研究之聚焦，以鲜明的人民利益为学术研究之旨归，以公正的人民检验为学术评判之标准。

四、把握住"引领"的着力点

高校校园多样化社会思潮纷繁复杂，且其理论内容、表现形式、传播手段又处于动态化的流变状态。因此，"引领"工作绝不能不分主次地眉毛胡子一把抓，而必须"打蛇打七寸""牵牛牵牛鼻子"，把握和解决好"引领"的着力点。

（一）管控好新兴大众传媒

互联网等新兴大众传媒，已对当代大学生的学习、生活产生了广泛而深刻的影响，已成为高校意识形态领域斗争的重要阵地，已对高校意识形态建设产生了双重性影响。

一方面，网络信息传播对高校意识形态建设产生了积极的促进作用。网络的海量信息、交互性、新颖性、超时空性，为教育者搜集思想信息，更新和丰富教育内容提供了便利，使得马克思主义主流意识形态教育可以摆脱时空的范限，随时随地地进行，使得学校教育可以非常方便地与家庭教育、社会教育相连接，使得平等性、集成性、同步性、形象性、渗透性的教育成为了可能，从而有利于增强高校马克思主义主流意识形态教育的整合力、渗透力与扩张力；网络的虚拟性、匿名性、平等性可以拉近教育者与受教育者之间的情感、心理距离，卸下受教育者的心理负担与心理防范，有利于教育者与受教育者之间开展真实平等的情感交流、心理交流、思想交流与意见交换，同时网络的去中心化、强交互性、丰富的信息量使得图文并茂的信息内容、生动愉悦与形象直观的教育方式成为了可能，从而有利于激发受教育者的兴趣，调动受教育者的主动性，增强马克思主义主流意识形态教育的吸引力、感染力与针对性、实效性。

另一方面，网络信息传播又对高校意识形态建设产生了全方位冲击与严峻挑战。首先，削弱了马克思主义主流意识形态在大学生中的认同感。互联网的匿名性、去中心化、交互性强、传播迅速、内容良莠不齐等特征，使得各种社会思潮均可以通过互联网快速且便捷地向大学生反复和大量地传送多样化的价值观念、思维方式、生活方式，使得当代大学生在海量的多样化的思想信息面前始而感到新奇，继而感到迷茫、困惑、不知所措而降低了判断力与选择力，且一些错误思想信息往往利用互联网而先入为主，在很大程度上消解了当代大学生对马克思主义主流意识形态的认同感。此外，互联网时代的信息获取方式呈碎片化状态，当代大学生对知识的掌握往往浅尝辄止，难以静下心来从生活中和书籍中去获取更为扎实、更为厚实、更为全面的知识，不愿刻苦学习马克思主义经典原著，不愿深刻思考马克思主义理论知识，因而也不能体系化、系统性、整体性地理解、领悟马克思主义的科学性和革命性，而往往仅凭一些只言片语就轻易对马克思主义下结论，这也在很大程度上消解了当代大学生对马克思主义主流意识形态的认同感。其次，削弱了马克思主义主流意识形态对大学生的引领力。互联网的共享性、平等性、匿名性特征，使得教育者失去了过去相对于受教育者在信息获取上的优先地位和在信息解释上的优势地位，使得信息传播者可以自由地、随意地表达自己的思想理论观点，加之我国曾经有段时间对互联网信息安全重视不够，互联网领域的管理经验相对缺乏，互联网领域的管理法规不够健全，更使得一些境内外敌对势力及别有用心者可以利用互联网向大学生散布各种错误思想观念与各种诋毁性和嘲讽性的怪论、谬论、谣言、谎言，肆无忌惮地攻击中国共产党与中国政府、马克思主义者与马克思主义主流意识形态，从而挤占了马克思主义主流意识形态在高校意识形态领域的生存空间，严重削弱了马克思主义主流意识形态对当代大学生的引领力。最后，削弱了马克思主义主流意识形态在大学生中的话语权。阿尔温·托夫勒曾指出："世界已经离开了暴力和金钱控制的时代，而未来世界政治的魔方将控制在拥有信息强权的人手里，他们会使用手中掌握的网络控制权、信息发布权，利用英语这种强大的文化语言优势，达到暴力金钱无法征服的目的。"[①]西方发达资本主义国家正是利用它们在互联网技术、人才等方面优势，利用它们"手中掌握的网络控制权、信息发布权"，利用英语这种强大的世界性语言，对我国民众特别是青年大学生发动意识形态渗透，从而削弱了马克思主义主流意识形态的话语权。

面对互联网等新兴大众传媒带来的新的严峻挑战，高校意识形态建设只有勇于正视、积极应对，对之加以有效管控与充分利用，才能做好"引领"工作。

1. 提升教育者的网络素质

目前我国高校普遍缺乏既是思想政治教育行家又是互联网高手的复合型人才，普遍存在着"懂思想政治教育工作的人不懂得网络技术，懂网络技术的人又缺乏思想政治教育工作的理论水平和实践经验"的矛

---

① 阿尔温·托夫勒：《权利的转移》，中信出版社 2006 年版，第 32~33 页。

盾。"很多高校网络思想政治教育不能互动、不能交流、不能娱乐，与高校网络思想政治教育工作队伍综合素质不高、专业化不强、不会引导、不会参与密切相关"。①　为此，《教育部关于加强高等学校思想政治教育进网络工作的若干意见》明确要求："要培养一支既具有较高的政治理论水平、熟悉思想政治工作规律，又能较有效地掌握网络技术、熟悉网络文化特点，能够在网络上进行思想政治教育工作的队伍，包括专职工作人员队伍、党团员和师生骨干队伍，是做好思想政治教育进网络工作的重要的组织保证。各高校要采取切实措施，加强对思想政治教育工作人员的培训，并为思想政治教育工作者提供熟悉和使用网络的条件。"《中共中央宣传部、教育部关于进一步加强高等学校思想政治理论课教师队伍建设的意见》也强调，要"重视发挥多媒体和网络等信息技术的重要作用，倡导在教学中使用新技术新手段，逐步实现教学手段现代化，开发网络教育资源，形成网上网下教学互动、校内校外资源共享"的新局面。中共中央办公厅、国务院办公厅印发的《关于进一步加强和改进新形势下高校宣传思想工作的意见》明确要求："要创新网络思想政治教育，开展高校校园网络文化建设专项试点工作，大力推进校报校刊数字化建设，探索建立优秀网络文章在科研成果统计、职务职称评聘方面的认定机制，着力培育一批导向正确、影响力广的网络名师，立足校园网站建设开办一批贴近师生学习生活的网络名站名栏，建设一支由学生和青年教师骨干组成的网络宣传员队伍，打造示范性思想理论教育资源网站、学生主题教育网站和网络互动社区，推进辅导员博客、思想政治理论课教师博客、校务微博、校园微信公众账号等网络新媒体建设。"各高校要认真落实上述文件要求，加强对高校思想政治教育者的网络技术培训，使他们能够全面掌握和熟练运用网络技术；加强对网管队伍的思想政治教育，使他们具备必要的马克思主义理论素养与应用

---

①　韩锦标：《高校校园网络文化建设刍议》，《学校党建与思想教育》2004 年第 3 期，第 35 页。

能力，从而培养出一大批既懂思想政治教育又懂网络技术的网络思想政治教育人才，并从中挑选出一批马克思主义理论功底扎实、政治立场与政治信仰坚定、政治敏锐性与敏感性强、网络技术过硬的人才，组建成一支高素质、复合型的高校网络思想政治教育骨干队伍。

2. 提升受教育者的网络素质

网络只是一种中性的技术性手段，网络作用是由参与网络的"人"的素质所决定的。如果网络信息传播者素质高、社会责任感与法制观念强，网络信息接收者素质高、辨别力强、不信谣、不传谣，则网络往往会产生良性作用；反之，如果网络信息传播者素质差，缺乏应有的社会责任感和法制观念，网络信息接收者素质差、盲目跟风、信谣、传谣，则网络往往会产生负面效应。现今一些大学生的网络参与动机主要是出于个人利益、个人需求，对网上信息的甄别力相对较差，对网上不良信息的抵制力相对较弱，往往不加分别地轻信和追捧一些公知大V、影视明星，网络道德和法制意识较为薄弱，缺乏应有的网络责任、网络担当与网络涵养，这给增强马克思主义主流意识形态在大学生中的认同感提出了严峻挑战。因此，要发挥网络对于马克思主义主流意识形态教育的积极作用，不仅要提升教育者的网络素质，而且要提升受教育者的网络素质。为此，要加强当代大学生的网络道德与法制教育，提升他们的网络道德水平，号召他们文明上网，科学合理利用互联网，在享受互联网便利的同时承担起相应的道德与法律责任义务，增强他们对善恶、是非、美丑的辨别能力，增强他们对公知大V、影视明星及其意见的全面认识和理性评价，增强他们对反马克思主义、反社会主义、反党、反人民的思想信息的识别能力与抵制能力，增强他们不信谣、不传谣的网络自律意识。

3. 完善网络管理法规

《教育部关于加强高等学校思想政治教育进网络工作的若干意见》

强调："各高校要进一步建立和完善有关规章制度，规范网络运作，加强对局域网、校园网的管理，加强对免费个人主页及其链接的审查，落实实名注册登记，并通过必要的技术、行政、法律等手段，阻止各类不良信息进入校园。要将管理和教育结合起来，自律与他律结合起来，通过各种形式，增强师生上网的法制意识、责任意识、政治意识、自律意识和安全意识，培养健全人格和高尚情操，树立良好的网络道德，自觉构筑抵制不良冲击的'防火墙'。"中共中央办公厅、国务院办公厅印发的《关于进一步加强和改进新形势下高校宣传思想工作的意见》也强调："要加强校园网络安全管理，加强高校校园网站联盟建设，加强高校网络信息管理系统建设。"各高校要认真落实与严格执行上述文件中的相关要求，完善高校网络管理法规，加强对大学生的网络法制教育，增强网络执法能力，建立健全网络信息传播责任追究制度，对有意在网上散布各种不良信息者要给予严厉的批评、警告与处罚，必要时可移送司法机关追究其法律责任，用法制手段规约高校校园网上各种言行。

4. 培养"网络意见领袖"

网络意见领袖居于高校网络话语权力的中心，他们的"话语"在大学生中有很强的影响力、号召力与感染力、引领力。能否培养出一批强有力的马克思主义主流意识形态"网络意见领袖"，在一定意义上决定着马克思主义主流意识形态"引领"工作的成败。为此，一要培养一批有影响力的高校思想政治理论课教师队伍。挑选出一批师德高尚、教学经验丰富、教学方法灵活多样、教学质量高、政治方向正确、理论功底扎实、实践能力与科研能力强、富有人格魅力、深受大学生欢迎的高校思想政治理论课"大家"、"大师"、"名家"、"名师"、"名嘴"、"名博"，有针对性地对他们进行网络技术与多媒体技术培训，使他们成为高校马克思主义主流意识形态网上宣传的领军人物和带头人、大学生思想的"领航员"。二要培养出一批有影响力的高校辅导员队伍。辅导员队伍人数多、年富力强、素质高，和学生联系密切，是大学生思想政治教育的主力军和生力军。要加强对辅导员队伍的集中培训，使他们深刻把握思想政治教育规律，熟练掌握网络技术，全方位、系统性提升他们的思想政治素质与网络素质，并对其中的骨干人员进行重点培养，使他们成为大学生思想的"引路人"。三要培养出一批有影响力的大学生骨干队伍。朋辈群体在大学生思想形成发展过程中扮演着极为重要的角色，朋辈群体对大学生的影响往往超过其他群体。因此，要以学生党员、团员、干部、入党积极分子为重点，选出一批成绩优秀、思想上进、品德高尚、态度端正的学生进行重点培训，提升他们的思想政治素质与网络素质，并通过树典型等手段，进一步扩大他们在大学生中的影响力，充分发挥他们的先进示范作用，使他们成为大学生思想的"领跑者"。

5. 丰富网络教育形式

关于如何改进高校网络教育形式，《教育部关于加强高等学校思想政治教育进网络工作的若干意见》提出，要"开设网上党校、网上团校，设立理论学习、时事政策、'两课'辅导与答疑、心理咨询、学生生活服务、校务公开征询等网站，努力增强新形势下高校思想政治教育工作的针对性和实效性"，要"因地制宜，因时制宜，加强高校思想政治教育在方法、手段等方面的改革与创新。要通过思想政治教育进网络，开展丰富生动的形势与政策宣传教育；深化'两课'教学改革和邓小平理论'三进'；……各高校都要重点规划建设几个在师生中有吸引力、有影响的网站"。各高校要充分利用好互联网等新兴大众传媒，丰富马克思主义主流意识形态网络教育形式。一要增强马克思主义主流意识形态网络教育的主动性。高校可以积极建立各种形式的学校、年级和班级QQ群、微信群、博客、BBS等多种网络形式，特别是要建好栏目多样、立场坚定、主旨鲜明、健康向上、内容贴近大学生的思想政治教育主题网站，旗帜鲜明地开展爱国主义、集体主义、社会主义、马克思主义教育，打好网上宣传主动仗，唱响网上宣传主旋律。清华大学的"红色网站"、北京大学的"红旗在线"、西南交通大学的"前沿"、西北工业大学的"红土地"、浙江大学的"求是潮"、武汉大学的"自强学堂"等网站，就是在这方面所做的有益尝试，均已取得了良好的教育效果。二要增强马克思主义主流意识形态网络教育的人文性。高校要积极打造网络沟通交流平台，充分利用博客、播客、微博、微信、个人网页、BBS、网上心理咨询室等多种形式，与大学生进行及时平等的沟通交流，对大学生进行温馨体贴的心理关怀、情真意切的情感抚慰与醍醐灌顶的释疑解惑，帮助大学生解决青春期的各种烦恼、困惑、难题，使大学生在浓浓的人文关怀中，增强对主流意识形态的认同感。三要增强马克思主义主流意识形态网络教育的服务性。高校应积极开设网上党校、网上团校、网上聊天室、网上马克思主义经典读书会，开通理论学习、时事政策、"两课"辅导与答疑等栏目，提供网上信箱、信息下载、邮件收发、就业指导、勤工助学、疑难解答等各项服务，邀请学校相关职能部门领导、知名教师、辅导员，运用扎实的专业知识、丰富的实践经验、翔实的数据、生动的事例，通过针对性的案例分析、热点问题追踪、在线交流、深层沟通等形式，对社会热点、难点、重点问题与大学生所思、所惑、所盼，进行深刻阐释、及时答疑，以热心、温暖、周到的网络服务有效赢得大学生对教育者与主流意识形态的信任。四要增强马克思主义主流意识形态网络教育的公益性。高校要逐步建立公益性的马克思主义教育网站、微博、微信群等，及时提供大学生所需要的学习、生活、就业等方面信息，及时解答大学生所关心的热点理论问题，及时澄清各种谣言、谎言与错误信息。五要增强马克思主义主流意识形态网络教育的时尚性。高校要根据青春期大学生追逐时尚的心理需求，把一些反映红色文化与主流意识形态的红色电影、红色电视剧、红色纪录片、红色人物、红色传奇等植入网站，利用大学生所喜爱的时尚形式，加强马克思主义主流意识形态教育。

6. 完善网络管理体制

关于高校互联网管理体制，《教育部关于加强高等学校思想政治教育进网络工作的若干意见》强调："切实加强对思想政治教育进网络工作的领导，进一步理顺管理体制，扎实推进思想政治教育进网络的各项工作"，"各地教育部门要加强对思想政治教育进网络工作的领导和建设、管理，对有关工作作出规划和部署。各高校要建立健全学校信息化领导小组，统一规划校园网的建设和管理。影响较大的高校应在党委统一领导下，成立由负责宣传思想政治工作的党委领导为组长，由主管网络建设工作的校领导和学校宣传思想、学生工作、稳定工作和网络技术等部门负责同志参加的思想政治教育进网络工作领导小组。要把思想政治教育进网络纳入校园网络建设的总体规划，将网络文化纳入校园文化建设的总体格局进行规划和部署。要根据网络技术的特点和思想政治教育进网络工作的需要，建立相应的管理体制，明确党委宣传部门、学生工作部门和技术部门等的具体职责，做到职责明确，责任到人"。各高校应高度重视完善互联网管理体制，学校党政领导、学院党政领导、相关职能部门负责人，都要高度重视互联网管理队伍建设，并从政策、经费、人员等方面给予充分支持与强力保障；建立一支由领导、教师、辅导员与学生组成的，政治素质与网络技术均过硬的网络管理队伍，为大学生入网审批、网络资源分配提供网络技术服务和网络维护服务；建立健全各种校园网管理制度，建立健全网络发言人制度，对大学生关心的各种热点难点重点问题给出解释说明、对各种谣言谎言进行辟谣澄清、对各种重大事项进行权威发布；建立健全网络在线交流制度，倾听学生意见，加强与学生的沟通，增强学生的主人翁责任感；建立健全网络信息预警监控机制，及时监控、收集、分析、反馈、加工、处理各种网络信息；建立健全网络信息"防火墙"制度，及时搜索、甄别、限制、删除各种网上不良思想信息与不当言论，有效过滤各种网上有害信息，坚决切断与各种反动、有害网站的链接。

(二)创新教育理念和方法

科学的理念和方法是马克思主义主流意识形态实现有效"引领"的

必要手段。面对新形势下的新变化、新挑战，只有在创新教育理念和方法上花大力气，才能实现马克思主义主流意识形态的有效"引领"。只要是符合思想政治教育规律、时代发展需求与大学生身心发展特点，能够取得良好效果，有助于实现有效"引领"的理论和方法，就都是好理念和好方法，就都值得我们重视和应用。以人为本、因材施教、疏通引导、身教示范、隐形渗透等理念和方法，就是这样一些好理念和好方法。

一要坚持以人为本。所谓以人为本，就是"引领"工作以实现大学生的全面和谐发展为目标，以"引领"促发展。

要把大学生作为"引领"工作的价值主体。大学生既是"引领"的对象，又是"引领"的主体；"引领"工作既是为了促进大学生的全面发展，又必须依靠大学生；既必须严格要求大学生，又必须尊重、关心、理解、爱护大学生；既注重满足大学生的生存、安全、健康需要，又注重满足大学生在民主自由、公平公正、素质提高、价值实现和精神文化等方面的需要；必须凸显人文关怀，将之辐射到高校校园的每个角落，渗透于大学生学习、生活的各个方面；必须构建一个与社会大环境相协调，与大学生多样性、层次性的思想道德水平相适应，具有层次性、可行性的科学完善的"引领"目标体系；要关心和爱护每一位大学生，忧其之所忧、乐其之所乐，不断改善大学生的学习、生活条件，充分尊重每一位大学生的权利、地位和价值，激发大学生价值实现的潜能，铺设大学生价值实现的平台，显示大学生价值实现的能绩，落实大学生的价值主体地位。

要把大学生作为"引领"工作的利益主体。"引领"工作必须紧紧围绕当代大学生最现实、最关心、最直接的利益来进行，必须在为大学生办实事、解难事、做好事的过程中来进行，从而使大学生在不断获得日益增加的看得见、摸得着的实际利益，享受到经济社会发展成果的过程中，产生出奉献中国特色社会主义事业的良好愿望和强大动力，充满热情地高度认同马克思主义主流意识形态。

要把大学生作为"引领"工作的动力主体。在大学生的主体地位日益增强的时代背景下,"引领"工作必须既要强调"他教"、"他律",又要强调"自教"、"自律";既要重视马克思主义主流意识形态的外部灌输,又要重视大学生对马克思主义主流意识形态的"内化"。

二要坚持因材施教。所谓因材施教,就是教育者应承认和尊重受教育者的性格、才能、志趣和特长等个体差异,并以之为依据,有针对性地注入特定的教育内容,灵活地采取相应的教育方法。

"引领"工作是一项"人心工程",根本任务是科学解决教育人和教人做人这两大问题,核心是解决"人"的问题。而"人"都是活生生的、具有思维和社会属性的、禀赋不尽相同的个体。因此,"引领"工作只有因材施教,才能做到入耳、入脑、入心,才能使学生把思想道德要求转化为自身的自觉行动。"引领"工作要以促进观念、性格、品行、习惯等各不相同的学生自由而充分的发展为目标;要在关爱学生的基础上,充分了解他们的身心发展特点与利益需求,对症下药,针对不同学生的不同特点与不同需求而提出不同的要求,采取不同的措施。

三要坚持疏通引导。"思想政治教育中的疏通是指广开言路,集思广益,让大家敞开思想,把各自的观点和意见都充分发表出来。导,即引导、开导,在思想政治教育中循循善诱,说服教育,把各种不同的思想和言论引向正确的、健康的轨道。"[1]疏通与引导,既相互联系又辩证统一,疏通是引导的前提,引导是疏通的目的。解决大学生思想领域的认识分歧,靠强制性的"堵"与"压"是无法奏效的,而必须坚持疏通引导。孔子的"不愤不启,不悱不发,举一隅不以三隅反,则不复也",[2]孟子的"引而不发",[3]《礼记·学记》中的"道而弗牵",墨子的"举他物

---

① 郑永廷主编:《思想政治教育方法论》,高等教育出版社1999年版,第137页。

② 《论语·述而》。

③ 《孟子·尽心上》。

而以明之",① 都旨在强调教育者要重视对受教育者的疏通引导。

"引领"工作既要坚持疏通,不能堵塞言路,要让各种无害的社会思潮充分表达观点,让大学生畅所欲言,又要坚持引导、循循善诱,不能放任自流,要对各种有害的、反动的、错误的社会思潮进行深刻剖析、彻底揭露和无情批判,要运用马克思主义立场观点方法引导大学生科学分析多样化社会思潮,认清它们的起源流变、思想内容与理论实质,并在这一过程中增强大学生对多样化社会思潮的甄别能力。

由于马克思主义主流意识形态是科学的世界观和方法论,只要我们能够根据不同情况、针对不同对象与思想问题,采取充分的疏通与恰当、及时、科学、说理透彻的引导,大多数大学生是能够自觉认同马克思主义主流意识形态的,即使一时产生认识偏差,经过疏通引导,也会最终修正错误,接受认同马克思主义主流意识形态的。

四要坚持身教示范。所谓身教示范,就是主张教育者以身作则、率先垂范,通过身教来体现教育要求,以自己的实际行动给受教育者以良好示范。俗话说"身教胜于言教"、"喊破嗓子,不如做出样子",身教示范法对负有"正人"之责者提出正人先正己、以身作则的要求,既是合理的,也是必要的。

"引领"工作必须抓好教育者的身教示范。学生的健康成长同教育者的精心培育是分不开的。一个人从幼儿园到大学的近 20 年的黄金时期,都是在校园里度过的,教育者在一个人的成长成才成人过程中起着至关重要的作用。实践证明,如果教育者学识渊博、品格高尚,就会带动学生养成优良品德;反之,就会对学生的健康成长产生不利影响。可见,教育者的身教示范作用不可低估。因此,教育者应以自身的高尚道德情操引导学生做"好人"、做"老实人"。

"引领"工作必须抓好先进大学生的身教示范。大学生先进典型,来自大学生,更富时代性、代表性,更生动形象、真实可靠、深入人

---

① 《墨子·小取》。

心，更富感染力与感召力，更易为大学生所接受与仿效，会让大学生觉得"先进"原来就在自己身边，自己只要努力也可以像他们一样"先进"。俗话说"榜样的力量是无穷的"，一个大学生先进人物所产生的思想引领作用往往比许多说教更为有效。因此，引领工作要特别注重树立和弘扬一批能够模范践行社会主义核心价值观和马克思主义主流意识形态、品德高尚、理想远大、立场坚定的大学生先进典型，大力宣传推广这些先进典型及其先进事迹，激励鞭策大学生"见贤思齐"，使学先进、赶先进在大学生中蔚然成风。

五要坚持隐形渗透。所谓隐形渗透，是指尊重当代大学生的身心发展特点，将"引领"的目标、任务、要求、内容渗透于大学生的日常生活、学习中，通过大量耐心的、持续的、反复的、潜隐的、迂回的教育，让大学生在潜移默化、点滴入微的熏陶及感染下，不知不觉地接受、认同马克思主义主流意识形态。隐形渗透的教育方式，看似漫不经心，实则计划周密、系统、精确，具有教育目的的潜隐性、教育内容的渗透性、教育关系的平等性、教育方式的间接性、教育途径的多样性、教育手段的灵活性、教育过程的自然性、教育效果的持久性等特征。

在当代大学生主体性、独立性日益增强，有些大学生对主流意识形态的理论灌输产生了一定的抵触、反感心理的现实境遇下，采取隐形渗透的教育方式，可收"润物无声"、"水滴穿石"的"引领"良效。正如苏霍姆林斯基所说："教育者的教育意图越是隐蔽，就越是能为教育对象所接受，就越能转化成为教育对象自己的内心要求。"[①]因此，"引领"工作必须注重教育内容的潜隐性。教育内容要贴近实际、贴近生活、贴近大学生，并渗透于各门公共与专业课程中，渗透于各种校园物质与精神文化产品中，渗透于各项大学生实践活动中，渗透于学校的各项服务、管理活动中。必须注重教育方式的平等性。"引领"工作要采取平

---

① 苏霍姆林斯基：《给教师的一百条建议》，天津人民出版社1981年版，第136页。

等的、双向或多向的、潜隐的互动式沟通交流方式。相互尊重、相互平等、取长补短的交流氛围，会使大学生更易接受"引领"。必须注重优化教育环境，"人创造环境，同样，环境也创造人。"①环境对人的品格形成起着潜移默化的冶铸作用。要通过塑造良好的校园文化、良好的校风教风学风、良好的大学精神，真正做到让学校的一草一木、一砖一瓦都能说话，以优美的校园环境陶冶大学生的情操、净化大学生的心灵、完善大学生的品格、开启大学生的智慧、促进大学生的发展、激发大学生追求与创造真善美的愿望。必须注重教育形式的实践性。要开展丰富多彩的教育活动，通过各种班级活动、社团活动、社会实践活动，组织大学生参观革命活动纪念馆、烈士陵园、展览馆、爱国主义教育实践基地，举办红色文化知识竞赛、红色歌曲歌咏大赛、马克思主义经典读书会与读书赛等各种活动，充分发挥实践对人的锤炼、改造、塑造功能，使大学生在实践中开阔视野、增长才干、提升能力、丰富经验，让大学生在耳濡目染的亲身体验中感受中华民族独立之来之不易，感受中国特色社会主义革命、建设和改革的伟大成就，增强民族自尊心、自信心与自豪感，使大学生在亲身参与中加深对马克思主义主流意识形态的了解，感受马克思主义主流意识形态的实践价值，增强对马克思主义主流意识形态的认同感。

(三) 加强自我教育

外在的道德规范只有通过人们的自我教育，内化为自律要求，才能真正发挥作用。思想道德教育只有同自我教育密切结合起来，方能奏效。"引领"工作既要注重"他教"、"他律"，又要注重引导当代大学生加强"自教"、"自律"。

一要尊重大学生的思想接受规律。大学生对马克思主义主流意识形态认同感的形成是一个复杂的思想矛盾运动过程和心理发展过程，包括

---

① 《马克思恩格斯选集》第 1 卷，人民出版社 1995 年版，第 92 页。

了他们对各种思想信息的反应、选择、整合、内化、外化等一系列环节，是主体能动性和受动性辩证统一的过程。这种能动性和受动性的辩证统一，决定了大学生对马克思主义主流意识形态的认同通常有两种情况："一是在某种外在因素作用下出现的认同，如以一定社会心理环境为背景的从众心理支配下的从众认同；或者由于法定的和传统的权威以及其他强制性命令压力下的强制认同。二是与接受者的接受图式、追求目标相一致的自觉认同。"①"从众认同"或"强制认同"实质上都是一种"外推认同"，认同效果的稳定性、持久性都不如"自觉认同"。"引领"工作应以实现大学生对马克思主义主流意识形态的"自觉认同"为目标。要达到这一目标，就必须遵循大学生的思想接受规律，注重知、情、意、行的和谐统一。

知，"是指思想品德认识。它是人们对一定社会的思想、政治、道德等关系及处理这关系的原则、规范的理解和认知"。② 认知认同是大学生对马克思主义主流意识形态产生认同感的发端，是情感认同、意志认同和行为认同的前提、基础和根据。由于马克思主义是科学真理，所以只要大学生下功夫学习马克思主义，就一定会情不自禁地受其影响，对其产生认知认同。情，"是指思想政治品德情感。它是人们按照一定社会的思想政治品德原则、规范去理解、评价周围的人和事时产生的一种情感体验"。③ 情感认同是认知认同合乎逻辑发展的必然性结果，是意志认同、行为认同的直接心理基础和内在动力基础。为了增强大学生对马克思主义主流意识形态的情感认同，教育者应该理解他们的情绪感受，察觉他们的情感需要，理顺他们的情感情绪，化解他们的情感冲突。意，"是指思想政治品德意志。它是人们在践履思想政治品德原

---

① 王敏：《思想政治教育接受论》，湖北人民出版社 2002 年版，第 118 页。

② 邱伟光、张耀灿主编：《思想政治教育学原理》，高等教育出版社 1999 年版，第 94 页。

③ 邱伟光、张耀灿主编：《思想政治教育学原理》，高等教育出版社 1999 年版，第 95 页。

则、规范的过程中表现出来的自觉克服一切困难和障碍的毅力"。① 意志认同是认知认同、情感认同合乎逻辑发展的必然性结果，是行为认同的必要前提。我们应引导大学生将马克思主义主流意识形态"内化"为自身的价值准则，排除各种思想观念的干扰，持之以恒、一以贯之加以奉行。行，"是指思想政治品德行为。它是人们在一定的品德认识、情感、信念和意志的支配和调节下，在实践活动中履行一定的思想政治品德原则、规范的实际行动"。② 行为认同，是认知认同、情感认同、意志认同的外在显现，是检验大学生是否真正认同马克思主义主流意识形态的根本标准，是"引领"的目的、归宿和关键。"引领"工作要在"行"上下功夫，注重实践养成，倡导身体力行，引导大学生自觉践履马克思主义主流意识形态。在外界环境特别是多样化社会思潮的影响下，当代大学生对马克思主义主流意识形态的认知认同、情感认同、意志认同和行为认同，在发展方向上并不完全一致，在发展水平上并不完全平衡，有时甚至相互之间方向相反。因此，"引领"工作必须采取各种有效措施，促使当代大学生对马克思主义主流意识形态的认知认同、情感认同、意志认同和行为认同有机结合及和谐一致，从而实现当代大学生对马克思主义主流意识形态的稳定认同。

二要引导当代大学生掌握自我教育的方法。知耻改过、自我反省、"慎独"、防微杜渐等方法，是当代大学生加强自我教育的有效方法。

一是知耻改过。所谓知耻，就是对自己不履行社会义务、违背道德规范的各种错误行为所产生的羞耻之心；所谓改过，就是欢迎别人指出自己的过错，有错就改，知错必改。知耻与改过相互联系，不可分割。知耻是人们基于一定的是非观、善恶观、荣辱观而产生的一种自觉的求荣免辱之心，是人们珍惜、维护自身尊严而产生的一种情感意识，是人

---

① 邱伟光、张耀灿主编：《思想政治教育学原理》，高等教育出版社1999年版，第95页。

② 邱伟光、张耀灿主编：《思想政治教育学原理》，高等教育出版社1999年版，第95页。

的基本德性、基本人格、内在心理活动，是一种自我意识。一个人有了知耻之心，才会对自己的错误感到羞愧，才能改过自新；改过是外在的行为表现，是知耻的目的，是检验是否知耻的根本标准。

二是自我反省。所谓自我反省，就是主张通过人们的自我认识、自我批评、自我教育，使提升道德境界成为人们的内在自我要求。在市场经济条件下，生与死的考验少了，权力、名利、金钱、美色等方面的诱惑多了，人们更易沾染各种"灰尘"。因此，自我反省对于当代大学生加强自我教育就显得尤为必要。当代大学生要养成良好道德风尚，就必须时时处处对自己的言行进行自我检查、剖析和反思。

三是"慎独"。所谓"慎独"，就是在"独"时也要"慎"，在闲居独处、没有别人监督的情况下也要谨慎地自我反省，加强道德修养。"慎独"是建立在高度重视受教育者的主体性，充分相信受教育者的道德自觉性的基础之上的，是对人们更高层次的道德要求。随着市场经济的发展，人们独处的机会增多了；网络化时代，由于网络主体的匿名性、隐蔽性，使得道德自觉和自律成为规范个体网络行为、维系健康网络道德的主要保障；"慎独"可以使人们从喧嚣的尘世搅扰、利益之争和现实矛盾的旋涡中跳出来，获得一种内在的超越性和内心的宁静感。因此，"慎独"法对于当代大学生的自我教育具有重要的现实价值。

四是防微杜渐。所谓防微杜渐，就是主张人们的道德修养要从小处、细微处入手，始终警惕自身不好的思想苗头，并及时加以纠正，以免铸成大错。大学生年纪轻、社会经验不足、思想不稳定、是非观念模糊、判断力和自制力相对较差、可塑性和模仿力相对较强，一些大学生最终走上违法犯罪道路，往往是由逃课、旷课、考试作弊、小偷小摸、不遵守规章制度等恶习逐渐发展所致。因此，当代大学生加强自我教育必须注重防微杜渐。

（四）切实解决实际问题

中国共产党一贯主张，思想政治教育必须坚持解决思想问题与解决实际问题相结合的原则。"既重视做好群众的教育工作，又注意解决群众的物质利益问题；既重视精神鼓励，又重视物质鼓励，这是我们党做思想政治工作的优良传统，也是做好思想政治工作的正确原则。"①毛泽东曾强调，思想政治教育必须"真心实意地为群众谋利益，解决群众的生产和生活的问题，盐的问题，米的问题，房子的问题，衣的问题，生小孩子的问题，解决群众的一切问题"。②邓小平也曾强调："不重视物质利益，对少数先进分子可以，对广大群众不行，一段时间可以，长期不行。革命精神是非常宝贵的，没有革命精神就没有革命行动。但是，革命是在物质利益的基础上产生的，如果只讲牺牲精神，不讲物质利益，那就是唯心论。"③"要坚决批评和纠正各种脱离群众、对群众疾苦不闻不问的错误。"④"一定要努力帮助群众解决一切能够解决的困难。暂时无法解决的困难，要耐心恳切地向群众解释清楚。"⑤习近平也强调："说一大堆漂亮话，不如为老百姓办一件实事。当前，基层党组织尤其要重视帮助农民群众解决在发展致富中缺信息、缺技术、缺市场的问题，促进他们增收致富；要关心城镇下岗职工、生活困难职工和农村贫困人口的疾苦，多为他们排忧解难，使他们切实感受到党和政府的温暖；要花大力气解决侵犯群众利益的突出问题，满腔热情地做好人民群众的来信来访工作，切实解决好改革发展稳定中的各种问题。"⑥

我们应该继承和发扬党的解决思想问题与解决实际问题相结合的思想政治教育优良传统，并将之切实贯彻到"引领"工作中，注重解决大学生的实际问题，关心大学生疾苦，为大学生排忧解难，关注大学生需

---

① 郑永廷主编：《思想政治教育方法论》，高等教育出版社 1999 年版，第 46 页。

② 《毛泽东选集》第 1 卷，人民出版社 1991 年版，第 138～139 页。

③ 《邓小平文选》第 2 卷，人民出版社 1994 年版，第 146 页。

④ 《邓小平文选》第 2 卷，人民出版社 1994 年版，第 368 页。

⑤ 《邓小平文选》第 2 卷，人民出版社 1994 年版，第 368 页。

⑥ 习近平：《全面加强党的基层组织建设 为实施"八八战略"、建设"平安浙江"奠定坚实基础》，《今日浙江》2004 年第 13 期，第 7 页。

求，回应大学生关切，解答大学生困惑，及时了解大学生的愿望和要求，想大学生之所想，急大学生之所急，解大学生之所难，从他们入学的那一天起，就应该帮助他们解决诸如报到注册问题、吃饭问题、住宿问题、分班问题、电话问题、网络问题、银行卡问题、学习生活环境适应问题、调专业问题、恋爱问题、毕业论文问题、考研问题、就业问题等。无论何时何地，只要他们出现了困难、需要帮助，只要能够帮助、能够解决的，都应该热心、耐心、细心、真心、诚心地帮助他们解决。通过帮助他们解决面临的实际问题，使他们充分感受到社会主义制度的优越性，充分感受到社会主义大家庭的温暖，充分感受到生活在其中的幸福，使他们从思想上、情感上自觉认同马克思主义主流意识形态。

五、建构科学完善的长效"引领"机制

"引领"工作是一项系统工程，必须建构科学完善的长效机制作为根本保证。关于机制，张耀灿指出："机制，原指有机体各部分的构造、功能、特性及其相互联系、相互作用等。人们把'机制'引入社会生活，主要是指社会机体中某些部门、领域通过建立富有生机活力的制度、体制、程序、规则、督导等，使该系统健康、有序地发展。机制包含如下基本含义：机制是由要素按一定组合方式构成的整体；各构成要素的功能状况及其组合方式决定着整个机制的功能；各要素功能的发挥通过与其他要素的相互作用而在整个机制的运行过程中实现。因此，机制是有机体事物各要素之间相互适应、相互制约、自行调节的自组织，其功能是耦合的，其形式是动态的。"①马奇柯指出："从字面上讲，'机'是指事物变化的原因、规律。'机制'是一个外来语，来源于希腊文，意指机械、机器。英语和俄语中兼有'机械装置'、'作用过程'、

---

① 张耀灿等：《思想政治教育学前沿》，人民出版社2006年版，第257～258页。

'途径'、'技巧'等含义。在社会科学中，'机制'的引申义非常复杂。综合起来，基本含义有三种：一是指事物各组成要素的相互联系；二是指事物在有规律性的运动中发挥的功能；三是指发挥功能的作用过程和作用原理。""机制是引发研究对象发生规律性变化，决定研究对象存在状态的作用和过程。"①李明华等认为："'机制'这个术语，在一般意义上，是指复杂系统结构各个组成部分相互联系、相互制约、相互作用的联结方式，以及通过它们之间的有序作用而完成其整体目标、实现其整体功能的运行方式。"②可见，机制就是系统的各构成要素由于某种机理形成的因果联系和运转方式。所谓马克思主义主流意识形态对高校校园多样化社会思潮的引领机制，就是在"引领"过程中引领者、引领对象、引领目标、引领方法、引领环境、引领评估、引领反馈调控等构成要素由于某种机理形成的因果联系和运转方式，主要由思想信息管控机制、组织协调机制、要素整合机制、评估机制、反馈调控机制等构成。

(一) 思想信息管控机制

所谓思想信息，是指反映人们的思想观念、思想情感、思想追求的各种思想材料。所谓思想信息管控机制，是指思想信息的获取、分析、控制等要素之间的相互联系和运转方式。其中，思想信息的获取，在思想信息管控机制中处于起始阶段，是思想信息分析、控制的前提和基础；思想信息的分析，在思想信息管控机制中处于承上启下的中间阶段，既是思想信息获取的目的、深化与进一步发展，又是思想信息控制的前提、基础与必要准备；思想信息的控制，在思想信息管控机制中处于终结阶段，是思想信息获取、分析的根本目的与归宿。

---

① 马奇柯：《思想政治教育机制的内涵研究》，《理论探讨》2006年第4期，第174页。

② 李明华、余少波、叶蓬等：《精神文明建设机制论》，广州出版社1997年版，第2页。

1. 思想信息的获取

思想信息的获取，就是利用一定的时机、采取一定的途径和手段，搜集、挖掘思想信息。马克思、恩格斯曾指出："思想、观念、意识的生产最初是直接与人们的物质活动，与人们的物质交往，与现实生活的语言交织在一起的。人们的想象、思维、精神交往在这里还是人们物质行动的直接产物。表现在某一民族的政治、法律、道德、宗教、形而上学等的语言中的精神生产也是这样。"[1]"观念的东西不外是移入人的头脑并在人的头脑中改造过的物质的东西而已。"[2]"一切观念都来自经验，都是现实的反映——正确的或歪曲的反映。"[3]这说明，一切思想观念包括马克思主义主流意识形态与各种社会思潮，都不是头脑中凭空产生出来的，而是对社会现实的反映，它们在形式上是主观的，在内容上是客观的，是主客观的统一。为了"引领"而进行的思想信息的获取工作，也不能从主观到主观，而必须坚持主客观的统一，通过深度访谈、开调查会、书面调查、问卷调查、网络监测统计分析等方法，科学把握当代大学生的学习、生活状况与人际关系，注重从环境的变化中去搜集各种思想信息，注重从大学生的情绪情感变化、人际关系、言论、行为表现中去搜集各种思想信息，注重从校园网络舆情中去搜集各种思想信息。

"引领"工作要获得充足的、真实的思想信息，必须做好如下三点：

一要建立一定数量的、稳定可靠的思想信息源。可以挑选出一批政治素质过硬、观察能力强、技术水平高的大学生作为思想信息员，组建大学生思想信息站，给予一定的经费支持与方法指导，让思想信息员搜集大学生思想信息，随时报送；学校网管部门要配备网络舆情专门人员，搜集各种受到大学生普遍关注、引起大学生热议、在大学生中有较大影响力的网络思想信息，定期整理报送。

① 《马克思恩格斯选集》第 1 卷，人民出版社 1995 年版，第 72 页。
② 《马克思恩格斯选集》第 2 卷，人民出版社 1995 年版，第 112 页。
③ 《马克思恩格斯全集》第 20 卷，人民出版社 1971 年版，第 661 页。

二要善于利用各种获取思想信息的良机。要善于利用各种国内外重大事件发生、党中央重大政策出台、突发性事件发生、重大变故发生等敏感时机，收集思想信息。如，当中国与日本、菲律宾、越南等国的东海、南海领海之争白热化时，当中国与美国等国的矛盾冲突较为激烈时，可以注重搜集民族主义思潮的思想信息、表现形式及其在大学生中的思想反响；在汶川抗震救灾、北京奥运召开、社会主义核心价值观提出时，可注重搜集普世价值观思潮的思想信息、表现形式及其在大学生中的影响；当党中央提出"市场在资源配置中起决定性作用"的思想时，可注重搜集新自由主义思潮的思想信息、表现形式及其在大学生中的影响；当党中央提出"依法治国"方略时，可注重搜集宪政主义思潮的思想信息、表现形式及其在大学生中的影响；当毛泽东、周恩来、刘少奇、邓小平等老一辈无产阶级革命家的诞辰和逝世纪念日来临时，可注重搜集历史虚无主义思潮的思想信息、表现形式及其在大学生中的影响；当重大的、偶然的突发性事件发生时，当某些大学生的学习、生活、人际关系出现重大变化时，可注重搜集大学生对这些"事件"和"变化"的思想反映与行为表现，等等。

三要做好固定的、长期的、针对性的思想信息收集工作。要对在当代大学生中有较大影响的思想信息，进行固定的、长期的、有针对性的收集；要对家庭出身不同、学习生活境遇不同的大学生的思想信息，进行固定的、长期的、有针对性的收集；要对易于受到社会思潮影响的相关学科、专业的学生及教师的思想信息，进行固定的、长期的、有针对性的收集；要对有可能传播社会思潮的课堂、学术报告、学术讲座、学术交流的思想信息，进行固定的、长期的、有针对性的收集。

2. 思想信息的分析

思想信息的分析，就是对获取到的大量的、第一手的、零乱的、分散的思想信息资料进行整理归类、提炼加工、预测预判。只有对获得的思想信息进行去粗取精、去伪存真、由此及彼、由表及里的系统深刻分析，才能科学把握各种思想信息的内在本质、内在联系、演变规律、影响性质，才能科学把握大学生思想行为的共同本质和普遍规律，才能准确预测各种思想信息和大学生思想行为的发展趋势。

"引领"工作中的思想信息分析，关键是要做好如下四点：

一要坚持动态分析。不仅要分析刚刚获得的思想信息，而且要结合以前获得的思想信息进行分析；不仅要分析各种思想信息对大学生思想行为的影响现状，而且要结合它们过去对大学生思想行为发生过的影响进行分析；不仅要分析各种思想信息的过去、现在，而且要预测它们未来的演变轨迹、演变趋势、传播速度、传播范围、可能发生的影响。

二要坚持透过现象看本质。要透过各种思想信息的主要观点、表现形式，分析它们的理论基础、理论实质、理论图谋、本质特征；要透过各种思想信息的传播现状、传播过程、蔓延速度、影响现状，分析它们的传播特征、演变规律、影响机理；要透过各种思想信息生成演变的各种偶然性，分析它们生成演变的客观必然性；要透过大学生外在的思想行为，分析他们内在的思想本质；既要对各种思想信息进行定量分析，又要对它们进行定性分析。

三要坚持全面分析。不仅要分析主要思想信息的影响，而且要分析次要思想信息的影响；不仅要分析各种思想信息影响的主要方面，而且要分析它们影响的次要方面；不仅要分析各种思想信息的消极影响，而且要分析它们的积极影响；不仅要分析各种思想信息影响的广度，而且要分析它们影响的深度；不仅要分析各种思想信息的传播现状、对大学生思想行为的影响现状，而且要分析它们能够在大学生中传播并发生影响的社会心理基础和社会环境条件；不仅要分析各种思想信息对大学生思想行为发生影响的学校环境，而且要分析它们发生影响的家庭环境与社会环境；不仅要分析各种思想信息对大学生思想行为发生影响的国内环境，而且要分析它们发生影响的国际环境。

四要坚持个性与共性的统一。不仅要对各种思想信息特别是在大学生中发生较大影响的思想信息进行典型性、深入性、解剖性分析，而且要对它们的内在联系、共同特征、共同本质进行系统性、整体性分析；不仅要对大学生的思想行为进行典型性、深入性、解剖性分析，而且要对他们思想行为的特征和规律进行系统性、整体性分析。

3. 思想信息的控制

思想信息的控制，就是依据思想信息的分析结果，对各种思想信息进行分类处理，鼓励积极的、有利的思想信息的传播，限制消极的、不利的思想信息的扩散。"引领"工作必须根据对各种思想信息的超前预测，采取相应的、前瞻性的、针对性强的控制措施，把握"引领"的主动权。对于各种有利于大学生成长成才的思想苗头，要积极创设各种有利条件，"引领"它们发展完善；对于各种不利于大学生成长成才的思想苗头，或采取措施"引领"它们向积极方面转化，或及时果断制止，将它们消灭于萌芽状态。

思想信息的获取、分析与控制在时间上前后相随，在实施上环环相扣，在功能上相互制约、相互递进，共同构成了一个完整的思想信息管控过程。在前一个思想信息管控过程完结后，又开始进行下一个思想信息管控过程。思想信息管控就是通过思想信息的"获取→分析→控制→新获取→新分析→新控制……"周而复始式的不断循环来进行的。当然，这种循环既有可能是良性的，也有可能是恶性的。如果获取的思想信息是充足的、真实的，对思想信息的分析是全面的、深刻的，对思想信息的控制是及时的、有效的，那么，这一思想信息管控过程必然是成功的、有效的，并会为下一个思想信息管控过程打下坚实的基础，对下一个思想信息管控过程产生积极的促进作用，整个思想信息管控机制就会出现良性循环；反之，思想信息的获取、分析与控制，不管哪一环节出现了问题，都会导致整个思想信息管控机制失灵、陷入恶性循环之中。我们应该努力实现思想信息管控机制的良性循环，避免其陷入恶性循环。

(二)组织协调机制

"一般意义上的组织协调是管理学概念,'组织'是指按照某种目的或要求,将分散的人或事物整合起来,使之具有系统性或整体性;'协调'是将组织或系统内各构成要素进行有效整合,使之相互融合。组织协调即是为实现某一目标或完成某一任务,通过任务权责的明确,调度的有力,使各方面力量和步调协同起来的过程。"①"引领"工作是一项系统工程,贯穿于大学生思想政治教育的始终,渗透于高校教学、科研、管理与服务工作中,需要高校党政各部门的相互支持、相互配合,需要高校广大师生员工的共同努力。能否建构有力有效的组织协调机制,在一定意义上决定了"引领"工作的成败。但是,在目前的"引领"工作中,仍然存在着种种组织定位不明确、组织工作不协调的情况,主要表现为:"党"与"政"部门"两张皮",认为"引领"工作主要是党委部门的事,与行政部门没有多大关系;教学与科研部门"两张皮",认为"引领"工作主要是教学部门的事,与科研部门没有多大关系;管理与服务部门"两张皮",认为"引领"工作主要是管理部门的事,与服务部门没有多大关系;马克思主义学院与其他学院"两张皮",认为"引领"工作主要是马克思主义学院的事,与其他学院没有多大关系;思想政治理论课教师与其他教师"两张皮",认为"引领"工作主要是思想政治理论课教师的事,与其他教师没有多大关系。上述情况的存在,在很大程度上制约了"引领"合力的形成,导致各种"引领"资源浪费,各种"引领"力量相互抵消。

党和政府历来重视高校意识形态建设的组织协调工作,《中共中央国务院关于进一步加强和改进大学生思想政治教育的意见》强调:"要建立健全党委统一领导、党政群齐抓共管、有关部门各负其责、全社会大力

---

① 范春梅:《高校纪委组织协调:涵义、内容与原则》,《河北师范大学学报》(哲学社会科学版)2010 年第 5 期,第 157 页。

支持的领导体制和工作机制，形成全党全社会共同关心支持大学生思想政治教育的强大合力。……各地负责高校思想政治工作的部门，要切实负起责任。各有关部门要主动配合，共同做好大学生思想政治教育工作。"中共中央办公厅、国务院办公厅印发的《关于进一步加强和改进新形势下高校宣传思想工作的意见》也强调：要切实加强党对高校宣传思想工作的领导。要完善高校宣传思想工作机制，高校党委要强化政治责任和领导责任，党委书记、校长要旗帜鲜明地站在意识形态工作第一线，充分发挥高校党委的领导核心作用，坚持和完善党委领导下的校长负责制，建立健全高校党委统一领导、党政工团齐抓共管、党委宣传部门牵头协调、有关部门和院(系)共同参与的工作机制，充分发挥院(系)党组织保证监督作用，加强高校共青团建设，加快推进高校章程制定和核准工作。要配齐建强高校宣传思想工作队伍，统筹推进高校党政干部和共青团干部、思想政治理论课教师和哲学社会科学课教师。……坚持高标准选配高校宣传思想工作干部，高校党委宣传部长由学校党委常委兼任，加强高校宣传思想工作人才培养。要构建高校宣传思想工作大格局，各级党委和政府要从战略和全局的高度，充分认识加强和改进高校宣传思想工作的极端重要性和现实紧迫性，把这项工作始终摆在重要位置，切实加强领导。"引领"工作必须以上述文件要求为依据，狠抓落实，建立和完善党委统一领导、党政齐抓共管、专兼职队伍相结合、教师主体参与、学生自我教育、学校社会家庭紧密配合的"引领"领导体制和工作机制，真正做到以教学"引领"，以管理"引领"，以服务"引领"的全员、全方位、全过程"引领"。条件成熟的高校，可以专门设立一个由党委书记牵头、一名党委副书记或一名副校长主管、各党政部门主要领导参加的"引领"工作办公室，专门负责组织协调"引领"工作中的各种资源、任务、矛盾。

(三)要素整合机制

"引领"要素的整合，就是运用系统方法，对当前高校各种"引领"

要素进行系统配置、优化组合，使它们目标一致、步调一致、协同配合，以增强"引领"的科学性、系统性和有效性。所谓系统，就是由要素(部分)结合而成，具有特殊的结构与层次并与环境发生交换关系的整体。所谓系统方法，则是把系统原则应用于观察、认识、改造客观事物的一种科学方法。恩格斯曾经指出："许多人协作，许多力量结合为一个总的力量，用马克思的话来说，就造成'新的力量'，这种力量和它的一个个力量的总和有本质的差别。"①"拿破仑描写过骑术不精但有纪律的法国骑兵和当时无疑地最善于单兵格斗但没有纪律的骑兵——马木留克兵之间的战斗，他写道：'2 个马木留克兵绝对能打赢 3 个法国兵；100 个法国兵与 100 个马木留克兵势均力敌；300 个法国兵大都能战胜 300 个马木留克兵，而 1000 个法国兵则总能打败 1500 个马木留克兵。'"②恩格斯的论述说明了，要素如果能被有效整合，将会使整个系统发挥出强大的功能。同理，如果"引领"要素能被有效整合，必将极大增强"引领"工作的实效性。要有效整合当前高校各种"引领"要素，必须着力做好如下三方面工作：

一要整合各种"引领"资源。当前高校"引领"资源包括人力资源、介体资源、环境资源、网络资源和文献资源等，其中，人力资源是高校最重要的"引领"资源，其他各种"引领"资源皆为人所用、为人服务；介体资源是主体和客体发生联系的工具和手段，是有效开展"引领"工作的重要保障；环境资源对人的思想道德品质的形成和发展具有重要影响，是有效开展"引领"工作的必要外部条件；网络资源、文献资源是有效开展"引领"工作的必要物质基础。我们要在充分开发和利用人力资源的基础上，使人力资源能够掌握和采用最有效的介体资源，创造最有利的环境资源，充分利用雄厚的网络资源、文献资源，从而使当前高校各种"引领"资源目标一致、配合紧密、优化组合，以优化当前高校

---

① 《马克思恩格斯选集》第 3 卷，人民出版社 1995 年版，第 469 页。
② 《马克思恩格斯选集》第 3 卷，人民出版社 1995 年版，第 471 页。

"引领"资源系统的整体功能。

二要整合各个"引领"部门。当前高校"引领"部门包括党委办公室、校长办公室、组织部、宣传部、学工部、教务处、科研处、外事处、后勤处、心理健康教育中心、各二级学院等部门，"尽管它们有同一性——育人使命，但在完成教育人、培养人、改造人的任务中，又都各司其职，各负其责，做到教书育人、管理育人、服务育人和环境育人。从宏观上讲都是统一的，但是由于各自的侧重点不同，同时由于各职能部门、各单位管理者的社会经历、成熟度、德育意识以及德育管理能力与水平不同，对思想政治品德教育与管理活动投入的时间与精力也不大相同，必然会形成各种各样的差异、不和谐，甚至发展为冲突"。[①] 因此，"引领"工作要取得良好效果，就必须整合当前高校各"引领"部门，有效协调各"引领"部门之间的关系，使各"引领"部门围绕共同的"引领"目标，心往一处想，劲往一处使，相互之间配合得当、取长补短、协调共进，从而使当前高校各"引领"部门的"引领"功能能够最大限度地发挥出来。

三要整合高校"引领"与家庭"引领"、社会"引领"。高校"引领"与家庭"引领"、社会"引领"相互之间密切联系。大学生既是高校的重要成员，他们的思想行为受到高校教育与高校环境的影响，又是各家庭的重要成员，他们的思想行为受到家庭教育与家庭环境的影响，同时他们又是社会的一分子，他们的思想行为受到社会风气与社会环境的影响。高校"引领"与家庭"引领"、社会"引领"之间，能否协调一致、密切配合、有机统一，形成"引领"合力，直接影响着"引领"效果。因此，整合高校"引领"与家庭"引领"、社会"引领"，使高校"引领"赢得家长和社会公众的理解、配合和支持，实现高校"引领"与家庭"引领"、社会"引领"之间的方向一致、良性循环，是增强"引领"工作实效性的重要手段和必要条件。

---

① 黄兆龙主编：《现代学校管理学》，中国经济出版社 1995 年版，第 42 页。

(四)评估机制

评估机制就是根据"引领"目标,确立评估指标,运用评估方法,对"引领"效果进行价值判断的过程及程序。它对"引领"效果进行评估,为反馈调控机制提供依据,是整个"引领"机制中处于承上启下的中间环节。

实施评估首先要确立评估标准,评估的标准不同,往往会得出不同甚至截然相反的评估结论。评估标准的确立要坚持目标和效果的统一。

其一,确立评估的目标标准。所谓目标标准,就是以"引领"目标为评估标准。评估实际上就是确定对"引领"目标的实现程度,对"引领"目标的实现程度越高,说明"引领"的效果越好;反之,对"引领"目标的实现程度越低,则说明"引领"的效果越差;如果与"引领"目标根本背离,则说明"引领"工作是失败的。评估标准的确立必须体现党和国家的奋斗目标和价值导向,维护意识形态安全的要求、高校意识形态建设的要求、大学生思想政治教育的要求,并以此为标准对"引领"的成败得失、要素和环节、步骤和程序做出相应的判定。如此,才能实施有效的评估,才能有效发挥评估的积极功能。

其二,确立评估的效果标准。所谓效果标准,就是以"引领"工作的运行效果为标准。评估的根本目的是检验"引领"工作的实际运行效果,并以此作为上一"引领"过程运行的总结和下一"引领"过程实施的依据。"引领"工作评估坚持效果标准,就要检验"引领"是否尊重了大学生的身心发展特点、是否遵循了大学生的思想道德形成发展转化规律、是否有效增强了大学生对马克思主义主流意识形态的认同感、是否达成了大学生的思想共识,为此要检验各"引领"要素间是否实现了内在的和谐一致与优化组合,要检验"引领"工作是否具有吸引力、说服力和针对性、实效性。

评估标准确立后,还要将其进一步具体化为评估指标。评估指标是对评估对象进行评估的内容和依据。评估指标应该规范、明晰、易操作,有利于统一评估者与受评者对评估标准的认识,促进评估工作的顺利开展。"引领"工作评估指标应将目标标准具体化为具有层次性、系统性的大学生马克思主义理论功底提升指标、马克思主义应用能力增强指标、多样化社会思潮甄别能力增强指标；应将效果标准具体化为"引领"的一般效果指标、次优效果指标、最优效果指标，并科学确立各指标的权重、权集和等级。如有需要，还可对上述指标进行进一步的适度分解。

评估指标确立后，即可运用恰当的方法对"引领"工作进行评估，包括对"引领"目标的评估，对"引领"者、"引领"对象、"引领"部门的评估，对"引领"过程和程序的评估等。既要通过静态评估把握一定时间、一定阶段"引领"工作运行状况，更要通过动态评估、比较分析把握"引领"工作运行的发展趋势；既要对"引领"工作运行状况做出精确、可靠的统计分析，又要对"引领"工作运行状况做出较为客观、全面的定性分析；既要对大学生思想状况进行重点评估，更要对整个"引领"工作及其各要素进行全面评估；既要通过评估发现问题、克服缺点、督促后进，更要通过评估总结成绩、推广经验、推动先进。

(五) 反馈调控机制

所谓反馈调控机制，就是根据评估工作运行的信息反馈而对目标机制、实施机制进行调整、控制、完善的过程和程序。它由反馈和调控两个相互联系的要素所构成。反馈是调控的前提和依据，没有灵敏、畅通的信息反馈，就不可能进行及时、有效的调控；调控是反馈的目的。反馈调控机制依据评估机制运行的信息反馈而对上一目标机制进行修正，对上一实施机制进行完善，以促进整个"引领"工作的整体优化，它既是上一"引领"过程的完结，又为开始下一"引领"过程奠定基础。

反馈是指"系统输出的全部或一部分信息通过一定的通道送到输入端，从而对系统的输入和再输出施加影响的过程"。[1] "引领"工作的反

---

[1]　郑永廷主编：《思想政治教育方法论》，高等教育出版社1999年版，第194页。

馈是指将"引领"评估收集的信息通过一定的通道输送给"引领"组织者、实施者，从而对"引领"工作施加影响的过程。做好反馈工作必须做到：一要收集一定量的信息。既要收集"引领"目标的实现程度与"引领"效果的信息，又要收集"引领"效果与原定"引领"目标的比较分析信息；既要收集来自"引领"者的信息，又要收集来自"引领"对象和社会方面的信息；既要收集大学生思想行为现状方面的信息，又要收集大学生思想行为发展趋势方面的信息。二要及时反馈。信息化时代，信息具有鲜明的时效性，要在第一时间内将信息及时反馈给"引领"组织者、实施者，以便他们能迅速地优化"引领"工作。如果反馈不及时，就会使信息失去该有的价值，就会贻误良机。三要准确反馈。要对获取的评估信息进行核实、筛选、分析、加工，将真实的、有价值的信息实事求是、恰如其分地反馈给"引领"的组织者、实施者。如果反馈的信息不准确，甚至"失真"，就会导致调控失误，甚至失败。四要建构通畅的反馈通道。要营造"知无不言，言无不尽""言者无罪，闻者足戒""畅所欲言"的民主氛围，提倡讲真话、报实情；要设立专门的反馈机构和人员，以加强和"引领"者、"引领"部门、"引领"对象之间的沟通、联系，提供信息反馈的组织保证；要设立彼此相通、纵横交织的立体反馈渠道。

调控是指依据反馈信息，采取相应措施，调整"引领"目标，完善"引领"机制，以实现"引领"工作的系统、整体优化的过程。调控主要包括如下两方面：一是对"引领"目标的调控。要根据信息反馈，对原定的"引领"目标进行具体分析并做出相应的调整。如果原定的"引领"目标科学、符合实际、切实可行，则要考虑能否在坚持原定目标的基础上，根据党和国家要求的变化、社会思潮的新特点新情况、大学生思想发展状况而设定更高的"引领"目标；如果原定的"引领"目标不健全、不完善，则要对之进行补充和矫正；如果原定的"引领"目标不科学、不合理，实现的可能性极小，甚至不可能实现，则要放弃原定的"引领"目标，而代之以新的"引领"目标。二是对"引领"实施的调控。要根据信息反馈，总结分析已进行的"引领"工作哪些方面做得好，哪些方面做得不好，推广成绩经验，改进差距不足，并根据新的"引领"目标进一步改进、加强与完善"引领"的方式与方法、体制与机制。

参 考 文 献

1. 马克思恩格斯选集(1—4卷)[M]. 人民出版社，1995.

2. 马克思恩格斯文集(1—10卷)[M]. 人民出版社，2009.

3. 列宁选集(1—4卷)[M]. 人民出版社，1995.

4. 列宁文集(1—5卷)[M]. 人民出版社，2009.

5. 毛泽东选集(1—4卷)[M]. 人民出版社，1991.

6. 毛泽东文集(1—8卷)[M]. 人民出版社，1993.

7. 建国以来毛泽东文稿(第10册)[M]. 中央文献出版社，1996.

8. 毛泽东哲学批注集[M]. 中央文献出版社，1988.

9. 邓小平文选(1—3卷)[M]. 人民出版社，1993/1994.

10. 邓小平年谱(1975—1997)[M]. 中央文献出版社，2004.

11. 江泽民文选[M]. 人民出版社，2006.

12. 江泽民论有中国特色社会主义(专题摘编)[M]. 中央文献出版社，2002.

13. 江泽民论社会主义精神文明建设[M]. 中央文献出版社，1999.

14. 习近平谈治国理政[M]. 外文出版社，2014.

15. 中共中央宣传部. 习近平总书记系列重要讲话读本[M]. 学习出版社，人民出版社，2014.

16. 中共中央文献研究室. 十一届三中全会以来党的历次全国代表大会主要全会重要文件选编(上)[M]. 人民出版社，1979.

17. 中共中央文献研究室. 十六大以来重要文献选编(上、中、下)

［M］. 中央文献出版社，2005/2006/2011.

18. 中共中央文献研究室. 十七大以来重要文献选编（上、中、下）
［M］. 中央文献出版社，2009/2011/2013.

19. 中共中央文献研究室. 十八大以来重要文献选编（上册）［M］. 中央
文献出版社，2014.

20. 中共中央宣传部理论局. 七个怎么看［M］. 学习出版社，人民出版
社，2010.

21. 中共中央宣传部理论局. 理性看　齐心办——理论热点面对面·
2013［M］. 学习出版社，人民出版社，2013.

22. 张之沧. 马克思主义与当代西方社会思潮［M］. 上海人民出版
社，2003.

23. 孙一先. 当代中国非主流社会思潮评析［M］. 江西高校出版
社，2005.

24. 吴成. 社会思潮研究［M］. 河南人民出版社，2007.

25. 林伯海. 当代西方社会思潮与青年教育［M］. 西南交通大学出版
社，2011.

26. 梁柱，龚书铎. 警惕历史虚无主义思潮［M］. 人民教育出版
社，2006.

27. 梅荣政，张晓红. 新自由主义思潮［M］. 高等教育出版社，2004.

28. 梅荣政. 用马克思主义引领社会思潮［M］. 武汉大学出版社，2008.

29. 吴成. 社会思潮研究［M］. 河南人民出版社，2007.

30. 刘书林. 社会思潮与青年教育研究［M］. 高等教育出版社，2010.

31. 陈立思. 社会思潮与青年教育［M］. 北京大学出版社，2011.

32. 林泰. 问道——改革开放以来的社会思潮与青年思想政治教育研究
［M］. 中国社会科学出版社，2013.

33. 河清. 全球化与国家意识的衰微［M］. 中国人民大学出版社，2003.

34. 王永贵. 经济全球化与社会主义意识形态建设研究［M］. 人民出版
社，2005.

35. 农华西. 意识形态与核心价值体系建设［M］. 湖南人民出版社，2007.

36. 黄传新，等. 构建和谐社会与意识形态建设［M］. 安徽人民出版社，2007.

37. 侯惠勤. 马克思的意识形态批判与当代中国［M］. 中国社会科学出版社，2010.

38. 敖带牙. 社会主义意识形态建设：热问题与冷思考［M］. 人民出版社，2011.

39. 邱伟光，张耀灿. 思想政治教育学原理［M］. 高等教育出版社，1999.

40. 张耀灿，郑永廷. 现代思想政治教育学［M］. 人民出版社，2001.

41. 郑永廷. 思想政治教育方法论［M］. 高等教育出版社，1999.

42. 郑永廷. 社会主义意识形态发展研究［M］. 人民出版社，2002.

43. 刘德华. 马克思主义思想政治教育著作导读［M］. 高等教育出版社，2001.

44. 罗洪铁. 思想政治教育研究［M］. 四川人民出版社，2002.

45. 骆郁廷. 精神动力论［M］. 武汉大学出版社，2004.

46. 沈壮海. 思想政治教育有效性研究［M］. 武汉大学出版社，2001.

47. 沈壮海. 思想政治教育的文化视野［M］. 人民出版社，2005.

48. 余双好. 现代德育课程论［M］. 中国社会科学出版社，2003.

49. 戴刚书. 思想政治教育统计研究方法论［M］. 人民出版社，2005.

50. 辛灿. 西方政界人物谈和平演变［M］. 新华出版社，1989.

51. 罗荣渠. 从"西化"到现代化［M］. 北京大学出版社，1990.

52. 黄宏. 美国的民主与人权真相［M］. 中共中央党校出版社，1992.

53. 黄硕风. 综合国力论［M］. 中国社会科学出版社，1992.

54. 张小明. 乔治·凯南遏制思想研究［M］. 北京语言学院出版社，1994.

55. 李明华，余少波，叶蓬，等. 精神文明建设机制论［M］. 广州出版社，1997.

56. 王列，杨雪冬. 全球化与世界[M]. 中央编译出版社，1998.

57. 金鑫. 中国问题报告[M]. 中国社会科学出版社，2000.

58. 杜骏飞，李永刚. 关于离合问题的访谈实录[M]. 中国社会科学出版社，2002.

59. 陈瑛，廖申白. 现代伦理学[M]. 重庆出版社，1990.

60. 王立新. 中国传统文化概论[M]. 北京广播学院出版社，1994.

61. 黄钊. 三德教育论纲[M]. 武汉大学出版社，1997.

62. 黄钊. 儒家德育学说论纲[M]. 武汉大学出版社，2006.

63. 崔华前. 先秦诸子德育方法思想研究[M]. 中国社会科学出版社，2008.

64. 朱智贤. 心理学大词典[M]. 北京师范大学出版社，1989.

65. 李书元. 政治体系中的信息沟通——政治传播学的分析视角[M]. 河南人民出版社，2005.

66. 左大培. 混乱的经济学：经济学到底教给了我们什么？[M]. 石油工业出版社，2002.

67. 吴易风. 马克思主义经济学和新自由主义经济学[M]. 中国经济出版社，2006.

68. 中国社会科学院新闻研究所新闻研究室. 传播学[M]. 人民日报出版社，1983.

69. 马庆平. 外国广播电视史[M]. 北京广播学院出版社，1997.

70. 郭庆光. 传播学教程[M]. 中国人民大学出版社，1999.

71. 王多明. 广告传播技巧[M]. 西南财经大学出版社，2000.

72. 陈卫星. 传播的观念[M]. 人民出版社，2004.

73. 黄兆龙. 现代学校管理学[M]. 中国经济出版社，1995.

74. 现代汉语词典[M]. 商务印书馆，1973.

75. 辞海[M]. 上海辞书出版社，1979.

76. 中国大百科全书[M]. 中国大百科全书出版社，1987.

77. 梁启超. 清代学术概论[M]. 中华书局，1954.

78. 梁启超. 中国近三百年学术史[M]. 天津古籍出版社，2003.

79. 葛懋春，李兴芝. 胡适哲学思想资料选[M]. 华东师范大学出版社，1981.

80. 陈锡祺. 林则徐奏稿·公牍·日记补编[M]. 中山大学出版社，1985.

81. 普列汉诺夫哲学著作选集[M]. 三联书店，1961.

82. 雅科夫列夫. 一杯苦酒：俄罗斯的布尔什维主义和改革运动[M]. 新华出版社，1999.

83. 苏霍姆林斯基. 给教师的建议[M]. 教育科学出版社，1984.

84. 杜勒斯. 杜勒斯言论选辑[M]. 世界知识出版社，1959.

85. [法]让·波德里亚. 消费社会[M]. 刘成富，全志钢，译. 南京大学出版社，2000.

86. [美]劳伦斯·肖普. 卡特总统与美国政坛内幕：八十年代的权利和政治[M]. 时事出版社，1980.

87. [美]威尔伯·施拉姆，等. 传播学概论[M]. 陈亮，等，译. 新华出版社，1984.

88. [美]查尔斯·L. 斯蒂文森. 伦理学与语言[M]. 中国社会科学出版社，1991.

89. [美]T. 巴顿·卡特，朱丽叶·L. 迪，等. 大众传播法概要[M]. 黄列，译. 中国社会科学出版社，1997.

90. [美]莫里斯·博恩斯坦. 比较经济体制[M]. 中国财政经济出版社，1998.

91. [美]比尔·麦克基本. 自然的终结[M]. 孙晓春，马树林，译. 吉林人民出版社，2000.

92. [美]理查德·N. 哈斯. 新干涉主义[M]. 新华出版社，2000.

93. [美]塞缪尔·亨廷顿. 文明的冲突与世界秩序的重建[M]. 周琪，等，译. 新华出版社，2002.

94. ［美］弗朗西斯·福山. 历史的终结及最后之人［M］. 黄胜强，许铭原，译. 中国社会科学出版社，2003.

95. ［美］阿尔温·托夫勒. 权利的转移［M］. 中信出版社，2006.

96. ［英］罗素. 西方哲学史［M］. 商务印书馆，1963.

97. ［英］霍布斯. 利维坦［M］. 何兆武，李约瑟，译. 商务印书馆，1985.

98. ［英］K. C. 惠尔. 现代宪法［M］. 宁夏人民出版社，1989.

99. ［英］戴维·巴特勒. 媒介社会学［M］. 赵伯英，孟春，译. 社会科学文献出版社，1989.

100. ［英］约翰·费斯克，等. 关于概念传播与文化研究辞典［M］. 李彬，译. 新华出版社，2004.

101. ［德］汉斯-彼得·马丁，哈拉尔特·舒曼. 全球化陷阱——对民主和福利的进攻［M］. 中央编译出版社，1998.

102. ［德］哈拉尔德·米勒. 文明的共存［M］. 郦红，那滨，译. 新华出版社，2002.

后　记

2014年我主持申报的教育部人文社会科学研究规划基金项目"非主流社会思潮对大学生思想行为的影响及其引领路径研究"获得立项（项目批准号：14YJA710004），本书即是该课题的最终研究成果。

时光如梭，转瞬已近知天命之年，"他日寻得清闲计，只对青山不著书"。本书历时3年，实属不易，这种不易主要来自两个方面：

一是相关理论梳理。社会思潮可否有"主流社会思潮"与"非主流社会思潮"之分？"非主流社会思潮"与主流意识形态是一种什么样的关系？"非主流社会思潮"有什么样的基本特征、传控机制、影响机理？"非主流社会思潮"对大学生这个特殊群体产生了哪些影响、为什么能够产生影响、我们应该怎么办？等等。要把这些问题在理论上说清、说透，实属不易。

二是本人的工作岗位有了变化。2015年6月，中共浙江省委宣传部与浙江工商大学举行签约仪式，共建马克思主义学院。为了落实共建协议，组织上安排我到浙江省委宣传部理论处挂职副处长。理论处的工作较为繁杂，不仅有各种文字任务，而且还有调研、举办会议等任务，很难有一整段属于自己的空闲时间来搞科研，且期间我身体还出了点小状况，突发耳石症。在这种状况下，能够完成此本专著，实属不易。

虽然不易，但本书之所以最终能完稿，有多方面原因：

一是由于本人自2008年以来，就对本课题所涉问题有所思考，也发表了一些论文，如《论思想政治教育学科建设对"基础"课的学理支撑》(《学术论坛》2008 年第 6 期)、《坚持用社会主义核心价值体系引领社会思潮》(《武汉理工大学学报》2009 年第 6 期)、《加强和改进高校思想政治理论课的有效路径》(《高校理论战线》2008 年第 12 期)、《思想政治教育学科建设的马克思主义旨归》(《高校理论战线》2009 年第 12期)、《优秀传统文化传承的马克思主义向度》(《高校理论战线》2010 年第 7 期)、《论我国政治学学科发展的马克思主义路径》(《政治学研究》2010 年第 5 期)、《论马克思主义立场观点方法在政治学领域的实际应用》(《政治学研究》2012 年第 6 期)、《论剖析"普世价值观"的马克思主义科学方法》(《马克思主义研究》2011 年第 2 期)、《论邓小平反对"一窝蜂地盲目推崇"西方社会思潮的思想》(《南京政治学院学报》2014 年第 4 期)、《多样化社会思潮对大学生思想行为的影响及对策》(《北京青年研究》2014 年第 4 期)、《确立社会主义核心价值观的彰显之维》(《南华大学学报》2014 年第 5 期)等。上述论文,为本课题研究特别是高校主流意识形态建设、用马克思主义引领高校校园多样化社会思潮等方面研究奠定了前期基础。上述论文的主要观点与主要内容,都为本书稿所采纳。

二是由于各位师长的关爱帮助。恩师武汉大学黄钊教授严以律己以诚待人的人格风范、勤奋严谨求真务实的治学风格,使我耳濡目染,在为人治学上受益匪浅。恩师的耳提面命、悉心栽培与严格要求,为我打下了必要的治学功底。师恩三年不敢忘,寸草难报三春晖。师恩难忘,师恩难报!即使毕业后,黄老师也一如既往地关注、关爱、指导我。我的每一点进步,都离不开恩师的点拨,也离不开武汉大学骆郁廷教授、沈壮海教授、佘双好教授等各位师长的悉心指导。值本书即将出版之际,请允许我向恩师黄钊教授和师母罗萍教授、各位师长表示由衷的敬意和深深的感谢!

三是由于浙江省委宣传部与浙江工商大学领导的大力扶持。本书能够有幸出版,得益于原中共浙江省委宣传部常务副部长胡坚、衢州市委宣传部长钱伟刚的理解扶持。在我挂职期间,他们在工作作风、工作方法、处事态度等方面的身教示范性指导使我终身受益，他们对我的体谅、关怀更使我终生难忘；得益于浙江工商大学马克思主义学院的经费资助，得益于浙江工商大学党委书记金一斌、马克思主义学院院长陈华兴和党总支书记崔杰的大力支持；得益于温州医科大学的引进人才科研启动项目的支持，得益于温州医科大学党委副书记吕一军、程锦国的大力支持。在此，请允许我向中共浙江省委宣传部、浙江工商大学、温州医科大学各位领导表达深深的谢意！

崔华前

2019 年 8 月